高职高专经管类专业实践创新教材

经济法基础
（微课版）

薛 涛 ◎ 主编

清华大学出版社
北京

内 容 简 介

本书遵循服务学生、对接考试、突出实践技能培养的教学理念，按照初级会计考试大纲中对经济法基础的新要求和新颁布的法律、法规编写而成，坚持课证融合，教学内容全面，重点突出。本书共分为5章，包括总论、劳动合同法律制度、社会保险法律制度、会计法律制度、支付结算法律制度。各章以知识点的形式对经济法基础的理论知识进行了梳理与总结，直接对应初级会计考试的考点，帮助学生在课堂学习中高效掌握有关知识内容。同时，本书结合拓展阅读，将思政育人与专业教育进行有机融合，有助于提高学生的职业道德素质。

本书为每个知识点配备了数字化课程，对重点知识进行了详细解读，读者可通过扫描二维码的方式获取相关学习资源，也可登录国家高等教育智慧教学平台观看更多在线开放课程。

本书可作为高等职业院校财务会计类专业相关课程的教学用书，也可作为会计行业考证人员和从业人员的参考用书。

本书封面贴有清华大学出版社防伪标签，无标签者不得销售。
版权所有，侵权必究。举报：010-62782989，beiqinquan@tup.tsinghua.edu.cn。

图书在版编目（CIP）数据

经济法基础：微课版/薛涛主编. — 北京：清华大学出版社，2023.1（2023.9重印）
高职高专经管类专业实践创新教材
ISBN 978-7-302-62251-2

Ⅰ.①经⋯ Ⅱ.①薛⋯ Ⅲ.①经济法—中国—高等职业教育—教材 Ⅳ.① D922.29

中国版本图书馆 CIP 数据核字（2022）第 229816 号

责任编辑：吴梦佳　强　溦
封面设计：傅瑞学
责任校对：刘　静
责任印制：刘海龙

出版发行：清华大学出版社
　　　　网　　址：http://www.tup.com.cn，http://www.wqbook.com
　　　　地　　址：北京清华大学学研大厦A座　　　邮　　编：100084
　　　　社　总　机：010-83470000　　　　　　　　邮　　购：010-62786544
　　　　投稿与读者服务：010-62776969，c-service@tup.tsinghua.edu.cn
　　　　质量反馈：010-62772015，zhiliang@tup.tsinghua.edu.cn
　　　　课件下载：http://www.tup.com.cn，010-83470410
印 装 者：北京鑫海金澳胶印有限公司
经　　销：全国新华书店
开　　本：185mm×260mm　　　印　张：13.75　　　字　数：264千字
版　　次：2023年1月第1版　　　印　次：2023年9月第2次印刷
定　　价：49.00元

产品编号：097871-01

前　言

经济法基础是我国初级会计专业技术资格考试的考试科目之一。在高职高专课程教学内容与初级会计资格考试制度双重变革的背景下，本书遵循服务学生、对接考试、突出实践技能培养的课堂教学理念，按照新的教学目标，以及考试大纲和新颁布的法律、法规编写而成。

党的二十大报告明确指出，高质量发展是全面建设社会主义现代化国家的首要任务。推动高质量发展，需要构建高水平社会主义市场经济体制，完善产权保护、市场准入、公平竞争、社会信用等市场经济基础制度，优化营商环境；弘扬社会主义法治精神，传承中华优秀传统法律文化，引导全体人民做社会主义法治的忠实崇尚者、自觉遵守者、坚定捍卫者。经济法基础的学习，可以帮助学生认识我国社会主义市场经济体制，增强法治意识，进而为加快构建新发展格局，着力推动高质量发展，坚持全面依法治国，推进法治中国建设奠定基础。

本书的编写目的是帮助高职高专学生有效掌握经济法基础的核心知识，进一步提升学生初级会计考试的通过率和会计职业道德素质，教学内容以知识点的形式对经济法基础的理论知识和技能知识进行了梳理与总结，直接对应初级会计考试的主要考点，帮助学生通过课堂学习掌握有关知识内容。为满足新形势下经济法基础的教学需要，本书由一线教师编写，共分为5章、28个知识点，内容包括总论、劳动合同法律制度、社会保险法律制度、会计法律制度、支付结算法律制度。总体而言，本书具有以下特点。

（1）课证融合，内容全面，重点突出。本书按照初级会计考试大纲中关于经济法基础的新要求进行编写，全书内容结构与大纲基本一致，并依据考试真题的出题范围、难度与风格，对知识点进行深度剖析，以历年初级会计考试真题为载体，将经济法律相关的理论知识融入各知识点并有效落实，力求做到对考试内容的全覆盖，通过课堂学习提高学生参加初级会计专业技术资格考试的通过率。

（2）突出对重点实践技能的培养。由于支付结算制度在专业实践中具有普遍应用性，本书在这个部分插入了大量图表，以便帮助学生从不同角度加强对知识的理解与运用，增强职业判断能力。

（3）思政育人与专业教育有机融合。党的二十大报告指出，育人的根本在于立德。要全面贯彻党的教育方针，落实立德树人根本任务，培养德智体美劳全面发展的社会主义建设者和接班人。本书以此为指引，注重提高学生的职业道德素质，既要解决学生"如何学"的问题，又要解决教师"如何教"的问题；既要让学生学知识、学技能，更要让学生学会怎样做人。同时，本书的拓展阅读可以加深学生对我国社会主义制度优越性的认识，有效地将立德树人的教育理念贯穿于课堂教育之中，使学生不仅能学习专业知识，更能明白为什么学习。

（4）突出职业教育特点，吸收新修订的法律、法规。本书一改传统教材面面俱到、文字繁多的缺陷，创新内容结构设计，对大量的知识点进行分类、归纳、整理，使全书内容显得简洁、明了、易懂。同时，本书根据经济法律政策变化较快的特点，引用新修订的会计法律、法规，保证了时效性。

（5）引导学生积极主动学习。本书对每个知识点配备数字化课程资源，对重要知识点进行了详细解读，读者可通过扫描二维码的方式获取更多学习资源，也可登录国家高等教育智慧教学平台搜索课程，获取更多在线开放、共享的课程资源。

本书由青岛酒店管理职业技术学院薛涛负责编写，在编写过程中得到了青岛酒店管理职业技术学院领导及同事的大力支持，在此表示感谢。本书在编写过程中参考了近年来的诸多文献、著作及相关资料，在此一并表示衷心的感谢。

由于编者水平有限，本书难免存在疏漏或不足之处，敬请同行、专家和读者批评、指正。

编　者

2022 年 12 月

目 录

第一章　总论 ············· 1

知识点一　法的本质和特征 ············· 2
知识点二　法律关系 ············· 3
知识点三　法律事实 ············· 7
知识点四　法的渊源及生效范围 ············· 9
知识点五　法律责任 ············· 13
本章练习 ············· 16

第二章　劳动合同法律制度 ············· 22

知识点一　劳动合同法律制度概述 ············· 23
知识点二　劳动合同的主要内容 ············· 27
知识点三　劳动合同的履行和变更 ············· 39
知识点四　劳动合同的解除和终止 ············· 40
知识点五　劳动争议的解决 ············· 47
知识点六　劳动合同的特殊形式 ············· 53
本章练习 ············· 58

第三章　社会保险法律制度 ············· 69

知识点一　职工基本养老保险 ············· 70
知识点二　职工基本医疗保险 ············· 75
知识点三　工伤保险 ············· 80
知识点四　失业保险 ············· 85
知识点五　社会保险的其他规定 ············· 87
本章练习 ············· 88

第四章 会计法律制度 ... 95

知识点一 会计法律制度概述 ... 96

知识点二 会计核算 ... 97

知识点三 会计档案 ... 102

知识点四 会计监督 ... 105

知识点五 会计机构、岗位、人员 ... 109

知识点六 会计专业职务和会计专业技术资格 ... 115

知识点七 违反会计法律制度的法律责任 ... 117

本章练习 ... 119

第五章 支付结算法律制度 ... 127

知识点一 支付结算概述 ... 128

知识点二 银行结算账户 ... 130

知识点三 银行卡和银行电子支付 ... 140

知识点四 票据结算方式 ... 151

知识点五 其他非票据结算方式 ... 176

本章练习 ... 180

模拟测试（一） ... 194

模拟测试（二） ... 202

参考文献 ... 211

第一章 总 论

本章知识框架

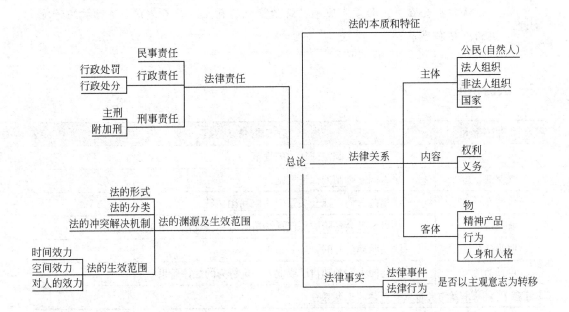

考情分析

本章作为本书的第一章，实质为"普法教育"章节。在历年初级会计资格考试中，本章的知识点主要以单项选择题、多项选择题及判断题的形式进行考查，所占分值不高，平均为 6～8 分。本章内容虽然不会涉及不定项选择题，但知识点和考点比较分散，建议同学们在充分理解的基础上学习，不要死记硬背。

通过本章的学习，同学们可以了解我国立法的基本精神，树立正确的价值观，形成对法治建设的真诚信仰，为理解、掌握后面的考点奠定良好基础。

知识点一　法的本质和特征

一、法的本质

法是统治阶级意志的体现，体现了统治阶级的**整体意志和根本利益**，而**不是**统治阶级每个成员**个人意志**的简单相加。统治阶级的意志由统治阶级的**物质**生活条件所决定，是社会客观需要的反映。

> **注意** 法律也会在一定程度上照顾被统治阶级的利益，而不是完全不顾被统治阶级的愿望和要求。

二、法的特征

法的特征	具体内容
国家意志性	法是由国家**制定**或**认可**的规范
强制性	法由国家**强制力**保证实施
规范性	法规范人们在社会关系中的**权利和义务**
普遍约束性	法对**全社会各阶层**（包括统治阶级和被统治阶级）具有普遍约束力
明确公开性	法是明确公开的，应公布于众
可预测性	法能使人们预知自己或他人一定行为的法律后果

【注意】法的**本质**与**特征**双位一体，无须区分

习题1　**多项选择题**　下列各项中，属于法律规范基本特征的有（　　）。

　　A. 体现统治阶级的意志

　　B. 国家制定或认可

　　C. 以国家强制力保证实施

　　D. 取得社会公众认可

习题2　**多项选择题**　关于法的本质与特征的下列表述中，正确的是（　　）。

　　A. 法由统治阶级的物质生活条件所决定

　　B. 法体现的是统治阶级的整体意志和根本利益

　　C. 法是由国家制定或认可的行为规范

　　D. 法由国家强制力保障其实施

知识点二 法律关系

一、法律关系的概念

法律关系是法律规范在调整人们的行为过程中所形成的一种特殊的社会关系，即法律上的权利与义务关系。

二、法律关系的构成要素

法律关系的要素包括主体、内容和客体。缺少其中任何一个要素，都不构成法律关系。

（一）法律关系的主体

法律关系的主体主要包括四类：公民（自然人）、法人组织、非法人组织、国家。

1. 公民（自然人）

范 围	中国公民、外国公民、无国籍的人
出生和死亡时间	第一选择：出生证明、死亡证明记载的时间
	第二选择：户籍登记或者其他有效身份登记记载的时间
住 所	一般情况：户籍登记或其他有效身份登记记载的居所为住所
	特殊情况：经常居所与住所不一致的，以<u>经常居所</u>为住所

2. 法人组织

法人是具有民事权利能力和民事行为能力，依法<u>独立</u>享有民事权利和承担民事义务的组织。法人的本质是法人能够与自然人同样具有民事权利能力，成为享有权利、负担义务的民事主体。

分类	营利法人	各类公司（有限责任公司、股份有限公司）和企业（全民、集体所有制企业）
	非营利法人	事业单位法人（公办医院、学校等）
		社会团体法人（各类协会、学会等）
		捐助法人和宗教活动场所（基金会、寺院、教堂等）
	特别法人	机关法人（各个国家机关）
		农村集体经济和合作经济法人（生产队、合作社等）
		基层群众性自治组织法人（居委会、村委会等）
分支机构	分支机构以<u>自己的名义</u>从事民事活动，产生的<u>民事责任由法人承担</u>；也可以先以该分支机构管理的财产承担，不足以承担的，由法人承担	
组织机构	意思机关（股东会）、<u>执行机关（董事会）</u>、<u>代表机关</u>（法定代表人）、<u>监督机关</u>（监事会）	

续表

法人代表	（1）按照公司章程的规定，由**董事长**、**执行董事**或**经理**担任 （2）法定代表人以**法人名义**从事的民事活动，其法律后果由**法人**承担 （3）章程或权力机构对法定代表人代表权的限制，不得对抗善意相对人
设立	（1）法人应当依法成立，有自己的名称、组织机构、住所、财产和经费 （2）设立阶段的责任承担：法人成立的，由法人承担；法人未成立的，由设立人承担，设立人为2人以上，承担**连带责任**；第三人有权选择请求**法人或设立人**承担 （3）**营业执照的签发日期**为公司的成立日期
合并分立	法人发生合并或分立的，其义务由合并或分立后的法人继承（**连带责任**），但是债权人和债务人另有约定的除外
解散	（1）法人章程规定的**存续期间届满**或者法人章程规定的其他解散事由出现 （2）法人的**权力机构决议**解散 （3）因法人**合并**或者**分立**需要解散 （4）法人依法被**吊销**营业执照、登记证书，被责令**关闭**或者被**撤销** 【注意】解散和破产是不一样的，公司清算时资产大于债务的是解散，资产少于债务的是破产
清算	（1）法人解散的，除**合并**、**分立**外，清算义务人应当及时组成清算组 （2）清算期间法人**存续**，但是**不得**从事与清算无关的活动
终止	（1）需要登记的，清算结束并完成**注销登记**时，法人终止 （2）不需要登记的，**清算结束**时，法人终止

3. 非法人组织

非法人组织是不具有法人资格，但是能够依法以自己的名义从事民事活动的组织。非法人组织包括**个人独资企业**、**合伙企业**等。

非法人组织可以确定**一人或者数人**代表该组织从事民事活动。非法人组织的财产不足以清偿债务的，其出资人或者设立人承担**无限连带责任**，法律另有规定的，依照其规定。

4. 国家

在特殊情况下，国家可以作为一个整体成为法律关系主体。例如，国家是国家财产所有权唯一和统一的主体。

习题1 【多项选择题】下列各项中，属于法人的有（　　）。

A. 青岛大学　　　　　　　　B. 山东省最高人民法院
C. 平安保险公司　　　　　　D. 中国注册会计师协会
E. 个人独资企业

习题2 【单项选择题】下列法律关系主体的种类中，注册会计师协会属于（　　）。

A. 特别法人　　　B. 非法人组织　　　C. 营利法人　　　D. 非营利法人

习题 3　**多项选择题**　下列关于我国法律主体中自然人的说法中，正确的有（　　）。

　　A. 自然人的出生时间以出生证明记载的时间为准

　　B. 自然人没有出生证明的，以户籍登记记载的时间为出生时间

　　C. 自然人经常居所与住所不一致，经常居所视为住所

　　D. 自然人不包括居住在中国境内的外国人

习题 4　**单项选择题**　下列关于法人分支机构的说法中，不正确的是（　　）。

　　A. 公司设立分支机构应当依法办理登记

　　B. 分支机构可以以自己的名义从事民事活动

　　C. 分支机构以自己的名义从事民事活动产生的民事责任由分支机构自行承担

　　D. 分支机构以自己的名义从事民事活动产生的民事责任由法人承担

习题 5　**多项选择题**　赵某、钱某、孙某、侯某共同出资设立甲有限责任公司（下称"甲公司"）。甲公司章程规定：甲公司不设董事会，由赵某担任执行董事；不设监事会，由钱某担任监事；孙某担任公司的财务负责人；侯某担任公司经理。则可以担任甲公司法定代表人的有（　　）。

　　A. 赵某　　　　　B. 钱某　　　　　C. 孙某　　　　　D. 侯某

（二）法律关系的内容

法律关系的内容是指法律关系主体所享有的权利和承担的义务。

（三）法律关系的客体

分　类	具　体　示　例
物	自然物（森林、矿藏）、人造物（手机、设备）、一般等价物（货币、有价证券）、没有固定形态的有体物（天然气、电力）、无体物（网络虚拟财产、数据、权利、信息）等
精神产品	发明、著作、商标、荣誉、嘉奖等
行为	生产经营行为、提供劳务的行为、完成工作的行为等
人身和人格	生命权、健康权、肖像权、姓名权、隐私权等 【注意】人的整体只能是法律关系的主体，不能作为法律关系的客体。人的部分（如人的头发、血液、精子、器官等）在某些情况下也可视为法律上的物，成为法律关系的客体

习题 6　**多项选择题**　下列各项中，能够成为法律关系主体的有（　　）。

　　A. 公民　　　　　B. 企业　　　　　C. 物　　　　　　D. 非物质财富

习题 7　**多项选择题**　下列各项中，可以成为我国经济法律关系客体的有（　　）。

A. 自然人　　　　B. 发明专利　　　　C. 劳务　　　　D. 物质资料

习题8 **多项选择题** 下列各项中，能成为法律关系客体的有（　　）。

A. 个人消费信息数据　　　　　　B. 电子商务平台经营者

C. 支付账户　　　　　　　　　　D. 数字人民币

三、法律主体的能力

（一）能力的分类

分　类	概　念	举　例
权利能力	法律主体依法享有权利和承担义务的法律资格	遗产继承、接受赠与
行为能力	法律主体通过自己的行为从事法律活动，行使权利和承担义务的能力	签订劳动合同、签发票据

（二）法人的能力

法人组织的权利能力和行为能力是一致的，自法人成立时产生，到法人终止时消灭，由法人成立的宗旨和业务范围决定，同时产生，同时消灭。

（三）公民（自然人）的能力

1. 权利能力

公民的权利能力<u>始于出生</u>、<u>终于死亡</u>、<u>一律平等</u>。

> **注意** 胎儿在出生之前视为具有民事权利能力（如涉及遗产继承、接受赠与等胎儿利益保护的），但如果娩出时为死体的，其民事权利能力自始不存在。

2. 行为能力

公民（民事）行为能力的衡量要素只有<u>年龄</u>和<u>精神状态</u>，与智力、残疾等因素无关。

类　型	界定标准		独立实施民事行为的效力
	年　龄	精神状态	
完全民事行为能力人	年满18周岁（≥18周岁） 16周岁以上不满18周岁，且以自己劳动收入为主要生活来源（≥16周岁，＜18周岁）	精神正常	有效
限制民事行为能力人	8周岁以上不满18周岁（≥8周岁，＜18周岁）	<u>不能完全辨认自己行为</u>	纯获益或与其年龄、精神相适应的法律行为→有效 其他法律行为→效力待定（应经法定代理人追认）

续表

类 型	界定标准		独立实施民事行为的效力
	年 龄	精神状态	
无民事行为能力人	不满8周岁（<8周岁）	不能（完全不能）辨认自己行为	无效

【注意】根据《中华人民共和国民法典》(以下简称《民法典》)第一千两百五十九条规定："以上""以下""以内""届满"，包括本数；"不满""超过""以外"，不包括本数

习题9 分析题 根据所学，判断下列案例的当事人分别属于何种民事行为能力人。

（1）小明今年3岁，智力超常，达到了20岁人的水平。

（2）小白今年22岁，先天性残疾。

习题10 多项选择题 下列关于自然人民事行为能力的表述中，正确的有（ ）。

　　A. 年满18周岁的自然人是完全民事行为能力人

　　B. 不能辨认自己行为的成年人是限制民事行为能力人

　　C. 8周岁以下的自然人是无民事行为能力人

　　D. 16周岁以上但以自己的劳动收入为主要生活来源的自然人视为完全民事行为能力人

习题11 单项选择题 下列自然人中，属于限制民事行为能力人的是（ ）。

　　A. 李某，16周岁，系艺术中心签约演员，月工资4 500元

　　B. 孙某，18周岁，能够完全辨认自己的行为

　　C. 赵某，36周岁，系精神病患者，不能完全辨认自己的行为

　　D. 钱某，7周岁，系小学一年级学生

知识点三　法 律 事 实

法律事实是法律关系发生、变更和消灭的直接原因。法律事实根据是否以当事人的意志为转移，分为法律事件和法律行为。

一、法律事件

法律事件不以当事人的意志为转移，具有不可抗力性。

分　类	别　称	举　例
自然现象	绝对事件	地震、洪水、台风、森林大火等自然灾害
		生、老、病、死
		意外事故
社会现象	相对事件	社会革命、战争、重大政策的改变等

二、法律行为

法律行为以当事人的意志为转移，是引起法律关系发生、变更和消灭最普遍的情况。

分类内容	分类依据	举　例
合法行为与违法行为	是否符合法律规范要求	合法行为：依法纳税 违法行为：盗窃
积极行为与消极行为	行为的**表现形式**不同	积极行为：作为 消极行为：不作为
表示行为与非表示行为	<u>是否通过意思表示作出</u>	表示行为：签订合同 非表示行为：拾得遗失物、发现埋藏物
单方行为与多方行为	<u>主体意思表示的形式</u>	单方行为：遗嘱、行政命令 多方行为：签订合同
要式行为与非要式行为	行为是否需要<u>特定形式或实质要件</u>	要式行为：结婚 非要式行为：谈恋爱
自主行为与代理行为	主体实际参与行为的状态	自主行为：以自己的名义 代理行为：以被代理人名义

习题1 〔单项选择题〕下列法律事实中，属于法律事件的是（　　）。
　　A. 买卖房屋　　B. 订立遗嘱　　C. 台风登陆　　D. 租赁设备

习题2 〔单项选择题〕下列各项中属于法律事实中的相对事件范围有（　　）。
　　A. 地震　　B. 战争　　C. 签订协议　　D. 发行公司债券

习题3 〔单项选择题〕甲公司与乙公司签订租赁合同，约定甲公司承租乙公司一台挖掘机，租期一个月，租金一万元。引起该租赁法律关系发生的法律事实是（　　）。
　　A. 租赁的挖掘机　　　　　　B. 甲公司和乙公司
　　C. 一万元租金　　　　　　　D. 签订租赁合同的行为

习题4 〔多项选择题〕下列各项中，属于法律行为的有（　　）。
　　A. 订立合伙协议　B. 签订合同　C. 签订和解协议　D. 签发汇票

习题5 〔单项选择题〕根据行为是否需要特定形式或实质要件，可以将法律行为划分为（　　）。

A. 要式行为与非要式行为　　　　B. 积极行为与消极行为

C. 单方行为与多方行为　　　　　D. 自主行为与代理行为

习题 6 【多项选择题】下列属于非表示行为的有（　　）。

A. 订立遗嘱　　B. 行政命令　　C. 拾得遗失物　　D. 发现埋藏物

知识点四　法的渊源及生效范围

一、法的形式

形　式		效　力	制 定 机 关
宪法		最高法律效力、国家根本大法	全国人民代表大会（以下简称全国人大）
法律		仅次于宪法	全国人大制定基本法律
			全国人大常务委员会制定其他法律
法规	行政法规	次于宪法和法律	国务院
	地方性法规	低于行政法规	地方的人民代表大会及其常务委员会
	自治条例单行条例	低于行政法规	民族自治地方的人民代表大会
规章	部门规章	低于行政法规	国务院各部委及直属机构
	地方政府规章	低于行政法规	地方人民政府
国际条约		—	国家

【注意】司法解释属于我国法的形式，但人民法院的判决书、裁定书不属于我国法的形式

二、法的分类

法 的 分 类	划 分 标 准
成文法和不成文法	根据法的创制方式和发布形式划分
根本法和普通法	根据法的内容、效力和制定程序划分
实体法和程序法	根据法的内容划分
一般法和特别法	根据法的空间效力、时间效力或对人的效力划分
国际法和国内法	根据法的主体、调整对象和渊源划分
公法和私法	根据法律运用的目的划分

习题 1 【多项选择题】下列选项中不是我国法的主要形式的有（　　）。

A. 判例　　　　B. 宪法　　　　C. 法律　　　　D. 裁定书

习题 2 【单项选择题】在我国，法律是指由（　　）制定的规范性文件的总和。

A. 国务院及各部委　　　　　　B. 国务院及省级人民政府

C. 全国人大及其常委会　　　　　　D. 全国人大及省级人大

习题3　(单项选择题)　下列各项中，属于行政法规的是（　　）。

A. 全国人民代表大会常务委员会制定的《中华人民共和国会计法》

B. 国务院制定的《总会计师条例》

C. 北京市人大常委会制定的《北京市招标投标条例》

D. 财政部发布的《会计从业资格管理办法》

习题4　(单项选择题)　下列对法所做的分类中，属于以法的创制方式和表现形式为依据进行分类的是（　　）。

A. 成文法和不成文法　　　　　　B. 一般法和特别法

C. 根本法和普通法　　　　　　　D. 实体法和程序法

习题5　(判断题)　在我国，人民法院的判决书是法的形式之一。（　　）

三、法的冲突解决机制

法的冲突是指两个或两个以上的不同法在同时调整一个相同的法律关系时，法与法之间产生矛盾、不一致的社会现象。法的冲突解决机制主要包括以下适用规则。

冲突主体	适用规则	说明
根本法与普通法	根本法优于普通法	宪法是我国的根本大法，优于其他所有普通法
上位法与下位法	上位法优于下位法	各类法律、法规、规章的位阶效力从高到低依次为： （1）<u>宪法、法律、行政法规、部门规章</u> （2）<u>宪法、法律、行政法规、地方性法规、本级和下级地方政府规章</u>
特别法与一般法	特别法优于一般法	《中华人民共和国保险法》（以下简称《保险法》）是特别法，《民法典》为一般法，在签订签保险合同时若二者规定不一致的，优先适用《保险法》
新法与旧法	新法优于旧法	2021年1月1日我国首部《民法典》正式实施，是新法，优先于之前的《中华人民共和国合同法》（以下简称《合同法》）等旧法
新的一般规定与旧的特别规定	<u>制定机关裁决</u>	法律之间，由全国人大常委会裁决；行政法规之间，由国务院裁决
部门规章与其他规章	<u>国务院裁决</u>	部门规章与部门规章、部门规章与地方政府规章规定不一致时，由国务院裁决
部门规章与地方性法规	由国务院提出意见，<u>分情况对待</u>	认为应当适用地方性法规的，直接适用 认为应当适用部门规章的，提请全国人大常务委员会裁决

续表

冲突主体	适用规则	说　明
法律与授权制定的法规	全国人大常委会裁决	根据授权制定的法规与法律规定不一致，不能确定如何适用时，由全国人大常委会裁决

习题6 【单项选择题】下列规范性文件中，效力等级最低的是（　　）。

A. 全国人民代表大会通过的《中华人民共和国民法典》

B. 深圳市人民代表大会常务委员会通过的《深圳经济特区个人破产条例》

C. 国务院通过的《土地增值税暂行条例》

D. 全国人民代表大会常务委员会通过的《中华人民共和国会计法》

习题7 【多项选择题】下列关于规范性法律文件适用原则的表述中，正确的有（　　）。

A. 行政法规之间对同一事项新的一般规定与旧的特别规定不一致，不能确定如何适用时，由国务院裁决

B. 根据授权制定的法规与法律不一致，不能确定如何适用时，由全国人民代表大会常务委员会裁决

C. 部门规章与地方政府规章之间对同一事项的规定不一致时，由国务院裁决

D. 法律之间对同一事项新的一般规定与旧的特别规定不一致，不能确定如何适用时，由全国人民代表大会常务委员会裁决

习题8 【判断题】地方性法规与部门规章之间对同一事项的规定不一致，不能确定如何适用时由国务院提出意见，国务院认为应当适用地方性法规的，应当决定在该地方适用地方性法规的规定，认为应当适用部门规章的，应当决定在该地方适用部门规章的规定。（　　）

四、法的生效范围

（一）时间效力

分　类	具体内容
生效方式	明确规定具体生效时间和生效条件
终止方式	（1）由新法明确规定旧法废止 （2）在完成一定的历史任务后不再适用 （3）由有权的国家机关发布专门的决议、决定 （4）根据新法优于旧法原则，旧法自动终止

续表

分 类	具体内容
对以前的事件和行为有无溯及力	从旧兼从轻原则

拓展阅读 　　　　　　　　　　从旧兼从轻原则

从旧兼从轻原则，可以简单理解为"有利于被告人"的准则。该规定主要是针对我国旧刑法和现行刑法之间的矛盾问题，且主要是针对新刑法溯及力的问题，即新刑法对公布之前的行为是否认为是犯罪问题，以及如何适用等问题。

可通过具体例子说明从旧兼从轻原则：首先，当一个人的犯罪是在新刑法颁布以前，此时要考虑的是先适用旧刑法，即行为时的法律规定（从旧）；其次，如果新的刑法更有利于被告人，如不认为是犯罪或者新刑法处罚较轻，则应该对被告人适用新刑法；再次，如果旧法更有利于被告人，如旧法不认为是犯罪或者旧法规定的刑罚更轻，则对被告人适用旧法；最后，应根据每个案件的具体情况来决定适用旧法还是新法，即从旧兼从轻。

从旧兼从轻原则是我国处理各种法律问题的一项基本原则，除了刑法适用外，其他涉及的法律问题也都适用，这充分体现了我国立法的人道主义原则和中国特色社会主义制度的优越性。

（二）空间效力

分 类		具体内容
域内效力	全国范围适用	由<u>全国人大及其常委会</u>、<u>国务院</u>制定的规范性法律文件（除法律有特别规定的外）
	局部地区适用	由<u>地方</u>人大及其常委会、<u>地方</u>人民政府、<u>民族</u>自治地方制定的相关规定
域外效力	原则	（1）互相尊重领土主权 （2）保护本国利益和公民权益

（三）对人的效力

分 类	具体内容
属人原则	凡<u>本国人</u>，无论在国内、国外，均受本国法的约束
属地原则	凡属本国管辖范围内，无论本国人、外国人，均受本国法的约束
保护原则	凡损害本国利益，无论侵犯者地域、国籍，均受本国法的约束

【注意】我国遵循**属地为主，属人和保护相结合**的原则

习题9 多项选择题 下列关于法的效力范围的说法中，正确的有（　　）。

A. 法的效力范围包括法的时间效力、法的空间效力以及法对人的效力

B. 同一国家机关制定的法，旧法与新法发生冲突或相互抵触时，以新法为准，旧法中的有关条款自动终止效力

C. 地方人大及其常委会制定的地方性法规在全国范围内有效

D. 中国公民在国外的，不受中国法律的保护

知识点五　法律责任

法律责任主要包括民事责任、行政责任和刑事责任。

一、民事责任

承担民事责任的形式主要有：停止侵害，排除妨碍，消除危险，返还财产，恢复原状，修理、重作、更换，继续履行，赔偿损失，支付违约金，消除影响、恢复名誉，赔礼道歉。

二、行政责任

行政责任包括<u>行政处罚</u>和<u>行政处分</u>。

类别	特点	具体内容	备注
行政处罚	对外部机构或人员作出	<u>警告</u>、通报批评	声誉罚
		罚款、没收违法所得、没收非法财物	财产罚
		暂扣吊销许可证件、降低资质等级、限制开展生产经营活动、责令停产停业、责令关闭、限制从业	行为罚
		行政拘留	人身罚
行政处分	对内部单位或人员作出	<u>警告</u>、记过、记大过、降级、撤职、开除	—

三、刑事责任

已满16周岁的人犯罪，应当负刑事责任。年满12周岁、不满14周岁的未成年人故意杀人、故意伤害罪，致人死亡或者以特别残忍手段致人重伤造成严重残疾，情节恶劣，<u>经最高人民检察院核准追诉</u>。已满12周岁、不满18周岁的人犯罪，应当从轻或者减轻处罚。

已满75周岁的人故意犯罪,可以从轻或减轻处罚;过失犯罪,应当从轻或减轻处罚。

刑罚分为主刑和附加刑,由国家审判机关(人民法院)给予宣判制裁,具体种类如下。

分 类	具 体 种 类
主刑	管制、拘役、有期徒刑、无期徒刑、死刑
附加刑	罚金、剥夺政治权利、没收财产、驱逐出境

【注意】 主刑只能独立适用,不能附加适用;附加刑既可以独立适用,又可以同主刑一起适用

法律责任中语义相近的术语总结如下。

类 型	和"钱"有关	和"财产"有关	和"自由"有关
民事责任	违约金	返还财产	—
行政责任	罚款	没收违法所得、没收非法财物	拘留
刑事责任	罚金	没收财产	拘役

习题1 【单项选择题】 纳税人因为偷税涉嫌犯罪,有权判定该纳税人承担刑事责任的机关是( )。

A. 国家税务局　　B. 地方税务局　　C. 人民法院　　D. 人民政府

习题2 【多项选择题】 下列法律责任中属于民事责任的是( )。

A. 没收财产　　B. 消除危险　　C. 暂扣许可证　　D. 赔礼道歉

习题3 【单项选择题】 甲公司因生产的奶制品所含食品添加剂严重超标,被市场监督管理局责令停产停业。甲公司承担的该项法律责任属于( )。

A. 刑事责任　　B. 行政处分　　C. 民事责任　　D. 行政处罚

习题4 【单项选择题】 下列法律责任形式中,属于行政处分的是( )。

A. 罚款　　B. 记过　　C. 拘役　　D. 拘留

拓展阅读　　我国的主刑制度

我国的主刑制度包括管制、拘役、有期徒刑、无期徒刑和死刑。

管制作为一种限制受刑人人身自由的刑罚方法,对犯罪分子实行不关押、在公安机关的管束和人民群众的监督下进行改造,它是我国在长期革命实践中不断总结而来的成果,是我国独创的一种主刑制度。判处管制的罪犯仍然留在原工作单位或居住地工作或劳动,在劳动中应当同工同酬。管制的期限为3个月以上2年以下,数罪并罚时不得超过3年。

拘役是一种短期剥夺受刑人人身自由的刑罚方法,在执行上由公安机关就近执行。原则上,在受刑人劳动改造期间,可以酌量发给报酬,根据其表现,还可以每个月回

家一至两天。刑法规定，拘役的期限为1个月以上6个月以下，数罪并罚最高不能超过1年。

有期徒刑是我国刑法规定的一种刑罚，是指在一定期限内剥夺犯罪人的自由，实行强制劳动改造的刑罚方法。有期徒刑是我国适用面最广的刑罚方法，可谓名副其实的主刑。有期徒刑的执行机关为监狱或其他执行场所，如看守所等。犯罪嫌疑人被依法宣判且判决生效时，剩余刑期不足3个月的由看守所代为执行，未成年人在未成年犯管教所执行。有期徒刑单罪期限最低6个月，最高15年。数罪并罚的情况下一般不超过20年，但单个刑相加超过35年的，数罪并罚不超过25年。

无期徒刑是剥夺犯罪人终身自由，实行强制劳动改造的刑罚方法。无期徒刑是自由刑中最严厉的刑罚方法，主要表现在剥夺犯罪人终身人身自由。被判处无期徒刑的犯罪分子，必须附加剥夺政治权利终身。无期徒刑虽然是仅次于死刑的严厉刑罚方法，但同时作为死刑的替代起到了积极作用，事实上给应当判处死刑的犯罪人提供了改恶从善的机会。相当多的死缓犯被减为无期徒刑，又被减为有期徒刑或者假释，也说明了这一点。

死刑分为死刑并缓期2年执行（死缓）与死刑并立即执行两种死刑判决。判处死刑缓期执行的，在死刑缓期执行期间，如果没有故意犯罪，2年期满以后，减为无期徒刑；如果确有重大立功表现，2年期满以后，减为25年有期徒刑；如果故意犯罪，情节恶劣，报请最高人民法院核准后执行死刑；对故意犯罪未执行死刑的，死刑缓期执行的期间重新计算，并报最高人民法院备案。

我国刑法设立死缓制度，为世界首创，这一制度对减少死刑在中国的适用有着极为重要的意义。死缓制度的存在有利于纠正人们对死刑的观念偏差，践行"少杀，慎杀"的思想，也能震慑预防不稳定分子，为死刑的发展创造一个合适的过渡时期，体现了我国社会主义制度的优越性。

基于人道主义，我国法律规定，犯罪时不满18周岁的人和审判的时候怀孕的妇女不适用死刑；审判的时候年满75周岁的人不适用死刑，但以特别残忍手段致人死亡的除外。

我国国务院新闻办公室发表的《中国的司法改革》白皮书指出，我国保留死刑，但严格控制和慎重适用死刑，自2007年死刑案件核准权统一由最高人民法院行使以来，我国死刑适用标准更加统一，判处死刑的案件逐步减少。我国刑法规定死刑只适用于极少数罪行极其严重的犯罪分子，并规定了严格的适用标准。我国实行死刑第二审案件全部开庭审理，完善了死刑复核程序，加强死刑复核监督。最高人民法院复核死刑案件，应当讯问被告人，辩护律师提出要求的，应当听取辩护律师的意见，最高人民检察院可以向最高人民法院提出意见。死刑复核程序的改革，确保了办理死刑案件的质量。

本 章 练 习

一、单项选择题

1. 下列法律事实中，属于法律事件的是（　　）。

    A. 核酸检测　　　B. 捐赠口罩　　　C. 出口疫苗　　　D. 森林大火

2. 法定代表人不能由（　　）担任。

    A. 董事长　　　B. 执行董事　　　C. 经理　　　D. 财务负责人

3. 下列各项中，不属于特别法人的是（　　）。

    A. 机关法人　　　　　　　　　　B. 事业单位

    C. 村委会　　　　　　　　　　　D. 农村集体经济组织

4. 关于自然人与法人的权利能力与行为能力，说法不正确的是（　　）。

    A. 自然人的民事权利能力一律平等

    B. 自然人从出生时起至死亡时止享有民事行为能力

    C. 自然人从出生时起至死亡时止享有民事权利能力

    D. 法人的权利能力自法人成立时产生，至法人终止时消灭

5. 下列自然人视为完全民事行为能力人的是（　　）。

    A. 赵某，9岁，系某小学学生

    B. 王某，15岁，系某高级中学学生

    C. 张某，13岁，系某初级中学学生

    D. 李某，17岁，系某宾馆服务员，以自己劳动收入为主要生活来源

6. 赵某，15周岁，系甲省体操队专业运动员，月收入3 000元，完全能够满足自己生活所需。下列关于赵某民事行为能力的表述中，正确的是（　　）。

    A. 赵某视为完全民事行为能力人　　　B. 赵某属于完全民事行为能力人

    C. 赵某属于限制民事行为能力人　　　D. 赵某属于无民事行为能力人

7. 已满12周岁不满14周岁的人，犯故意杀人、故意伤害罪，致人死亡或者以特别残忍手段致人重伤造成严重残疾，情节恶劣，经（　　）核准追诉的，应当负刑事责任。

    A. 最高人民法院　　　　　　　　B. 最高人民检察院

    C. 公安部　　　　　　　　　　　D. 省级人民检察院

8. 根据《民法典》的规定，下列法律责任形式属于民事责任的是（　　）。

    A. 限制从业　　　B. 拘役　　　C. 继续履行　　　D. 没收非法财物

9. 下列自然人中，属于无民事行为能力人的是（　　）。

    A. 15周岁的小赵，先天腿部残疾

B. 70 周岁的老钱，已经不能完全辨认自己的行为

C. 8 周岁的小孙，智力超常

D. 20 周岁的小李，先天智障，不能辨认自己的行为

10. 小明 11 周岁生日时，外公赠送其一台价值 3 000 元的学习机，第二天小明未事先征得法定代理人的同意，将其赠送给同学小红。根据《民法典》的规定，下列关于小明行为效力的表述中，正确的是（　　）。

　　A. 受赠学习机的行为有效　　　　B. 受赠学习机的行为无效

　　C. 赠送学习机的行为有效　　　　D. 赠送学习机的行为无效

11. 下列关于法的本质与特征的说法中，不正确的是（　　）。

　　A. 法所体现的统治阶级的意志由统治阶级的物质生活条件决定

　　B. 法体现的是全体社会成员的共同意志

　　C. 法是由国家制定和认可的

　　D. 法凭借国家强制力的保证而获得普遍遵行的效力

12. 甲公司和乙公司签订购买 20 台办公计算机的买卖合同，总价款为 20 万元。该法律主体是（　　）。

　　A. 甲公司和乙公司　　　　　　　B. 20 台办公计算机

　　C. 20 万元价款　　　　　　　　　D. 买卖合同

13. 法的主要内容是由规定权利、义务的条文构成的，法律通过规定人们的权利和义务来分配利益，从而影响人们的动机和行为，进而影响社会关系，实现统治阶级的意志和要求，维持社会秩序，这体现了法的（　　）。

　　A. 国家意志性　　B. 强制性　　　C. 规范性　　　　D. 普遍约束性

14.《中华人民共和国立法法》第九十三条规定："法律、行政法规、地方性法规、自治条例和单行条例、规章不溯及既往，但为了更好地保护公民、法人和其他组织的权利和利益而作的特别规定除外。"该规定体现了法的效力范围中的（　　）。

　　A. 法的时间效力　B. 法的空间效力　C. 属人主义　　　D. 属地主义

15. 下列关于适用法的效力原则的表述中，错误的是（　　）。

　　A. 同一机关制定的新的一般规定与旧的特别规定不一致时，由制定机关裁决

　　B. 法律之间对同一事项新的一般规定与旧的特别规定不一致，不能确定如何适用时，由全国人民代表大会常务委员会裁决

　　C. 地方性法规与部门规章之间对同一事项的规定不一致，不能确定如何适用时，直接提请全国人民代表大会常务委员会裁决

　　D. 部门规章与地方政府规章之间对同一事项的规定不一致时，由国务院裁决

16. 根据不同标准，可以对法做不同的分类，将法分为一般法和特别法的划分标准

是（　　）。

　　A. 根据法的创制方式和表现形式所做的分类

　　B. 根据法的内容、效力和制定程序所做的分类

　　C. 根据法的空间效力、时间效力或对人的效力所做的分类

　　D. 根据法的内容所做的分类

17. 甲、乙双方签订一份制造设备的合同，由此形成的法律关系客体是（　　）。

　　A. 乙方制造的该设备

　　B. 甲、乙双方

　　C. 乙方承接制造设备的劳务行为

　　D. 甲、乙双方承担的权利和义务

18. 智力成果可以成为法律关系的客体，下列各项中，不属于智力成果的有（　　）。

　　A. 文学作品　　B. 技术秘密　　C. 商标　　D. 蓝光电影光盘

19. 下列选项中，不属于特别法人的有（　　）。

　　A. 国家机关

　　B. 登记为法人的清真寺

　　C. 城镇农村的合作经济组织法人

　　D. 农村集体经济组织法人

20. 下列关于法律主体权利能力的说法中，正确的是（　　）。

　　A. 权利能力，是法律主体能够通过自己的行为实际取得权利和履行义务的能力

　　B. 权利能力是自然人独有的资格，法人和非法人组织均无权利能力

　　C. 不满8周岁的自然人，不具有民事权利能力

　　D. 自然人的民事权利能力一律平等

二、多项选择题

1. 下列各项中，属于法的特征的有（　　）。

　　A. 国家意志性　　B. 强制性　　C. 规范性　　D. 执行性

2. 下列各项中，属于我国法终止的方式主要有（　　）。

　　A. 新法取代旧法

　　B. 完成一定的历史任务后不再适用

　　C. 由有权的国家机关发布专门的决议、决定，废除某些法律

　　D. 同一国家机关制定的新法和旧法，在内容上二者发生冲突或相互抵触时，以新法为准，旧法中的有关条款自动终止效力

3. 根据相关规定，解决法效力冲突的一般原则有（　　）。

　　A. 根本法优于普通法　　　　B. 上位法优于下位法

C. 新法优于旧法　　　　　　　　D. 特别法优于一般法

4. 下列各项中，属于法律行为的有（　　）。
   A. 订立合同　　B. 签发支票　　C. 爆发战争　　D. 收养孤儿

5. 根据《民法典》规定，法人成立应当具备的条件有（　　）。
   A. 组织机构　　B. 名称　　C. 住所　　D. 财产或者经费

6. 根据《民法典》规定，法人的组织机构包括（　　）。
   A. 意思机关　　B. 代表机关　　C. 执行机关　　D. 监督机关

7. 下列各项中，属于营利法人的有（　　）。
   A. 有限责任公司　　　　　　　B. 合伙企业
   C. 没有采取公司制的全民所有制企业　　D. 个人独资企业

8. 下列各项中，属于非营利法人的有（　　）。
   A. 事业团体　　　　　　　　　B. 居委会
   C. 基金会　　　　　　　　　　D. 宗教活动场所法人

9. 下列自然人中，属于限制民事行为能力人的有（　　）。
   A. 范某，20周岁，有精神障碍，完全不能辨认自己的行为
   B. 孙某，7周岁，完全不能辨认自己的行为
   C. 周某，15周岁，系体操专业运动员
   D. 杨某，13周岁，系大学少年班在校大学生

10. 根据刑事法律制度的规定，下列各项中，属于附加刑的有（　　）。
    A. 罚金　　B. 剥夺政治权利　　C. 驱逐出境　　D. 没收违法所得

11. 下列关于法的效力范围的表述中，正确的有（　　）。
    A. 新法取代旧法，由新法明确规定旧法废止，这是我国法的终止方式的通常做法
    B. 我国法律原则上新法有溯及力，对行为人适用新法
    C. 在我国，由全国人大及其常委会、国务院制定的规范性法律文件，除法律有特别规定的外，均在全国范围内有效
    D. 我国法律对人效力采用的是结合主义原则，即以属地主义为主，但又结合属人主义与保护主义的一项原则

12. 下列各项中，属于法律关系主体的有（　　）。
    A. 农村集体经济组织法人　　　B. 甲市财政局
    C. 智能机器人阿尔法　　　　　D. 大学生张某

13. 下列关于法律主体权利能力和行为能力的说法，不正确的有（　　）。
    A. 自然人从出生时起到死亡时止，具有民事权利能力

B. 自然人的民事权利能力一律平等

C. 自然人在出生之前不能成为特殊法律关系的主体

D. 自然人的行为能力和权利能力是一致的，同时产生、同时消灭

14. 下列有关法人的说法中，正确的有（   ）。

　　A. 法定代表人因执行职务造成他人损害的，由法人承担民事责任

　　B. 设立人为设立法人从事的民事活动，其法律后果由法人承受

　　C. 设立人为设立法人以自己的名义从事民事活动产生的民事责任，应由设立人承担，不得请求法人承担

　　D. 法人可以依法设立分支机构，分支机构以自己的名义从事民事活动，产生的民事责任由该分支机构管理的财产承担，法人不承担

15. 根据《民法典》规定，出现法定情形之一的，法人解散，下列属于该情形的有（   ）。

　　A. 法人章程规定的存续期间届满或者法人章程规定的其他解散事由出现

　　B. 法人的权力机构决议解散

　　C. 因法人合并或者分立需要解散

　　D. 法人依法被吊销营业执照、登记证书，被责令关闭或者被撤销

16. 下列关于非法人组织的说法中，不正确的有（   ）。

　　A. 非法人组织不具有法人资格

　　B. 非法人组织的财产不足以清偿债务的，应以其全部财产独立承担责任，其出资人或者设立人不承担责任

　　C. 非法人组织应当确定一人代表该组织从事民事活动

　　D. 章程规定的存续期间届满，非法人组织应当解散

17. 下列法律责任形式中，属于行政责任的有（   ）。

　　A. 没收违法所得　B. 吊销许可证　　C. 剥夺政治权利　　D. 恢复原状

18. 下列规范性文件中，属于规章的有（   ）。

　　A. 国务院发布的《企业财务会计报告条例》

　　B. 上海市人民政府发布的《上海市旅馆业管理办法》

　　C. 财政部发布的《金融企业国有资产转让管理办法》

　　D. 北京市人大常委会发布的《北京市城乡规划条例》

19. 下列关于法的分类的说法中，正确的有（   ）。

　　A. 根据法的内容、效力和制定程序，分为根本法和普通法

　　B. 根据法律运用的目的，分为公法和私法

　　C. 根据法的创制方式和发布形式，分为成文法和不成文法

D. 根据法的主体、调整对象和渊源，分为一般法和特别法

20. 下列情形中，导致法人解散的有（　　）。

A. 法人章程规定的存续期间届满

B. 法人的权力机构决议解散

C. 因法人合并或者分立需要解散

D. 法人被宣告破产

三、判断题

1. 统治阶级在社会主义社会指全体人民。（　　）
2. 中国人民银行发布的《支付结算办法》属于行政法规。（　　）
3. 涉及遗产继承、接受赠与等胎儿利益保护的，胎儿视为具有民事权利能力。（　　）
4. 自然人经常居所与住所不一致的，有效身份证登记的居所视为住所。（　　）
5. 法人章程或者法人权力机构对法定代表人代表权的限制，不得对抗相对人。（　　）
6. 无论何种情形导致法人解散，均应依法清算。（　　）
7. 法人分支机构以自己的名义从事民事活动，产生的民事责任由法人承担。（　　）
8. 营业执照签发日期为营利法人的成立日期。（　　）
9. 非法人组织可以确定一人代表该组织从事民事活动。（　　）
10. 国家不得成为法律关系主体。（　　）
11. 附加刑可以同主刑一起适用，也可以单独适用。（　　）
12. 管制是对犯罪分子实行关押的刑罚方法。（　　）
13. 没收违法所得、没收非法财物属于行政处罚的具体种类之一。（　　）
14. 法人解散进行清算的，清算期间法人存续，可以继续从事生产经营活动。（　　）
15. 根据法的内容、效力和制定程序分类，可以把法分为根本法和普通法。（　　）
16. 部门规章之间、部门规章与地方政府规章之间对同一事项的规定不一致时，由国务院裁决。（　　）
17. 《中华人民共和国刑法》第七条规定："中华人民共和国公民在中华人民共和国领域外犯本法规定之罪的，适用本法，但是按本法规定的最高刑为三年以下有期徒刑的，可以不予追究。中华人民共和国国家工作人员和军人在中华人民共和国领域外犯本法规定之罪的，适用本法。"该规定体现了法的对人的效力中的属地原则。（　　）
18. 设立人为设立法人以自己的名义从事民事活动产生的民事责任，第三人只能请求设立人承担。（　　）
19. 法人的分支机构只能以法人名义从事民事活动，不得以自己的名义。（　　）
20. 法人进入清算期间，法人资格即终止。（　　）

第二章 劳动合同法律制度

本章知识框架

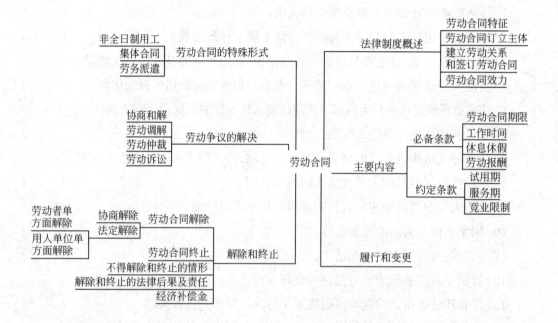

考情分析

本章有大量有关时间的规定,既需要记忆,又需要准确理解并会计算。在历年初级会计资格考试中,本章的知识点会涉及各类题型,是不定项选择题十分重要的命题点,平均分值为10~13分。本章内容多会直接考查概念记忆型知识点,属于典型的多背、多拿分的章节。但好在本章内容贴近生活和工作,理解起来并不困难。

学习本章不仅能有助于同学们掌握考点,还可以让同学们意识到,作为劳动者要恪守契约精神,也要学会将相关法律制度作为保护自己的铠甲与武器。

知识点一　劳动合同法律制度概述

一、劳动合同特征

特　征	具 体 说 明
主体的特定性	一方是劳动者，另一方是用人单位
内容的法定性	当事人双方签订劳动合同不得违反法律、法规的强制性规定，否则无效
地位的变化性	<u>签订</u>时：双方地位是<u>平等</u>的 <u>履行</u>中：双方地位是<u>从属</u>的（支配与被支配、领导与服从） <u>终止</u>时：双方地位是<u>平等</u>的
权利与义务的统一性和对应性	不能只享受劳动权利而不履行劳动义务，也不能只履行劳动义务而不享受劳动权利

习题1　【多项选择题】关于劳动合同的特征，下列选项正确的有（　　）。

A. 劳动合同的主体一方是劳动者，另一方是用人单位

B. 对于劳动合同，法律规定了较多的强制性规范

C. 劳动者与用人单位在签订劳动合同时，应遵循平等、自愿、协商一致的原则

D. 在履行劳动合同的过程中，双方的地位是平等的

二、劳动合同订立主体

劳动者	资格	劳动者需年满 **16** 周岁（<u>文艺</u>、<u>体育</u>、<u>特种工艺</u>人员可以<u>例外</u>）
	义务	劳动者应<u>如实说明</u>自身及与劳动合同相关的基本情形
	权利	劳动者不因民族、种族、性别、宗教信仰不同而受歧视
用人单位	资格	如果用人单位为分支机构，需要依法取得营业执照或登记证书；如果没有营业执照或登记证书，要有委托书
	义务	（1）用人单位<u>如实告知</u>劳动者要求了解的情况 （2）用人单位<u>不得扣押</u>劳动者的居民身份证和其他证件 （3）用人单位<u>不得要求</u>劳动者<u>提供担保</u>或向劳动者<u>收取财物</u>；用人单位违反规定的，限期退还，并以<u>每人</u>500元以上 2 000元以下的标准罚款；造成损害的，应当承担赔偿责任
	权利	—

习题2 **多项选择题** 根据劳动合同法律制度的规定，用人单位招用未满16周岁的未成年人应遵守国家相关规定并保障其接受义务教育的权利。下列用人单位中，可招用未满16周岁未成年人的有（　　）。

A. 文艺单位　　　B. 物流配送单位　　C. 体育单位　　　D. 餐饮单位

习题3 **单项选择题** 下列情形中，用人单位招用劳动者符合法律规定的是（　　）。

A. 甲公司设立的分公司已领取营业执照，该分公司与张某订立劳动合同
B. 乙公司以只招男性为由拒绝录用应聘者李女士从事会计工作
C. 丙超市与刚满15周岁的初中毕业生赵某签订劳动合同
D. 丁公司要求王某提供2 000元保证金后才与其订立劳动合同

习题4 **多项选择题** 某化妆品公司招聘了10名销售人员，在签订劳动合同时，要求员工缴纳300元的制服押金，等员工离职时再予以返还。下列对化妆品公司应承担的法律责任的表述中，正确的有（　　）。

A. 劳动行政部门可以责令该公司限期返还押金
B. 劳动行政部门可以对该公司处以500元的罚款
C. 劳动行政部门可以对该公司处以2 000元的罚款
D. 如果该公司的行为给员工造成损害，应当承担赔偿责任

三、建立劳动关系和签订劳动合同

劳动关系建立时间为<u>用人单位实际（不是约定）用工之日</u>。用人单位应当自<u>用工之日起30日内</u>为其职工申请办理社会保险登记。

> **注意** 劳动关系建立时间与哪天签订劳动合同无关。也就是说，无论劳动者与用人单位是否签订劳动合同、何时签订劳动合同，劳动关系的建立时间都为实际用工之日。

建立劳动关系，双方<u>应当</u>订立<u>书面</u>劳动合同，但是<u>非全日制用工除外</u>。用人单位应当自用工之日起<u>1个月内</u>与劳动者订立书面劳动合同。用人单位未签订劳动合同的具体规定及处理方法如下。

自用工之日起未签订劳动合同的时间	用 人 单 位	劳 动 者
1个月内	补签书面劳动合同	若不愿补签，有劳动报酬，无经济补偿金

第二章　劳动合同法律制度

续表

自用工之日起未签订劳动合同的时间	用人单位	劳动者
超过1个月不满1年	（1）补签书面劳动合同 （2）向劳动者支付每月<u>两倍</u>工资；期间为自用工之日起满一个月的次<u>日</u>至补订书面劳动合同的<u>前一日</u>	若不愿补签,有劳动报酬,有经济补偿金
满1年	（1）自用工之日起满1年的当日<u>视为</u>已与劳动者订立无固定期限劳动合同 （2）向劳动者支付每月<u>两倍</u>工资；期间为自用工之日起满一个月的次日至满一年的前一日 【注意】双倍工资的计算时间最多为11个月	若不愿补签,有劳动报酬,有经济补偿金

习题5 【单项选择题】2022年3月1日,甲公司与韩某签订劳动合同,约定合同期限1年,试用期1个月,每月15日发放工资。韩某3月10日上岗工作。甲公司与韩某建立劳动关系的起始时间是（　　）。

A. 2022年3月1日　　　　　　　　B. 2022年3月10日

C. 2022年3月15日　　　　　　　　D. 2022年4月10日

习题6 【单项选择题】2022年7月1日,甲公司书面通知张某被录用,7月6日张某到甲公司上班,11月15日甲公司与张某签订书面劳动合同,因未及时签订书面劳动合同,甲公司应向张某支付一定期间的两倍工资,该期间为（　　）。

A. 自2022年8月6日至2022年11月15日

B. 自2022年7月1日至2022年11月15日

C. 自2022年7月6日至2022年11月14日

D. 自2022年8月6日至2022年11月14日

习题7 【多项选择题】2021年7月5日,王某到甲公司上班,但甲公司未与其签订书面劳动合同。甲公司该行为法律后果的下列表述中,正确的有（　　）。

A. 甲公司和王某之间尚未建立劳动关系

B. 甲公司应在2021年8月5日前与王某签订书面劳动合同

C. 若甲公司在2021年10月5日与王某补订书面劳动合同,王某有权要求甲公司支付2个月的双倍工资

D. 若甲公司在2022年10月5日与王某补订书面劳动合同,王某有权要求甲公司支付11个月的双倍工资

四、劳动合同效力

生效时间		双方在劳动合同文本上签字或者盖章时劳动合同生效
无效劳动合同	法定情形	（1）以欺诈、胁迫、乘人之危，使对方在违背真实意思的情况下订立或变更劳动合同的 （2）用人单位免除自己的法定责任、排除劳动者权利的 （3）违反法律、行政法规强制性规定的
	法律后果	（1）无效劳动合同从订立时起就没有法律约束力 （2）劳动合同部分无效，不影响其他部分的效力 （3）劳动者已付出劳动的，用人单位应当向劳动者支付劳动报酬 （4）一方给对方造成损害的，有过错一方应当承担赔偿责任
	有争议	对劳动合同的无效有争议，由劳动争议仲裁机构或人民法院确认

习题8 【单项选择题】2022年6月19日，孙某被甲公司口头聘用，7月1日收到书面录用通知书，7月15日与甲公司在劳动合同文本上签章，7月21日上岗工作。孙某与甲公司所签劳动合同的生效时间为（　　）。

A. 2022年6月19日　　　　　　　　　　B. 2022年7月1日
C. 2022年7月15日　　　　　　　　　　D. 2022年7月21日

习题9 【多项选择题】根据劳动合同法律制度的规定，下列情形中，可导致劳动合同无效或者部分无效的有（　　）。

A. 一方当事人以胁迫手段，使对方在违背真实意思的情况下订立的
B. 劳动合同条款违反法律、行政法规强制性规定的
C. 劳动合同签订后，用人单位发生分立的
D. 劳动合同欠缺必备条款的

习题10 【多项选择题】根据劳动合同法律制度的规定，下列关于无效劳动合同法律后果的表述中，正确的有（　　）。

A. 劳动合同被确认无效，给对方造成损害的，有过错的一方应当承担赔偿责任
B. 劳动者已付出劳动的，不得请求支付劳动报酬
C. 无效劳动合同从订立时起就没有法律约束力
D. 劳动合同部分无效，不影响其他部分效力，其他部分仍然有效

拓展阅读　　　　　可以不适用劳动法的情况

《中华人民共和国劳动法》(以下简称《劳动法》)第二条规定,在中华人民共和国境内的企业、个体经济组织和与之形成劳动关系的劳动者,适用《劳动法》。根据原劳动部《关于贯彻执行〈中华人民共和国劳动法〉若干问题的意见》第四条的规定,下列人员不是《劳动法》中所称的劳动者,不适用《劳动法》。

1. 公务员和比照实行公务员制度的事业组织和社会团体的工作人员

公务员依法行使国家职权的行为,不是履行合同约定的义务,而国家职权不能作为合同的对象,从而不能把公务员视为雇员。我国当前采取的是公务员和非公务员分别立法的模式,公务员劳动关系,由《中华人民共和国公务员法》和其他法律加以规范。比照实行公务员制度的工作人员(如工、青、妇等社会团体的机关工作人员)也不适用《劳动法》。

2. 农村劳动者(乡镇企业职工和进城务工、经商的农民除外)

毫无疑问,农民属于劳动者的范畴,但农民劳动关系是否由《劳动法》调整,争议很大。现在立法的态度是,农村劳动者通过家庭联产承包合同确定其权利和义务,农民与村民委员会之间不属于劳动关系,不受《劳动法》调整。但是如果作为乡镇企业的职工或进城务工经商的农民与相应的企业、雇主之间形成的劳动关系,仍应是《劳动法》的适用范围。

3. 现役军人

正在服役的军人肩负着保卫祖国和人民安全的重任,这是符合服役条件的公民应尽的义务,所以,现役军人不适用《劳动法》。

4. 家庭保姆

家庭保姆是否适用《劳动法》,各国规定不同,有的国家规定家庭保姆适用,但大多数国家规定家庭保姆不适用,我国规定家庭保姆不适用《劳动法》。

知识点二　劳动合同的主要内容

劳动合同中的条款分为必备条款与约定条款,这是两个完全不同的概念。必备条款是法定的,缺一不可,缺少了这些条款可能会导致合同(部分)无效。约定条款是合同双方当事人按照自己的意愿协商而添加的条款,既可以是双方的,也可以是单方的。

劳动合同必备条款包括用人单位的名称、住所和法定代表人或者主要负责人,劳动者的姓名、住址和居民身份证或者其他有效身份证件号码、<u>劳动合同期限</u>、工作内容和工作地点、<u>工作时间和休息休假</u>、<u>劳动报酬</u>、社会保险、劳动保护、劳动条件和职业危害防护。

习题 1 　**多项选择题**　根据劳动合同法律制度的规定，下列各项中，属于劳动合同必备条款的有（　　）。

A. 工作内容　　　B. 试用期　　　C. 补充保险　　　D. 劳动合同期限

一、必备条款

（一）劳动合同期限

劳动合同期限主要包括以下三种类型。

（1）固定期限劳动合同，双方明确约定合同终止时间。

（2）以完成一定工作任务为期限的劳动合同，双方约定以某项工作的完成为合同期限的劳动合同。

（3）无固定期限劳动合同，双方约定合同无确定终止时间。但是如果出现法律规定或合同约定的条件，双方也可以解除或终止无固定期限劳动合同。

有下列情形之一，应当订立无固定期限劳动合同。

项目	具 体 说 明	
意定	双方<u>协商一致</u>，可以订立无固定期限劳动合同 【记忆】"你情我愿"	
法定	劳动者在该用人单位<u>连续工作满 10 年</u> 【记忆】"劳苦功高"	（1）10 年的起始时间，应从<u>用工之日</u>起计算 （2）劳动者<u>非因本人原因</u>从原用人单位被安排到新用人单位，原单位的工作年限<u>合并计算</u>为新用人单位的工作年限 （3）非本人原因包括：①原用人单位<u>变更为新用人单位</u>；②以<u>委派或任命</u>形式对劳动者工作调动；③用人单位<u>合并分立</u>等原因；④单位及关联企业与劳动者<u>轮流订立</u>劳动合同
	用人单位初次实行劳动合同制度或者<u>国有企业改制重新订立</u>劳动合同时，劳动者在该用人单位连续工作<u>满 10 年</u>且距法定退休年龄不足 <u>10 年</u> 【记忆】"劳苦功高，善始善终"	
	双方已连续订立二次固定期限劳动合同，<u>第三次</u>应当订立无固定期限劳动合同 【记忆】"事不过三"	
视为	用人单位自用工之日起满 1 年不与劳动者订立书面劳动合同的，视为用人单位<u>自用工之日起满 1 年的当日</u>已经与劳动者订立无固定期限劳动合同 【记忆】"法律强制"	

劳动者有以下七种情形之一的，用人单位可以不订立无固定期限劳动合同：

（1）<u>严重</u>违反用人单位的规章制度的；

（2）<u>严重失职</u>，营私舞弊，给用人单位造成<u>重大损害</u>的；

（3）劳动者<u>同时与其他用人单位</u>建立劳动关系，对完成本单位的工作任务造成<u>严重影响</u>，或者经用人单位提出，<u>拒不改正</u>的；

（4）以<u>欺诈</u>、<u>胁迫</u>、<u>乘人之危</u>订立或变更劳动合同，致使劳动合同无效的；

（5）被依法追究<u>刑事责任</u>的；

（6）劳动者患病或者非因工负伤，在规定的医疗期满后<u>不能从事</u>原工作，<u>不能从事</u>由用人单位另行安排的工作的；

（7）劳动者<u>不能胜任</u>工作，经过培训或调整工作岗位，<u>仍不能胜任</u>工作的。

记忆 （1）~（5）是劳动者"人品不行"；（6）、（7）是劳动者"能力不行"。

习题2 **多项选择题** 2008年至2021年，甲公司与下列职工均已连续订立2次固定期限劳动合同，再次续订劳动合同时，除职工提出订立固定期限劳动合同外，甲公司应与之订立无固定期限劳动合同的有（　　）。

A. 不能胜任工作，经过培训能够胜任的李某

B. 因交通违章承担行政责任的范某

C. 患病休假，痊愈后能继续从事原工作的王某

D. 同时与乙公司建立劳动关系，经甲公司提出立即改正的张某

习题3 **多项选择题** 2022年2月，下列人员向所在单位提出订立无固定期限劳动合同，具备法定条件的是（　　）。

A. 赵女士于2008年1月到某公司工作，2015年2月辞职，2016年1月回到该公司工作至2022年2月

B. 年满50岁的钱先生于2008年进入某国有企业工作，2021年3月该企业改制为私人控股有限责任公司

C. 孙女士于2020年2月进入某公司担任技术开发工作，签订了为期一年、到期自动续期一年且续期次数不限的劳动合同。2022年2月，公司将孙女士提升为技术部副经理

D. 李先生原为甲公司的资深业务员，于2021年2月被乙公司聘请担任市场开发经理，约定先签订一年期合同，如果李先生于期满时提出请求，可与公司签订无固定期限劳动合同

（二）工作时间和休息休假

1. 工作时间

我国标准工时制为每日工作 8 小时、每周工作 40 小时。用人单位和劳动者协商后可以延长工作时间，但每日不得超过 3 小时，每月不得超过 36 小时。

在以下情形下，延长工作时间不受法律规定的限制。

（1）发生自然灾害、事故或者因其他原因，威胁人民生命健康和财产安全，需要紧急处理。

（2）生产设备、交通运输线路、公共设施发生故障，影响生产和公众利益，必须及时抢修。

2. 休息休假

项目	特点	分类	举例
休息	无报酬	工作日内的间歇时间	午休、下午茶
		工作日之间的休息时间	晚休
		公休假日	周六、周天
休假	有报酬	法定假日（共 11 天）	元旦、春节、清明节、劳动节、端午节、中秋节、国庆节
		带薪年休假	年休假

拓展阅读　　　　　　　　　　**国家法定节假日**

1995 年 5 月，中国开始实行每周 5 天工作制。

1999 年 9 月 18 日，国务院对《全国年节及纪念日放假办法》进行了修订，决定增加公众法定休假日。劳动节和国庆节法定休假 3 天，再加上调整的前后两个双休日，就形成了每年两次连续 7 天的长假，而每个长假掀起的旅游消费热也逐渐成为我国经济生活的亮点，这两个长假被人们称为"黄金周"。

2004 年 2 月 27 日，中国人民大学校长建议增加传统节日为法定假日，取消黄金周，强化春节长假。

2005 年 6 月，中央部门发布文件详细说明增设除夕、元宵、清明、端午和中秋节的重要性。

2007 年 1 月 22 日，国家发改委到中国人民大学听取增加中国传统节日为法定假日的意见。随后国家法定节假日调整研究小组的方案在人民网、新华网、国家发展和改革委员会网站，以及新浪、搜狐等网站上予以公布，开展民意调查。

2007 年 12 月，国务院颁布《全国年节及纪念日放假办法》（国务院令第 513 号），取消劳动节的黄金周，同时将清明节、端午节、中秋节和春节四个中华民族传统节日设为法定节假日。

新方案调整后，只剩下春节和国庆节两大黄金周，我国国家法定节假日总天数为11天，法定节假日时间调整为：元旦假日1天（放假3天）；春节假日3天（放假7天，时间为农历正月初一到初七）；劳动节假日1天（放假3天）；国庆节假日3天（放假7天）；清明节、端午节、中秋节增设为国家法定节假日各1天（农历节日如遇闰月，以第一个月为休假日）。允许周末上移下错，与法定节假日形成连休。

将传统节日纳入国家法定节假日，可以充分地发挥其巨大的文化功能和社会功能，让这些传统节日的精神内涵在人们的时代生活中延续和发扬光大，有利于中华文化的传承，增强中华儿女的情感认同、民族认同，顺应了人们的情感需求。同时，将传统节日定为法定节假日，将推动中华民族文化繁荣，使中国文化和旅游与世界有更多的交流。这对弘扬我国传统文化、促进中华民族的伟大复兴，将会产生深远的意义。

传统节日能够铸造民族的灵魂，不是通过说教，而是让人在参与丰富多彩的节庆活动中感受、体悟、养成。对青少年来说，传统节日能够对他们产生潜移默化的影响。对成人乃至老年人来说，传统节日是儿时的记忆，历久不衰，是个人乃至民族的"根"。从这个意义上来说，保护传统节日有利于建设和谐社会。但是，传统文化的保护不能仅靠节假日制度，因为放假只是一方面，更重要的是建议和呼吁开展一些传统节日的民俗活动，尤其是要保存传统节日文化中的仪式文化，这些仪式文化承载了中国悠久的历史。

3. 年休假

年休假又称年假、带薪年休假，是指单位职工连续工作1年以上的，享受带薪休假，年假期间享受和正常工作期间相同的工资收入。

> **注意** 1年是指总工作年限，而非在该单位工作1年。

（1）年休假时间的相关规定如下。

工作时间	1年 ≤ 工作时间 <10年	10年 ≤ 工作时间 <20年	工作时间 ≥20年
年休假时间	5天	10天	15天
不享受年休假的情况	（1）病假累计 **≥2个月**	（2）病假累计 **≥3个月**	（3）病假累计 **≥4个月**
	（4）依法享受**寒暑假**，其寒假天数**多于**年休假天数的		
	（5）请事假累计**20天**以上且单位按照规定**不扣工资**的		

【注意】国家法定休假日、周末休息日不计入年休假的假期

（2）年休假是法律直接规定的，具有强制性，它是企业必须执行的最低标准。年休假在1个年度内可以集中安排，也可以分段安排，一般不跨年度安排。单位因生产、

工作特点确有必要跨年度安排的，可以跨1个年度安排。

（3）单位新进职工享受年休假的，当年剩余年休假天数按照在新单位**剩余日历天数折算**确定，与在原单位是否已经休过年休假没有任何关系。**折算后不足1整天的部分不享受年休假**。剩余年休假天数的计算公式如下。

剩余年休假天数＝当年度在本单位剩余月数 ÷12个月× 职工本人全年应当享受的年休假天数

习题4 【单项选择题】方某工作已满15年，2022年上半年在甲公司已休带薪年休假10天；下半年调到乙公司工作，提出补休年休假的申请。乙公司对方某补休年休假申请符合法律规定的（　　）。

A. 不可以补休年休假　　　　　　B. 可补休5天年休假
C. 可补休10天年休假　　　　　　D. 可补休15天年休假

习题5 【单项选择题】赵某工作已满6年，2022年在甲公司已休带薪年休假5天，2022年7月1日调到乙公司工作，提出补休年休假的申请。乙公司对赵某补休年休假申请符合法律规定的答复是（　　）天。

A. 0　　　　B. 2　　　　C. 3　　　　D. 5

习题6 【多项选择题】根据劳动合同法律制度的规定，下列职工不能享受当年年休假的有（　　）。

A. 依法享受寒暑假，其休假天数少于年休假天数的
B. 请事假累计20天以上，且单位按照规定不扣工资的
C. 累计工作满1年不满10年，请病假累计2个月以上的
D. 累计工作满20年以上，请病假累计满3个月的

（三）劳动报酬

1. 劳动报酬的支付

项　目	具　体　规　定
支付形式	工资应当以法定货币支付，不得以实物及有价证券替代货币支付
支付时间	工资必须在约定的日期支付，如遇节假日或休息日，则应**提前**支付
支付频率	（1）工资至少每月支付一次，实行周、日、小时工资制的可按周、日、小时支付工资 （2）对一次性临时劳动的劳动者，用人单位应在其完成劳动任务后支付
特殊支付	劳动者在**法定休假日**和**婚丧假期间**以及依法**参加社会活动期间**，用人单位应当依法支付工资

续表

项 目	具 体 规 定
倒扣工资	（1）因劳动者本人原因给用人单位造成经济损失的，用人单位可扣除劳动者本人的工资予以赔偿 （2）用人单位每月扣除的部分不得超过劳动者当月工资的**20%** （3）劳动者扣除后的剩余工资**不得低于当地月最低工资标准**，若低于则按最低工资标准支付

习题7 【单项选择题】职工甲因工作疏忽给公司造成经济损失10 000元，已知甲每月工资收入为2 500元，当地月最低工资为1 800元。根据劳动合同法律制度的规定，该公司可从甲每月工资中扣除的最高限额为（　　）元。

A. 500　　　　B. 700　　　　C. 800　　　　D. 1 000

2. 加班工资

加班时间	标准工作时间以外 （晚上加班）	休息日 （周六、日加班）	法定休假日 （国庆加班）
加班费	按标准工资的150%支付	按标准工资的200%支付	按标准工资的300%支付
是否能以补休作补偿	×	√	×

【注意】在部分公民放假的节日期间（如妇女节、青年节），对照常工作的职工，单位应支付工资报酬，但不支付加班工资

习题8 【案例题】夏某的日工资为120元，每周工作5天，每天工作8小时。她在国庆节的1—4日加班4天。请问夏某这4天可以获得多少工资？

习题9 【案例题】2022年5月，甲公司安排职工李某于10日（周五）延长工作2小时，于11日（周六）加班1天，之后安排其补休1天。已知，甲公司实行标准工时制，李某的日工资为480元。甲公司应支付李某5月最低加班工资是多少？

习题10 【多项选择题】根据劳动合同法律制度的规定，下列关于劳动报酬支付的表述中，正确的有（　　）。

A. 用人单位应当向劳动者支付婚丧假期间的工资

B. 用人单位不得以实物及有价证券代替货币支付工资

C. 用人单位与劳动者约定的支付工资日期遇节假日的，应顺延至最近的工作日支付

D. 对在"五四"青年节（工作日）照常工作的青年职工，用人单位应支付工资报酬，但不支付加班工资

3. 最低工资制度

（1）最低工资不包括加班工资、补贴、津贴和保险。

（2）最低工资标准由各省、自治区、直辖市人民政府规定，报国务院备案。

（3）劳动合同履行地与用人单位注册地的最低工资标准不一致的，按照劳动合同履行地的有关规定执行。用人单位注册地的有关标准高于劳动合同履行地的，且用人单位与劳动者约定按照用人单位注册地的有关规定执行的，从其约定。

4. 违反劳动报酬规定的处罚

适 用 情 形	处 罚 规 定
用人单位未按规定及时足额支付劳动报酬的	劳动行政部门责令用人单位限期支付（低于最低工资的应支付差额部分），逾期不支付的，按应付金额50%以上100%以下的标准向劳动者加付赔偿金
用人单位以低于当地最低工资标准支付劳动者工资的	
用人单位安排加班但不支付加班费的	

习题11 〔多项选择题〕下列关于最低工资制度的说法中，错误的有（　　）。

A. 最低工资包括延长工作时间的工资报酬

B. 最低工资的具体标准由省、自治区、直辖市人民政府规定，报国务院批准

C. 劳动合同履行地与用人单位注册地不一致的，最低工资标准按照劳动合同履行地的有关规定执行

D. 用人单位注册地的最低工资标准高于劳动合同履行地的标准，按照用人单位注册地的有关规定执行

习题12 〔多项选择题〕关于用人单位未按照劳动合同约定或者国家规定支付劳动者劳动报酬应承担法律责任的下列表述中，正确的有（　　）。

A. 由用人单位向劳动者支付违约金

B. 劳动报酬低于当地最低工资标准的，用人单位应当支付其差额的部分

C. 用人单位按照应付劳动报酬金额100%的标准向劳动者加付赔偿金

D. 由劳动行政部门责令用人单位限期支付劳动报酬

拓展阅读　　　　　　　　　最低工资制度

最低工资制度是国家层面以法律形式干预工资分配并保障低收入劳动者基本生活的制度，也是政府调节经济活动、保障劳动者权益、促进社会公平的重要手段和工具。

最低工资制度最早诞生于19世纪末的新西兰和澳大利亚。经过一百多年的发展，

至 2020 年全世界所有发达国家以及绝大部分发展中国家都已实行最低工资制度或类似规定。

我国借鉴国际经验，于 1993 年开始引入最低工资制度，并以地方政府为主导进行细化，直至 2004 年 11 月西藏自治区正式施行最低工资相关规定后，我国内地 31 个省、市、自治区均已全面推行最低工资制度。目前最低工资标准每一至三年调整一次。

各地区最低工资标准（截至 2022 年 1 月）

地区	执行时间	一档	二档	三档	四档
北京	2021 年 8 月 1 日	2 320			
天津	2021 年 7 月 1 日	2 180			
河北	2019 年 11 月 1 日	1 900	1 790	1 680	1 580
山西	2021 年 10 月 1 日	1 880	1 760	1 630	
内蒙古	2021 年 12 月 1 日	1 980	1 910	1 850	
辽宁	2021 年 11 月 1 日	1 910	1 710	1 580	1 420
吉林	2021 年 12 月 1 日	1 880	1 760	1 640	1 540
黑龙江	2021 年 4 月 1 日	1 860	1 610	1 450	
上海	2021 年 7 月 1 日	2 590			
江苏	2021 年 8 月 1 日	2 280	2 070	1 840	
浙江	2021 年 8 月 1 日	2 280	2 070	1 840	
安徽	2021 年 12 月 3 日	1 650	1 500	1 430	1 340
福建	2022 年 4 月 1 日	2 030	1 960	1 810	1 660
江西	2021 年 4 月 1 日	1 850	1 730	1 610	
山东	2021 年 10 月 1 日	2 100	1 900	1 700	
河南	2022 年 1 月 1 日	2 000	1 800	1 600	
湖北	2021 年 9 月 1 日	2 010	1 800	1 650	1 520
湖南	2022 年 4 月 1 日	1 930	1 740	1 550	
广东	2021 年 12 月 1 日	2 300	1 900	1 720	1 620
广西	2020 年 3 月 1 日	1 810	1 580	1 430	
海南	2021 年 12 月 1 日	1 830	1 730	1 680	
重庆	2019 年 1 月 1 日	1 800	1 700		
四川	2022 年 4 月 1 日	2 100	1 970	1 870	
贵州	2019 年 12 月 1 日	1 790	1 670	1 570	
云南	2018 年 5 月 1 日	1 670	1 500	1 350	
西藏	2021 年 7 月 1 日	1 850			
陕西	2021 年 5 月 1 日	1 950	1 850	1 750	
甘肃	2021 年 9 月 1 日	1 820	1 770	1 720	1 670
青海	2020 年 1 月 1 日	1 700			
宁夏	2021 年 9 月 1 日	1 950	1 840	1 750	
新疆	2021 年 4 月 1 日	1 900	1 700	1 620	1 540

我国最低工资制度实施以来，其受益面不断扩大。实行最低工资制度，对于保障职工的劳动权益和合法利益，发挥了积极的作用，有利于防止和减少克扣工人工资现象的发生，有利于贯彻效率优先、兼顾公平的原则，维护社会稳定；实行最低工资制度，为劳动关系中的劳动报酬部分提供了法律依据，有利于正确确定劳动关系，也为企业做好内部分配提供了基础。最低工资制度的实施为深化企业内部工资制度改革提供了法律依据，也为加快国家机关、事业单位工资制度改革工作提供了基础。最低工资标准的确定和调整，有利于政府发挥宏观调控的职能作用，也有利于构建和谐社会。

二、约定条款

（一）试用期

1. 试用期期限的具体规定

劳动合同期限	试用期期限
以完成一定工作任务为期限的劳动合同	不得约定试用期
劳动合同期限<3个月	
非全日制用工	
3个月 ≤ 劳动合同期限<1年	不得超过1个月
1年 ≤ 劳动合同期限<3年	不得超过2个月
劳动合同期限≥3年（包括无固定期限劳动合同）	不得超过6个月

2. 试用期期限的强制性规定

（1）试用期包含在劳动合同期限内。劳动合同仅约定试用期的，试用期不成立，该期限为劳动合同期限。

（2）同一用人单位与同一劳动者只能约定一次试用期。

（3）劳动合同终止后再次招用该劳动者的，不得再约定试用期。

（4）违法约定试用期且已经履行的，由用人单位以劳动者试用期满的月工资为标准，按已经履行的超过法定试用期的期间向劳动者支付赔偿金。

3. 试用期工资的强制性规定

劳动者在试用期的工资不得低于本单位相同岗位最低档工资的80%或者不得低于劳动合同约定工资的80%，并不得低于用人单位所在地的最低工资标准。

习题13 多项选择题 对试用期期限的下列约定中，符合法律规定的有（　　　）。

A. 李某的劳动合同期限2年，双方约定的试用期为2个月

B. 王某的劳动合同期限6个月，双方约定的试用期为20日

C. 赵某的劳动合同期限2年，双方约定的试用期为3个月

D. 张某的劳动合同期限4年，双方约定的试用期为4个月

习题 14 (多项选择题) 根据劳动合同法律制度的规定，下列关于试用期约定的表述中，正确的有（　　）。

A. 订立固定期限劳动合同应当约定试用期

B. 同一用人单位与同一劳动者只能约定一次试用期

C. 试用期包含在劳动合同期限内

D. 订立无固定期限劳动合同不应约定试用期

习题 15 (单项选择题) 甲公司招用胡某并签订了劳动合同，双方约定，劳动合同期限2年，试用期2个月，试用期满月工资6 000元。已知甲公司所在地月最低工资标准2 300元，上年度职工月平均工资4 200元。甲公司向胡某支付的试用期月工资最低不低于（　　）元。

A. 3 360　　　　B. 4 200　　　　C. 4 800　　　　D. 2 300

习题 16 (单项选择题) 2022年3月1日，甲公司聘用赵某并与其订立了2年期限劳动合同。约定试用期4个月，试用期月工资3 600元，试用期满月工资4 500元。试用期间，甲公司依照约定向赵某支付了试用期工资。2022年11月4日，赵某以试用期约定违法为由，要求甲公司支付赔偿金。已知甲公司所在地月最低工资标准为2 000元。甲公司依法应向赵某支付的赔偿金数额为（　　）元。

A. 4 000　　　　B. 7 200　　　　C. 1 800　　　　D. 9 000

（二）服务期

1. 服务期的适用范围

（1）用人单位为劳动者提供<u>专项培训费用</u>，对其进行专业技术培训的，可以与该劳动者订立协议，约定服务期。

（2）服务期一般长于劳动合同期限，劳动合同期满但服务期尚未到期的，劳动合同<u>应当续延</u>至服务期满。双方另有约定的，从其约定。

2. 违约责任

（1）劳动者违反服务期约定，应当按约定向用人单位支付<u>违约金</u>。

（2）违约金的数额不得超过用人单位提供的培训费用。

（3）对已经履行部分服务期限的，用人单位要求劳动者支付的违约金<u>不得超过服务期尚未履行部分所应分摊</u>的培训费用。

3. 解除劳动合同后的违约金问题

（1）服务期满，且劳动合同期满，劳动者解除劳动关系无须支付违约金。

（2）由于<u>劳动者过错</u>（如违纪等）而被用人单位解除劳动关系，用人单位仍<u>有权要求</u>劳动者支付违约金。

（3）由于**用人单位过错**（如拖欠劳动报酬等）导致劳动者解除劳动合同，不属于违反服务期的约定，用人单位**不得要求**劳动者支付违约金。

习题17 〔单项选择题〕 某公司为员工李某提供专项培训费用10万元，对其进行专业技术培训，双方约定服务期为10年。工作满6年时，吴某辞职，给公司造成8万元的损失，吴某应向某公司支付违约金（　　）万元。

A. 0　　　　B. 4　　　　C. 6　　　　D. 8

习题18 〔单项选择题〕 甲公司通过签订服务期协议将尚有4年劳动合同期限的职工刘某派出参加6个月的专业技术培训，甲公司提供10万元专项培训费用。双方约定，刘某培训结束后须在甲公司工作满5年，否则应向公司支付违约金。刘某培训结束工作2年后，因个人原因向公司提出解除劳动合同。下列关于刘某服务期约定及劳动合同解除的表述中，正确的是（　　）。

A. 双方不得在服务期协议中约定违约金

B. 5年服务期的约定因超过劳动合同剩余期限而无效

C. 刘某可以解除劳动合同，但甲公司有权要求其支付违约金

D. 刘某可以解除劳动合同，但甲公司无权要求其支付违约金

（三）竞业限制

概念	知悉原单位商业秘密的劳动者在劳动合同结束后，在一定期限内不得从事与原用人单位有竞争关系的工作	
适用人群	高级管理人员、高级技术人员、负有保密义务的人员	
经济补偿	用人单位补偿劳动者（签订竞业限制条款，用人单位必须给予劳动者相应的经济补偿金，否则该条款无效）	**先约定数额**；未约定数额的，按照劳动者在劳动合同解除或者终止前**12个月**平均工资的**30%**按月支付
违约金	劳动者补偿用人单位（劳动者违反竞业限制约定的，应当按照约定向用人单位支付违约金）	支付违约金**后**，用人单位可要求劳动者按照约定继续履行竞业限制义务
时间	不得超过**2年**，否则超过部分无效	
解除	劳动者主张解除	用人单位在合同结束后**3个月**内未支付经济补偿金；并要求单位支付已履行的竞业限制期间的经济补偿金
	用人单位主张解除	需要额外支付劳动者**3个月**的经济补偿金
【注意】	用人单位**只能**在"服务期"和"竞业限制"中与劳动者约定由劳动者承担**违约金**	

习题19 〔多项选择题〕 人民法院适用竞业限制条款处理劳动争议案件时应予支持的有（　　）。

A. 在竞业限制期限内，用人单位解除竞业限制协议时，劳动者要求用人单位额外支付3个月竞业限制经济补偿

B. 劳动者违反竞业限制约定，向用人单位支付违约金后，用人单位要求劳动者按照约定继续履行竞业限制义务

C. 劳动合同解除后，履行了竞业限制义务的劳动者按照协议约定要求用人单位支付竞业限制经济补偿

D. 劳动合同解除后，因用人单位的原因导致3个月未支付竞业限制经济补偿，劳动者要求解除竞业限制约定

习题 20 多项选择题 下列各项中，用人单位和劳动者不得约定违约金的有（　　）。

A. 竞业限制　　B. 休息休假　　C. 工作时间　　D. 试用期

习题 21 多项选择题 刘某原是甲公司的技术总监，公司与他签订竞业限制协议，约定合同解除或终止后3年内，刘某不得在本行业从事相关业务，公司每月支付其补偿金2万元。但在刘某离职后，公司只在第一年按时给予了补偿金，此后一直没有支付，刘某遂在离职一年半后到甲公司的竞争对手乙公司上班。甲公司得知后要求刘某支付违约金。则下列说法中正确的有（　　）。

A. 双方约定的竞业限制期限不符合法律规定

B. 刘某可以提出请求解除竞业限制约定，人民法院应予支持

C. 刘某可以要求甲公司支付竞业限制期间内未支付的补偿金，人民法院应予支持

D. 对甲公司要求刘某支付违约金的请求，人民法院应予支持

知识点三　劳动合同的履行和变更

一、劳动合同的履行

（1）用人单位应当向劳动者及时足额支付劳动报酬。用人单位拖欠或者未足额支付劳动报酬的，劳动者可以依法向当地人民法院申请支付令。

（2）劳动者拒绝用人单位违章指挥、强令冒险作业的，不视为违反劳动合同。劳动者对危害生命安全和身体健康的劳动条件，有权对用人单位提出批评、检举和控告。

（3）用人单位变更名称、主要负责人、投资人等，不影响劳动合同履行。

（4）用人单位发生合并或者分立等情况，原劳动合同继续有效，劳动合同由承继

其权利和义务的用人单位继续履行。

（5）用人单位的规章制度未经公示或者未告知劳动者，该规章制度对劳动者不生效。

（6）单位在制定、修改或者决定直接涉及劳动者切身利益的规章制度和重大事项时，应当经职工代表大会或全体职工讨论。

二、劳动合同的变更

用人单位与劳动者协商一致，可以变更劳动合同约定的内容。变更劳动合同，应当采用书面形式。未采用书面形式但已经实际履行口头变更的劳动合同超过1个月的，变更有效。

习题1 **单项选择题** 2021年10月，张某到甲公司工作。2022年11月，甲公司与张某口头商定将其月工资由原来的4 500元提高至5 400元。双方实际履行3个月后，甲公司法定代表人变更。新任法定代表人认为该劳动合同内容变更未采用书面形式，变更无效，决定仍按原每月4 500元向张某支付工资。张某表示异议并提起诉讼。下列表述正确的是（　　）。

A. 双方口头变更劳动合同且实际履行已超过1个月，该劳动合同变更有效
B. 劳动合同变更在实际履行3个月期间有效，此后无效
C. 因双方未采取书面形式，该劳动合同变更无效
D. 双方口头变更劳动合同但实际履行未超过6个月，该劳动合同变更无效

习题2 **多项选择题** 关于劳动合同的履行与变更，下列各项中说法正确的有（　　）。

A. 劳动者拒绝用人单位管理人员违章指挥作业的，不视为违反劳动合同
B. 用人单位变更投资人不影响劳动合同的履行
C. 用人单位发生合并原劳动合同继续有效
D. 用人单位的规章制度必须经过公示或者告知劳动者

知识点四　劳动合同的解除和终止

一、劳动合同的解除

劳动合同的解除分为协商解除（约定解除）和法定解除（单方解除）两种情况。

（一）协商解除（约定解除）

（1）<u>用人单位提出</u>，双方协商一致解除的，用人单位<u>必须</u>向劳动者支付经济补偿金。

（2）<u>劳动者主动辞职</u>，双方协商一致解除的，用人单位<u>无须</u>向劳动者支付经济补偿金。

（二）法定解除（单方解除）

法定解除可分为用人单位单方解除和劳动者单方解除。

1. 劳动者单方面解除劳动合同

解除类型	满足条件	是否有经济补偿金
提前通知	（1）劳动者在<u>试用期</u>内提前 <u>3 日</u>通知用人单位 （2）劳动者提前 <u>30 日</u>以<u>书面形式</u>通知用人单位 【注意】 如果劳动者没有履行通知程序，则属于违法解除，如果对用人单位造成损失，劳动者应承担赔偿责任 【记忆】 劳动者自身原因	×
随时通知	（1）用人单位<u>未按照</u>劳动合同约定提供劳动保护或劳动条件的 （2）用人单位<u>未及时足额</u>支付劳动报酬的 （3）用人单位<u>未依法</u>为劳动者缴纳社会保险费的 （4）用人单位的规章制度<u>违反</u>法律、法规规定，损害劳动者权益的 （5）用人单位以<u>欺诈</u>、<u>胁迫</u>或者非法限制人身自由的手段，使劳动者在违背真实意思的情况下订立或者变更劳动合同的 （6）用人单位<u>免除</u>自己的法定责任、<u>排除</u>劳动者权利的 （7）用人单位违章指挥、强令冒险作业危及劳动者人身安全的 【记忆】 用人单位有过错	√

2. 用人单位单方面解除劳动合同

解除类型	满足条件	是否有经济补偿金
提前通知	有下列情形之一的，用人单位提前 <u>30 日</u>以<u>书面形式</u>通知劳动者或<u>额外支付劳动者 1 个月工资</u>后，可以解除劳动合同： （1）劳动者患病或者非因工负伤，在规定的医疗期满后不能从事原工作，也不能从事由用人单位另行安排的工作的 （2）劳动者不能胜任工作，经培训或调整工作岗位，仍不能胜任工作的 【记忆】 简单总结：劳动者能力不行	√
随时通知	有下列情形之一的，用人单位可以解除劳动合同： （1）劳动者在<u>试用期间</u>被证明不符合录用条件的 （2）劳动者严重违反用人单位的规章制度的 （3）劳动者严重失职，营私舞弊，给用人单位造成重大损害的	×

续表

解除类型	满足条件	是否有经济补偿金
随时通知	（4）劳动者同时与其他用人单位建立劳动关系，对完成本单位的工作任务造成严重影响，或者经用人单位提出，拒不改正的 （5）劳动者以欺诈、胁迫的手段或者乘人之危，使用人单位在违背真实意思的情况下订立或者变更劳动合同的 （6）劳动者被依法追究刑事责任的 【记忆】简单总结：劳动者人品不行、试用期不符	×
经济性裁减人员	有下列情形之一，需要裁减人员20人以上或裁减不足20人但占职工总数10%以上的，用人单位提前30日向工会或全体职工说明情况，裁减人员方案经向劳动行政部门报告，可以裁减人员： （1）依照企业破产法规定进行重整的 （2）生产经营发生严重困难的 （3）企业转产、重大技术革新或者经营方式调整，经变更劳动合同后，仍需要裁员的 （4）其他因劳动合同订立时所依据的客观经济情况发生重大变化，致使劳动合同无法履行的	√
	用人单位裁减人员后，在6个月内重新招用人员的，应当通知被裁减的人员，并在同等条件下优先招用被裁减的人员	
	裁减人员时，应当优先留用下列人员： （1）与本单位订立较长期限的固定期限劳动合同的 （2）与本单位订立无固定期限劳动合同的 （3）家庭无其他就业人员，有需要扶养的老人或者未成年人的	

习题1 〔多项选择题〕甲公司与刘某签订了2年期限劳动合同。合同履行1年时，刘某因自主创业而向甲公司提出解除劳动合同。下列关于刘某单方面解除劳动合同方式及后果的表述中，正确的有（　　）。

A. 刘某应向甲公司支付违约金

B. 刘某应提前3日以书面形式通知甲公司

C. 刘某应提前30日以书面形式通知甲公司

D. 甲公司无须向刘某支付经济补偿

习题2 〔单项选择题〕甲公司职工周某不能胜任工作，公司为其调整工作岗位后，仍不能胜任。甲公司拟解除与周某的劳动合同的下列表述中，不正确的是（　　）。

A. 甲公司无须通知周某即可解除劳动合同

B. 甲公司解除劳动合同应向周某支付经济补偿

C. 甲公司额外支付周某 1 个月工资后可解除劳动合同

D. 甲公司可提前 30 日以书面形式通知周某而解除劳动合同

习题 3 （多项选择题）下列各项中，用人单位需要支付经济补偿的有（   ）。

A. 劳动者在试用期间被证明不符合录用条件，用人单位要求解除劳动合同的

B. 劳动者不能胜任工作，经过培训仍不能胜任工作，用人单位要求解除劳动合同的

C. 劳动者提前 30 日以书面形式通知用人单位解除劳动合同的

D. 用人单位提出解除并与劳动者协商一致而解除劳动合同的

习题 4 （单项选择题）根据劳动法的规定，用人单位裁减人员达到一定人数或者一定比例，应向工会或者全体职工说明情况，听取工会或者职工的意见，并将裁减人员方案向劳动行政部门报告。甲公司现有职工 100 人，因生产经营发生严重困难需要裁减人员，若甲公司不执行该程序，则最多裁减人员（   ）人。

A. 8　　　　　B. 9　　　　　C. 10　　　　　D. 11

习题 5 （多项选择题）劳动者存在的下列情形中，用人单位可随时通知劳动者而单方面解除劳动合同的有（   ）。

A. 不能胜任工作，经调整工作岗位后能够胜任的

B. 严重违反用人单位规章制度的

C. 因患病处于医疗期的

D. 在试用期间被证明不符合录用条件的

二、劳动合同终止

具 体 情 形	是否有经济补偿金
劳动合同期满，用人单位维持或提高条件想续订，劳动者拒绝	×
劳动合同期满，用人单位不续订或降低续订条件 【记忆】 不留用	√
以完成一定工作任务为期限的劳动合同，该项任务完成 【记忆】 完成任务	√
劳动者开始依法享受基本养老保险待遇的	×
劳动者达到法定退休年龄的	×
劳动者死亡或者被人民法院宣告死亡、失踪的	×
用人单位被宣告破产、吊销营业执照、责令关闭、撤销或用人单位决定提前解散的 【记忆】 不营业	√

三、用人单位不得解除和终止劳动合同的情形

劳动者有下列情形之一的，用人单位不得解除和终止劳动合同：

（1）从事接触<u>职业病危害作业</u>的劳动者未进行离岗前职业健康检查，或者<u>疑似职业病病人</u>在诊断或者医学观察期间的；

（2）劳动者在本单位<u>患职业病</u>或者<u>因工负伤</u>并被确认丧失劳动能力的；

（3）劳动者患病或者非因工负伤，在规定的<u>医疗期内</u>的；

（4）女职工在<u>孕期</u>、<u>产期</u>、<u>哺乳期</u>的；

（5）劳动者在本单位连续工作满 <u>15 年</u>，且距法定退休年龄<u>不足 5 年</u>的。

> **对比** 在本单位连续工作满 10 年，且距法定退休年龄不足 10 年的，应订立无固定期限劳动合同（针对国企改制和首次实行劳动合同制）。

习题6 `多项选择题` 根据劳动合同法律制度的规定，下列情形中，用人单位应当向劳动者支付经济补偿的有（　　）。

A. 固定期限劳动合同期满，用人单位维持或提高劳动合同约定条件续订劳动合同，劳动者不同意续订的

B. 用人单位被依法宣告破产而终止劳动合同的

C. 以完成一定工作任务为期限的劳动合同因任务完成而终止的

D. 由用人单位提出并与劳动者协商一致而解除劳动合同的

习题7 `多项选择题` 下列情形中，可导致劳动合同关系终止的有（　　）。

A. 劳动合同期满　　　　　　　B. 劳动者达到法定退休年龄

C. 用人单位被依法宣告破产　　D. 女职工在哺乳期

习题8 `判断题` 在本单位连续工作满 10 年，且距法定退休年龄不足 10 年的，用人单位不得解除或终止劳动合同。（　　）

四、劳动合同解除和终止的法律后果及责任

（1）用人单位向劳动者支付经济补偿金的，在办结工作交接时支付。

（2）用人单位违反规定解除或者终止劳动合同，劳动者要求继续履行劳动合同的，用人单位应当继续履行；劳动者不要求继续履行劳动合同或者劳动合同已经不能继续履行的，用人单位应当依照劳动合同法规定的<u>经济补偿标准的 2 倍向劳动者支付赔偿金</u>，支付了赔偿金的，<u>不再支付经济补偿</u>。赔偿金的计算年限自用工之日起计算。

（3）用人单位应出具解除或者终止劳动合同的<u>证明</u>，并在<u>15日内</u>为劳动者办理档案和社会保险关系转移手续。

（4）用人单位对已解除或者终止的劳动合同的<u>文本</u>，至少保存<u>2年</u>备查。

（5）劳动者违法解除劳动合同，给用人单位造成损失的，应承担<u>赔偿责任</u>。用人单位招用与其他用人单位尚未解除或者终止劳动合同的劳动者，给其他用人单位造成损失的，应当承担<u>连带赔偿责任</u>。

习题9 **多项选择题** 根据劳动合同法律制度的规定，下列关于用人单位违法解除劳动合同法律后果的表述中正确的有（　　）。

A. 用人单位支付了赔偿金的，不再支付经济补偿

B. 违法解除劳动合同赔偿金的计算年限自用工之日起计算

C. 劳动者要求继续履行且劳动合同可以继续履行的，用人单位应当继续履行

D. 劳动者不要求继续履行劳动合同的，用人单位应当按经济补偿标准的2倍向劳动者支付赔偿金

习题10 **多项选择题** 劳动合同期限内，甲公司的职工王某正好处在孕期，但甲公司要解除劳动合同。根据劳动合同法律制度的规定，下列表述中，正确的有（　　）。

A. 甲公司不能解除劳动合同

B. 甲公司可以解除劳动合同

C. 如果甲公司提出解除劳动合同，王某提出继续履行劳动合同，应当继续履行

D. 如果甲公司提出解除劳动合同，王某也同意不继续履行劳动合同，解除劳动合同后，甲公司应当向王某支付经济补偿金

习题11 **多项选择题** 乙公司明知王某是甲公司技术人员，仍在与其协商后加以聘用。后因王某忙于乙公司的技术研发对完成甲公司的工作任务造成严重影响，并给甲公司造成经济损失。关于王某与甲、乙公司同时建立劳动关系后果的下列表述中，正确的有（　　）。

A. 甲公司解除劳动合同应向王某支付经济补偿

B. 甲公司可随时通知王某解除劳动合同

C. 甲公司有权要求王某赔偿经济损失

D. 甲公司的经济损失应当由乙公司与王某承担连带赔偿责任

习题12 **判断题** 用人单位和劳动者解除或终止劳动合同的，用人单位应当在解除或终止劳动合同时出具解除或终止劳动合同的证明。（　　）

五、经济补偿金

（一）"三金"的对比

类　　别	适用情形	支　付　方
经济补偿金	劳动关系解除或终止，且劳动者无过错	只能是用人单位
违约金	劳动者违反服务期或竞业限制	只能是劳动者
赔偿金	自己的过错给对方造成损害	过错方（用人单位或劳动者）

（二）经济补偿金的适用情形

经济补偿金有以下适用情形。

（1）双方协商解除中，由用人单位主动提出。

（2）劳动者单方面解除中，因用人单位有过错，且无须提前通知。

（3）用人单位单方面解除中，因劳动者能力不行以及发生经济性裁员。

（4）劳动合同终止中，因用人单位不想留用劳动者或发生不能营业的情形。

（三）经济补偿金的计算

经济补偿金的计算公式为

$$经济补偿金＝补偿年限 \times 补偿基数$$

1. 补偿年限

补偿年限是劳动者的工作年限。

（1）每满1年支付1个月工资。**6个月以上不满1年的，按1年计算**；**不满6个月的，按照半年计算**。

（2）劳动者非因本人原因从原用人单位被安排到新用人单位工作的，劳动者在原用人单位的工作年限合并计入新用人单位的工作年限。原用人单位已经向劳动者支付经济补偿的，不再计算劳动者在原用人单位的工作年限。

2. 补偿基数

补偿基数是劳动者的月工资标准。

（1）劳动者在劳动合同解除或者终止前**12个月的平均工资**。

（2）劳动者工资低于当地最低工资标准的，按照当地最低工资标准计算；劳动者工作不满12个月的，按照实际工作的月数计算平均工资。

3. 对高薪职工的限制

（1）高薪职工是指月工资高于用人单位所在地区上年度职工月平均工资3倍的劳动者。

（2）高薪职工的补偿基数按所在地区**上年度职工月平均工资3倍计算**。

（3）高薪职工的补偿年限**最高不超过12年**。

习题13 单项选择题 2019年4月1日，张某到甲公司工作。2022年7月31日，张某向甲公司提出解除劳动合同，双方协商一致后于8月3日解除。已知张某在劳动合同解除前12个月的月平均工资为4 000元。解除劳动合同时，甲公司应向张某支付的经济补偿为（　　）元。

A. 16 000　　　　B. 14 000　　　　C. 0　　　　D. 12 000

习题14 单项选择题 2010年3月5日，方某入职甲公司。2022年12月1日，甲公司提出并与方某协商一致解除了劳动合同。已知方某在劳动合同解除前12个月的平均工资为20 000元，当地上年度职工月平均工资为5 500元。下列计算甲公司支付方某经济补偿的算式中，正确的是（　　）。

A. 20 000×12＝240 000（元）　　B. 5 500×3×12＝198 000（元）
C. 20 000×13＝260 000（元）　　D. 5 500×3×13＝214 500（元）

习题15 单项选择题 2016年4月1日，张某到甲公司工作，2022年8月1日，双方的劳动合同期满，甲公司不再与张某续签，已知劳动合同终止前12个月张某月平均工资5 000元，甲公司所在地职工月平均工资4 500元，劳动合同终止后甲公司向张某支付的经济补偿为（　　）元。

A. 27 000　　　　B. 32 500　　　　C. 1 500　　　　D. 27 500

知识点五　劳动争议的解决

一、劳动争议的概述

劳动争议是指劳动关系的当事人之间因执行劳动法律，即劳动者与所在单位之间因劳动关系中的权利义务而发生的纠纷。解决劳动争议，应当根据事实，遵循合法、公正、及时、**着重调解**的原则。

（一）不属于劳动争议范围的事项

（1）劳动者请求<u>社会保险经办机构</u>发放社会保险金的纠纷。

（2）劳动者与用人单位因住房制度改革产生的<u>公有住房转让</u>纠纷。

（3）劳动者对<u>劳动能力鉴定委员会</u>的伤残等级鉴定结论或对<u>职业病诊断鉴定委员会</u>的职业病诊断鉴定结论的异议纠纷。

（4）家庭或个人与家政服务人员之间的纠纷。

（5）个体工匠与帮工、学徒之间的纠纷。

（6）农村承包经营户与受雇人之间的纠纷。

（二）劳动争议的解决方法

劳动争议的解决方法包括协商和解、劳动调解、劳动仲裁和劳动诉讼。

习题1 【多项选择题】下列情形中，属于劳动争议适用范围的有（　　）。

A. 张某自动离职一年后，回原单位要求复职被拒绝

B. 王某要求公司增加股权分配

C. 李某向银行提出以承包的小卖部抵押贷款被拒绝

D. 刘某因工致残后，要求企业增加赔偿金被拒绝

习题2 【多项选择题】用人单位与劳动者之间发生的下列纠纷中，属于劳动争议的有（　　）。

A. 丙公司与职工王某因解除劳动合同发生的纠纷

B. 甲公司与职工徐某因确认劳动关系发生的纠纷

C. 丁公司与职工吴某因变更劳动合同发生的纠纷

D. 乙公司与职工李某因休息休假发生的纠纷

二、劳动调解

项　目	具　体　规　定
调解员	调解委员会的调解员应由职工代表和企业代表组成
申请方式	可以书面申请，也可以口头申请
调解协议书	双方当事人签名<u>或者</u>盖章，调解员签名<u>并</u>加盖调解组织印章
时长限制	自调解组织收到申请之日起<u>15日内</u>未达成调解协议的，当事人可以依法申请劳动仲裁
申请支付令	就拖欠劳动报酬、工伤医疗费、经济补偿金、赔偿金事项达成调解协议，用人单位不履行的，劳动者可以向人民法院申请支付令

习题3 【多项选择题】关于劳动调解，下列说法正确的有（　　）。

A. 对于未设有劳动争议调解委员会的企业，其调解委员会由工会担任

B. 当事人申请劳动争议调解可以书面申请，也可以口头申请

C. 调解协议书由双方当事人签名或者盖章，经调解员签名并加盖调解组织印

章后生效

D. 自劳动争议调解组织收到调解申请之日起 15 日内未达成调解协议的，当事人可以依法申请仲裁

三、劳动仲裁

（一）劳动仲裁基本规定

（1）劳动仲裁是当事人向人民法院提起劳动诉讼的<u>必经程序</u>，遵循<u>先裁后审</u>的原则。

（2）劳动仲裁机构是劳动人事争议仲裁委员会，仲裁委员会不按行政区划层层设立。

（3）劳动争议仲裁<u>不收费</u>，劳动人事争议仲裁委员会的经费由财政予以保障。

（二）劳动仲裁参加人

参 加 人		具 体 对 象
当事人	一般情况	发生争议的劳动者和用人单位
	劳务派遣	<u>劳务派遣单位和用工单位</u>为共同当事人
	个人承包经营	<u>发包的组织和个人承包经营者</u>为共同当事人
	用人单位被吊销营业执照等	<u>出资人</u>、<u>开办单位</u>或<u>主管部门</u>为共同当事人
当事人代表		发生争议的劳动者一方在 <u>10 人以上</u>，并<u>有共同请求</u>的，劳动者可以推举 <u>3 至 5 名代表</u>参加仲裁活动
第三人		与劳动争议案件的处理结果有利害关系的第三人
代理人		在代理的权限内，代理被代理人进行诉讼活动的人。可以是律师、基层法律工作者、当事人的近亲属或其他符合条件的公民等

（三）劳动仲裁管辖

（1）劳动争议由<u>劳动合同履行地</u>或者<u>用人单位所在地</u>的仲裁委员会管辖。

（2）双方当事人<u>分别</u>向劳动合同履行地和用人单位所在地的仲裁委员会申请仲裁的，由<u>劳动合同履行地</u>的仲裁委员会管辖。

（3）劳动合同履行地不明确的，由用人单位所在地的仲裁委员会管辖。

（4）有多个劳动合同履行地的，由<u>最先受理</u>的仲裁委员会管辖。

习题 4 （多项选择题）天津的赵某和重庆的钱某与北京的甲公司签订劳动合同，担任甲公司驻上海办事处业务代表职位，二人因工作关系渐生爱意，已发展至谈婚

论嫁的程度，甲公司以二人违反公司禁止员工内部婚恋的制度，与二人解除劳动合同并拒绝支付经济补偿，二人拟申请劳动仲裁，则其可以向（　　）劳动争议仲裁委员会提出申请。

A. 北京市　　　　B. 天津市　　　　C. 重庆市　　　　D. 上海市

（四）劳动仲裁的申请和受理时效

项　　目	具 体 规 定
仲裁时效	（1）当事人知道或者应当知道其权利被侵害之日起1年 （2）劳动关系存续期间因拖欠劳动报酬发生争议的，劳动者申请仲裁不受1年仲裁时效的限制；但是劳动关系终止的，应当自劳动关系终止之日起1年内提出 （3）劳动仲裁中止、中断的规定与民事诉讼的中止、中断相同
仲裁申请	可以书面申请，也可以口头申请；不需要仲裁协议，直接申请即可
仲裁受理	劳动人事争议仲裁委员会收到仲裁申请之日起5日内决定是否受理

拓展阅读　　　　　　　　诉讼时效的中止和中断

诉讼时效中止是指在诉讼时效期间的最后6个月内，因不可抗力或者其他障碍不能行使请求权。从中止时效的原因消除之日起，诉讼时效可延长6个月。诉讼时效中断是指在诉讼期间进行中，因一定事由的发生，阻碍诉讼进行，致使以前经过的时效期间统归无效，从中断、有关程序终结时起，其诉讼时效重新计算的制度。

诉讼时效中断与中止的区别如下。

（1）发生的时间不同。诉讼时效中断可发生在时效期间的任何阶段；诉讼时效中止只能发生在时效期间最后6个月内。

（2）法定事由不同。诉讼时效中断的法定事由是当事人主观意志可以决定（主观原因）的事实，如提起诉讼仲裁、请求对方履行等；诉讼时效中止的法定事由是当事人主观意志不能左右（客观原因）的事实，如不可抗力、当事人死亡或失踪等。

（3）法律后果不同。诉讼时效中断前已经过去的时效期间不再计算，从法定事由发生后重新开始计算诉讼时效期间（重置键）；诉讼时效中止是将中止的期间暂停计算，待法定中止事由消除后，继续计算时效期间（暂停键）。

习题5　**多项选择题**　关于劳动争议申请仲裁的时效，下列说法正确的是（　　）。

A. 劳动争议申请仲裁的时效期间为1年

B. 因拖欠劳动报酬劳动关系终止的，不受1年仲裁时效期间的限制

C. 劳动仲裁时效，因当事人一方向对方当事人主张权利，或者向有关部门请

求权利救济，或者对方当事人同意履行义务而中断

D. 因不可抗力或其他正当理由，当事人不能在仲裁时效期间申请仲裁的，仲裁时效中止

习题6 〔单项选择题〕2021年7月10日，刘某到甲公司上班，公司自9月10日起一直拖欠其劳动报酬，直至2022年1月10日双方劳动关系终止。下列关于刘某就甲公司拖欠其劳动报酬申请劳动仲裁时效期间的表述中，正确的是（　　）。

A. 应自2021年9月10日起3年内提出申请
B. 应自2021年7月10日起3年内提出申请
C. 应自2021年9月10日起1年内提出申请
D. 应自2022年1月10日起1年内提出申请

（五）劳动仲裁的开庭和裁决

1. 基本规定

项　目	具　体　规　定
先行调解	仲裁庭在做出裁决前，<u>应当先行调解</u>，<u>劳动仲裁的调解是作出裁决前的必经程序</u>。调解书经双方当事人<u>签收</u>后，发生法律效力
公开仲裁	一般情形下，劳动仲裁<u>公开</u>进行。当事人协议不公开的或者涉及国家秘密、商业秘密和个人隐私的除外
仲裁庭制	仲裁庭由3名仲裁员组成，设首席仲裁员；简单的案件可由1名仲裁员独任
缺席后果	申请人无正当理由拒不到庭或未经同意中途退庭的，视为撤回仲裁申请；被申请人无正当理由拒不到庭或未经同意中途退庭的，视为缺席裁决
裁决原则	裁决按照多数仲裁员意见作出，少数仲裁员的不同意见应当记入笔录。当不能形成多数意见时，裁决应按照首席仲裁员的意见作出

2. 终局裁决

以下两类劳动争议，除法律另有规定外，仲裁裁决为终局裁决，裁决书自<u>作出之日</u>起发生法律效力。

（1）追索<u>劳动报酬</u>、<u>工伤医疗费</u>、<u>经济补偿金</u>、<u>赔偿金</u>，单项数额不超过当地月<u>最低工资标准12个月</u>金额的争议。

（2）在<u>工作时间</u>、<u>休息休假</u>、<u>社会保险</u>等方面发生的争议。

> **注意**
> 　　用人单位对终局裁决不服的，可以自收到仲裁裁决书之日起30日内向仲裁委员会所在地的中级人民法院申请撤销裁决，不能直接起诉。
> 　　劳动者对终局裁决不服的，可以自收到仲裁裁决书之日起15日内直接向人民法院起诉。

（六）劳动仲裁的执行

仲裁庭对追索劳动报酬、工伤医疗费、经济补偿金、赔偿金的案件，根据当事人的申请，可以裁决<u>先予执行</u>，劳动者申请先予执行的，可以不提供担保。

仲裁庭裁决先予执行的，应当符合下列条件：当事人之间权利义务关系明确；不先予执行将严重影响申请人的生活或者生产经营的。

一方当事人不履行生效裁决、判决的，另一方当事人需要向<u>人民法院申请强制执行</u>，仲裁委员会没有强制执行权。

习题 7 **多项选择题** 根据劳动争议调解仲裁法律制定的规定，下列劳动争议中，劳动仲裁机构作出的仲裁裁决，除劳动者提起诉讼外，该裁决为终局裁决的有（　　）。

A. 因执行国家的劳动标准在工作时间方面发生的争议

B. 因确认劳动关系发生的争议

C. 因订立劳动合同发生的争议

D. 追索赔偿金不超过当地月最低工资标准 12 个月金额的争议

习题 8 **单项选择题** 根据劳动争议调解仲裁法的规定，下列关于劳动争议终局裁决效力的表述中，正确的是（　　）。

A. 劳动者对终局裁决不服的，不得向人民法院提起诉讼

B. 一方当事人逾期不履行终局裁决的，另一方当事人可向劳动仲裁委员会申请强制执行

C. 用人单位对终局裁决不服的，应向基层人民法院申请撤销

D. 终局裁决被裁定撤销的，当事人可以自收到裁定书之日起 15 日内向人民法院提起诉讼

拓展阅读　　　　　　　　**如何准备劳动仲裁**

1. 去哪里申请劳动仲裁

向哪一级劳动人事争议仲裁委员会申请劳动仲裁取决于用人单位注册地，如果用人单位是在区一级市场监督管理局注册成立的，可以向区市场监督管理局所在地的区劳动人事争议仲裁委员会申请劳动仲裁；如果单位是在市一级市场监督管理局注册成立的，可以向市劳动人事争议仲裁委员会申请劳动仲裁。

2. 劳动仲裁申请书的内容

（1）劳动者的姓名、性别、出生年月、民族、身份证号、住址、联系电话。

（2）用人单位的名称、单位地址、法定代表人姓名和职务。

（3）仲裁请求和所根据的事实、理由。

（4）证据和证据来源、证人姓名和住所（可以单独写证据清单）。

（5）右下角落款写明申请人名字和日期。

3．申请劳动仲裁需要的材料

（1）员工身份证复印件（1份，提交劳动人事争议仲裁委员会）。

（2）公司营业执照复印件或者企业信用信息网基础信息打印件（1份，提交劳动人事争议仲裁委员会）。

（3）劳动仲裁申请书（2份及以上，自留1份，其余提交劳动人事争议仲裁委员会）。

（4）证据清单＋证据材料（2份及以上，自留1份，其余提交劳动人事争议仲裁委员会）。

（5）委托律师或者其他代理人的，需要提交授权委托书（1份）、律所公函（1份）、律师证复印件（1份）。

知识点六　劳动合同的特殊形式

一、非全日制用工

项　目	具　体　规　定
时间	在同一用人单位<u>平均每日工作时间≤4小时，每周累计≤24小时</u>
形式	可以订立<u>口头协议</u>
数量	可以与一家以上的用人单位订立劳动合同，但后订立的劳动合同不能影响先订立的劳动合同的履行
试用期	<u>不得约定试用期</u>
经济补偿	任何一方都可以<u>随时通知对方终止用工</u>；用人单位<u>无须</u>向劳动者支付<u>经济补偿</u>
薪酬	按小时计酬；薪酬不得低于用人单位所在地的最低小时工资标准；<u>结算周期≤15日</u>

习题1　**单项选择题**　甲饭店以非全日制用工形式聘用王某，双方口头约定：王某每天到饭店工作3小时，每周周一休息，按小时计酬，按月结算支付劳动报酬。甲饭店与王某的下列约定中，不符合法律规定的是（　　）。

A．王某每天到饭店工作3小时　　B．王某每周周一休息

C．按小时计酬　　D．按月结算支付劳动报酬

习题2　**单项选择题**　甲公司聘用林某从事保洁工作，双方约定林某每天工作3小时，

每周工作 5 天。下列关于甲公司与林某之间劳动关系的表述中，正确的是（　　）。

A. 甲公司可以按月向林某结算支付劳动报酬

B. 任何一方终止用工需提前 3 日通知对方

C. 林某不得再与其他用人单位订立劳动合同

D. 甲公司与林某可以订立口头协议

二、集体合同

项　目	具　体　规　定
概念	工会代表职工与企业签订的以劳动报酬、工作时间、休息休假等为主要内容的书面协议。发生争议时，工会可以依法申请仲裁、提起诉讼
订立主体	工会或工会指导下的劳动者与企业
双方协商	人数应当对等，每方<u>至少 3 人</u>，并各确定 1 名首席代表
讨论出席	讨论出席人数 <u>≥2/3</u> 全体职工（职工代表）
同意通过	同意通过人数 <u>≥1/2</u> 全体职工（职工代表）
签字人员	<u>由双方首席代表签字</u>
合同生效	劳动行政部门自<u>收到集体合同文本之日起 15 日内未提出异议</u>
两个"不低于"	集体合同中的劳动报酬和劳动条件等标准不得低于当地的最低标准 用人单位和劳动者订立的劳动合同中劳动报酬和劳动条件等标准不得低于集体合同的标准

习题 3 〔多项选择题〕某单位工会共有 9 名职工代表，在订立集体合同的过程中，用人单位与工会各派出 3 名代表参加集体协商会议，确定了集体合同草案。职工代表大会对合同草案进行讨论时有 6 名代表出席，其中 2 名代表投反对票，则下列说法中正确的有（　　）。

A. 用人单位与工会各派出 3 名代表参加集体协商会议，符合法律规定

B. 职工代表大会对合同草案进行讨论时有 6 名代表出席，会议可以举行

C. 4 名代表同意合同草案占出席会议的代表人数 2/3，该草案可以通过

D. 集体合同通过后，应当由出席会议的双方全体代表签字

习题 4 〔多项选择题〕根据劳动合同法律制度的规定，下列关于集体合同的表述正确的有（　　）。

A. 用人单位与劳动者订立的劳动合同中的劳动报酬和劳动条件等标准可以低于集体合同规定的标准

B. 集体合同内容由用人单位和职工通过各自派出代表集体协商（会议）的方式协商确定
C. 依法订立的集体合同仅对劳动者具有约束力
D. 劳动行政部门自收到集体合同文本之日起 15 日内未提出异议的，集体合同即行生效

三、劳务派遣

（一）劳务派遣的概念和特征

劳动派遣是指劳务派遣单位与被派遣劳动者建立劳动关系，并将劳动者派遣到用工单位，被派遣劳动者在用工单位的指挥、监督下从事劳动的新用工形式。<u>劳动力的雇佣和使用相分离</u>，是劳务派遣的最显著特征。

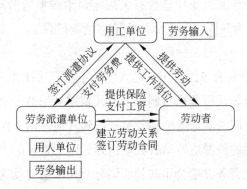

劳动合同用工是我国企业的基本用工形式，劳务派遣用工只是补充形式，只能在临时性、辅助性或者替代性的工作岗位上实施。

（1）临时性工作岗位是指存续时间不超过 6 个月的岗位。

（2）辅助性工作岗位是指为主营业务岗位提供服务的非主营业务岗位。

（3）替代性工作岗位是指用工单位的劳动者因脱产学习、休假等原因无法工作的一定期间内，可以由其他劳动者替代工作的岗位。

（二）对劳务派遣单位（劳务输出单位、用人单位）的要求

（1）劳务派遣单位应当与被派遣劳动者订立 <u>2 年以上的固定期限</u>劳动合同（不能是非全日制用工），<u>按月</u>支付劳动报酬。被派遣劳动者在无工作期间，劳务派遣单位应当按照所在地人民政府规定的 <u>最低工资标准</u>，向其 <u>按月</u> 支付报酬。

（2）劳务派遣单位应当将劳务派遣协议的内容告知被派遣劳动者，不得克扣用工单位按照劳务派遣协议支付给被派遣劳动者的劳动报酬。

（3）用人单位不得设立劳务派遣单位向本单位或者所属单位派遣劳动者。

（三）对用工单位（劳务输入单位）的要求

（1）用工单位使用被派遣劳动者数量不得超过其用工总量的10%，该用工总量是指用工单位订立劳动合同人数与使用的被派遣劳动者人数之和。

（2）用工单位不得将被派遣劳动者再派遣到其他单位。

（3）用工单位不得将连续用工期限分割订立数个短期劳务派遣协议。

（4）劳务派遣单位和用工单位不得向被派遣劳动者收取费用。

（四）被派遣劳动者的权利

（1）被派遣劳动者享有与用工单位的劳动者<u>同工同酬</u>的权利。

（2）被派遣劳动者有权在劳务派遣单位<u>或者</u>用工单位依法参加或者组织<u>工会</u>，维护自身的合法权益。

（3）用工单位和劳务派遣单位违反有关规定，给被派遣劳动者造成损害的，劳务派遣单位和用工单位作为<u>共同当事人</u>承担连带赔偿责任。

习题5 **[多项选择题]** 下列劳务派遣用工形式中，不符合法律规定的有（   ）。

A. 丙劳务派遣公司以非全日制用工形式招用被派遣劳动者

B. 乙公司将使用的被派遣劳动者又派遣到其他公司工作

C. 丁公司使用的被派遣劳动者数量达到其用工总量的5%

D. 甲公司设立劳务派遣公司向其所属分公司派遣劳动者

习题6 **[单项选择题]** 甲劳务派遣公司安排职工张某到用工单位乙公司工作。下列关于该劳务派遣用工的表述中，不正确的是（   ）。

A. 张某只能在乙公司从事临时性、辅助性或者替代性的工作岗位

B. 乙公司应按月向张某支付报酬

C. 乙公司不得再将张某派遣到其他用人单位

D. 甲劳务派遣公司应当与乙公司订立劳务派遣协议

习题7 **[多项选择题]** 关于劳务派遣的下列表述中，正确的有（   ）。

A. 劳动合同关系存在于劳务派遣单位与被派遣劳动者之间

B. 劳务派遣单位是用人单位，接受以劳务派遣形式用工的单位是用工单位

C. 被派遣劳动者的劳动报酬，在结束劳务派遣用工时支付

D. 被派遣劳动者不能参加用工单位的工会

第二章 劳动合同法律制度

拓展阅读　　　　　　　　**劳务派遣案例解读**

1. 案情介绍

2017年8月，某服务公司（已依法取得劳务派遣行政许可）与某传媒公司签订劳务派遣协议，约定某服务公司为某传媒公司提供派遣人员，每天工作11小时，每人每月最低保底工时286小时。2017年9月，该服务公司招用李某并派遣至传媒公司工作，未为李某缴纳工伤保险。2018年8月、9月、11月，李某月工时分别为319小时、293小时、322.5小时，每月休息日不超过3日。2018年11月30日，李某工作时间为当日晚8时30分至12月1日上午8时30分。李某于12月1日凌晨5时30分晕倒在单位卫生间，经抢救无效于当日死亡，死亡原因为心肌梗死。

2018年12月，用工传媒公司与李某亲属惠某等签订赔偿协议，约定传媒公司支付惠某等工亡待遇42万元，惠某等不得再就李某工亡赔偿事宜或在派遣工作期间享有的权利，向传媒公司提出任何形式的赔偿要求。上述协议签订后，传媒公司实际支付惠某等各项费用计423 497.8元。

此后，李某所受伤害被社会保险行政部门认定为工伤。服务公司、惠某等不服仲裁裁决，诉至人民法院，请求判决服务公司与传媒公司连带支付医疗费、一次性工亡补助金、丧葬补助金、供养亲属抚恤金，共计1 193 821元。服务公司请求判决不应支付供养亲属抚恤金；应支付的各项赔偿中应扣除传媒公司已支付款项；传媒公司承担连带责任。

2. 争议焦点

李某超时加班发生工伤，用工单位与劳务派遣单位是否应承担连带赔偿责任。

3. 裁判要点

劳务派遣用工中，劳动者超时加班发生工伤，用工单位和劳务派遣单位对劳动者的损失均存在过错的，应承担连带赔偿责任。劳动者在未经社会保险行政部门认定工伤的情形下与用工单位、劳务派遣单位达成赔偿协议的，且赔偿协议约定的补偿数额明显低于法定工伤保险待遇标准，用工单位、劳务派遣单位应对差额部分予以补足。

传媒公司作为用工单位长期安排李某超时加班，存在过错，对李某在工作期间突发疾病死亡负有不可推卸的责任。惠某等主张传媒公司与服务公司就李某工伤的相关待遇承担连带赔偿责任，应予支持。惠某等虽与传媒公司达成了赔偿协议，但赔偿协议是在劳动者未经社会保险行政部门认定工伤的情形下签订的，且赔偿协议约定的补偿数额明显低于法定工伤保险待遇标准，服务公司和传媒公司应对差额部分予以补足。

4. 裁判结果

按照《工伤保险条例》，因用人单位未为李某缴纳工伤保险，其工亡待遇由用人单位全部赔偿。服务公司和传媒公司连带赔偿惠某等医疗费、一次性工亡补助金、丧葬补助金、供养亲属抚恤金合计 766 911.55 元。传媒公司不服,提起上诉。二审法院判决:驳回上诉,维持原判。

本章练习

一、单项选择题

1. 根据劳动合同法律制度的规定,劳动合同生效日期为(　　)。
   A. 用工之日当日 B. 收到书面录用通知书当日
   C. 签订劳动合同当日 D. 实际上岗当日

2. 根据劳动合同法律制度的规定,下列各项中,属于劳动合同必备条款的是(　　)。
   A. 保密条款 B. 竞业限制条款
   C. 社会保险条款 D. 服务期条款

3. 甲公司职工罗某已享受带薪年休假3天,同年10月,罗某又向公司提出补休当年剩余年休假的申请。已知罗某首次就业即到甲公司工作,工作已满12年,且不存在不能享受当年年休假的情形。罗某可享受剩余年休假的天数为(　　)天。
   A. 2 B. 5 C. 7 D. 12

4. 根据劳动合同法律制度的规定,下列情形中,职工不能享受当年年休假的是(　　)。
   A. 已享受40天寒暑假的
   B. 累计工作满5年,当年请病假累计15天的
   C. 累计工作满20年,当年请病假累计1个月的
   D. 请事假累计10天且单位按照规定不扣工资的

5. 2022年10月,甲公司依法安排职工邹某于10月1日(国庆节)加班1天,于10月17日(周六)加班1天,之后未安排补休。已知甲公司实行标准工时制,邹某的日工资为300元。计算因邹某加班,甲公司应向其依法支付10月最低工资的下列算式中正确的是(　　)。
   A. 300×200%×1+300×150%×1 = 1 050(元)
   B. 300×300%×1+300×200%×1 = 1 500(元)
   C. 300×200%×1+300×200%×1 = 1 200(元)
   D. 300×300%×1+300×150%×1 = 1 350(元)

6. 2022年5月,甲公司安排职工刘某在工作日标准工作时间以外延长工作时间累

计 12 小时。已知甲公司实行标准工时制度，刘某日工资为 160 元。分析甲公司应支付刘某 5 月最低加班工资的下列算式中，正确的是（   ）。

  A. 160÷8×12×100% = 240（元）

  B. 160÷8×12×150% = 360（元）

  C. 160÷8×12×200% = 480（元）

  D. 160÷8×12×300% = 720（元）

7. 甲公司职工吴某因违章操作给公司造成 8 000 元的经济损失，甲公司按照双方劳动合同的约定要求吴某赔偿，并每月从其工资中扣除。已知吴某月工资 2 600 元，当地月最低工资标准为 2 200 元，甲公司每月可以从吴某工资中扣除的法定最高限额为（   ）元。

  A. 520   B. 440   C. 400   D. 2 600

8. 甲公司以非全日制用工形式聘用武某每日提供餐饮服务 3 小时，双方约定 2 年期限的劳动合同。下列关于该劳动关系的表述中，不正确的是（   ）。

  A. 甲公司可以按小时为单位结算武某劳动报酬

  B. 任何一方终止用工均需提前 30 日书面通知另一方

  C. 武某的小时计酬标准不得低于甲公司所在地的最低小时工资标准

  D. 双方不得约定试用期

9. 甲公司录用许某并订立 5 年期劳动合同。该劳动合同中双方依法可约定的最长试用期期限为（   ）个月。

  A. 1   B. 2   C. 12   D. 6

10. 李某应聘到甲公司工作，与甲公司签订的劳动合同中约定，合同期限 2 年，试用期 4 个月，试用期工资 3 500 元，试用期满月工资 4 000 元。4 个月后，李某通过学习劳动合同法得知甲公司与自己约定的试用期期限不符合法律规定，遂要求甲公司支付试用期赔偿金。李某可以主张的试用期赔偿金是（   ）元。

  A. 4 000   B. 8 000   C. 500   D. 1 000

11. 根据劳动合同法律制度的规定，下列情形中不应当认定属于"劳动者非因本人原因从原用人单位被安排到新用人单位工作"的情形是（   ）。

  A. 因用人单位分立导致劳动者工作调动

  B. 劳动者自行提出离职并入职新用人单位

  C. 用人单位及其关联企业与劳动者轮流订立劳动合同

  D. 劳动者仍在原工作岗位，劳动合同主体由原用人单位变更为新用人单位

12. 关于试用期的工资，合同约定正式上岗工资是 2 500 元，单位相同岗位平均工资 4 000 元，当地最低工资为 2 200 元，则试用期工资不得低于（   ）元。

A. 3 200　　　　B. 2 000　　　　C. 2 200　　　　D. 1 760

13. 根据劳动合同法律制度的规定，对负有保密义务的劳动者，用人单位可以在劳动合同或者保密协议中与劳动者约定竞业限制条款，但竞业限制不得超过一定期限，该期限为（　　）年。

　　A. 2　　　　B. 1　　　　C. 3　　　　D. 5

14. 根据劳动合同法律制度的规定，下列情形中，劳动者无须事先告知用人单位即可解除劳动合同的是（　　）。

　　A. 用人单位未按照劳动合同约定提供劳动保护的

　　B. 用人单位违章指挥、强令冒险作业危及劳动者人身安全的

　　C. 用人单位以欺诈手段使劳动者在违背真实意思的情况下签订劳动合同致使劳动合同无效的

　　D. 用人单位未及时足额支付劳动报酬的

15. 根据劳动合同法律制度的规定，下列职工中，不属于用人单位经济性裁员应优先留用的是（　　）。

　　A. 与本单位订立无固定期限劳动合同的

　　B. 与本单位订立较短期限的固定期限劳动合同的

　　C. 与本单位订立较长期限的固定期限劳动合同的

　　D. 家庭无其他就业人员，有需要扶养的老人或者未成年人的

16. 王某在甲公司工作 2 年 8 个月，甲公司提出并与王某协商解除了劳动合同。已知王某在合同解除前 12 个月的平均工资为 13 000 元，当地上年度职工月平均工资为 4 000 元，当地月最低工资标准为 2 000 元。劳动合同解除时，甲公司应向王某支付的经济补偿数额为（　　）元。

　　A. 36 000　　　　B. 6 000　　　　C. 12 000　　　　D. 39 000

17. 孙某于 2019 年 7 月 1 日入职甲公司，双方签订了 5 年期限的劳动合同。2022 年 7 月 15 日，甲公司提出并与孙某协商解除了劳动合同。已知孙某在劳动合同解除前 12 个月的平均工资为 5 000 元，甲公司所在地上年度职工月平均工资为 5 500 元。劳动合同解除时，甲公司应向孙某支付的经济补偿为（　　）元。

　　A. 15 000　　　　B. 20 000　　　　C. 16 500　　　　D. 17 500

18. 乙劳务派遣公司应甲公司要求，将张某派遣到甲公司工作。下列关于该劳务派遣用工的表述中，正确的是（　　）。

　　A. 乙公司可向张某收取劳务中介费

　　B. 甲公司可将张某再派遣到其他用人单位

　　C. 甲公司与张某之间存在劳动合同关系

D. 乙公司应向张某按月支付劳动报酬

19. 甲公司与王某口头约定，王某每天来甲公司工作 3 小时，每小时 30 元费用，试用期一周，每周结算一次工资，以下约定不符合法律规定的是（ ）。

　　A. 试用期一周　　　　　　　　　B. 王某每天去甲公司工作 3 小时

　　C. 每周结算一次工资　　　　　　D. 以小时为单位计算工资

20. 2022 年 11 月，甲公司职工王某向公司提出带薪年休假申请。已知王某累计工作已满 15 年，在甲公司工作满 2 年且本年度未休年休假。王某依法可享受的当年带薪年休假为（ ）天。

　　A. 15　　　　　B. 0　　　　　C. 10　　　　　D. 5

二、多项选择题

1. 李某 2022 年 8 月进入甲公司工作，公司按月支付工资。至当年年底公司尚未与李某签订劳动合同。关于甲公司与李某劳动关系的下列表述中，正确的有（ ）。

　　A. 公司与李某之间可视为不存在劳动关系

　　B. 公司与李某之间可视为已订立无固定期限劳动合同

　　C. 公司应与李某补订书面劳动合同，并支付工资补偿

　　D. 若此时公司通知李某订立劳动合同，李某拒绝，公司应当书面通知李某终止劳动关系，并支付经济补偿

2. 根据劳动合同法律制度的规定，用人单位需承担的义务有（ ）。

　　A. 告知劳动者工作内容、工作条件、工作地点、职业危害、安全生产状况、劳动报酬等

　　B. 不得扣押劳动者相关证件

　　C. 不得向劳动者索取财物

　　D. 不得要求劳动者提供担保

3. 下列各项中，属于无效或者部分无效劳动合同的有（ ）。

　　A. 用人单位免除自己的法定责任，排除劳动者权利的劳动合同

　　B. 以欺诈的手段使对方在违背真实意思的情况下订立的劳动合同

　　C. 以胁迫的手段使对方在违背真实意思的情况下订立的劳动合同

　　D. 乘人之危使对方在违背真实意思的情况下订立的劳动合同

4. 根据劳动合同法律制度规定，下列关于无效劳动合同法律后果的表述中，正确的有（ ）。

　　A. 劳动合同部分无效，不影响其他部分效力的，其他部分仍然有效

　　B. 劳动合同被确认无效，给对方造成损害的，有过错的一方应当承担赔偿责任

　　C. 劳动合同被确认无效，劳动者已付出劳动的，用人单位应当向劳动者支付劳

动报酬

D. 无效劳动合同，从合同订立时起就没有法律约束力

5. 某公司招聘，王某凭借伪造的毕业证书及其他与岗位要求相关的资料，骗得公司的信任，与其签订了为期三年的劳动合同。半年后，公司发现王某伪造学历证书及其他资料的事实，提出劳动合同无效，王某应退还公司所发工资，并支付经济赔偿。王某认为公司违反劳动合同法规定，擅自解除劳动合同，应承担违约责任。下列说法中错误的有（　　）。

　　A. 王某伪造学历及其他资料与公司签订的劳动合同无效

　　B. 王某应退还公司所发工资

　　C. 公司如能证明王某的欺诈行为给公司造成损害，可要求王某承担赔偿责任

　　D. 公司的上述行为属于擅自解除劳动合同，应承担违约责任

6. 根据劳动合同法律制度的规定，下列劳动合同可以约定试用期的有（　　）。

　　A. 无固定期限劳动合同　　　　　B. 期限不满3个月的劳动合同

　　C. 1年期劳动合同　　　　　　　D. 以完成一定工作任务为期限的劳动合同

7. 某公司拟与张某签订为期3年的劳动合同，关于该合同试用期约定的下列方案中，符合法律制度规定的有（　　）。

　　A. 不约定试用期　　　　　　　　B. 试用期1个月

　　C. 试用期3个月　　　　　　　　D. 试用期6个月

8. 关于用人单位和劳动者对竞业限制约定的下列表述中，正确的有（　　）。

　　A. 竞业限制约定适用于用人单位与其高级管理人员、高级技术人员和其他负有保密义务的人员之间

　　B. 用人单位应按照双方约定在竞业限制期限内按月给予劳动者经济补偿

　　C. 用人单位和劳动者约定的竞业限制期限不得超过2年

　　D. 劳动者违反竞业限制约定的，应按照约定向用人单位支付违约金

9. 根据劳动合同法律制度的规定，下列关于劳动合同履行的表述中，正确的有（　　）。

　　A. 用人单位拖欠劳动报酬的，劳动者可以依法向人民法院申请支付令

　　B. 用人单位发生合并或者分立等情况，原劳动合同不再继续履行

　　C. 劳动者拒绝用人单位管理人员违章指挥、强令冒险作业的，不视为违反劳动合同

　　D. 用人单位变更名称的，不影响劳动合同的履行

10. 根据劳动合同法律制度的规定，下列不属于劳动争议的情形有（　　）。

　　A. 因企业自主进行改制发生的纠纷

B. 个体工匠与帮工、学徒之间的纠纷

C. 劳动者退休后，与尚未参加社会保险统筹的原用人单位因追索养老金、医疗费、工伤保险待遇和其他社会保险待遇而发生的纠纷

D. 劳动者与用人单位因住房制度改革产生的公有住房转让纠纷

11. 根据劳动合同法律制度的规定，劳动者可以随时通知用人单位解除劳动合同的情形有（　　）。

　　A. 没有提供劳动条件　　　　　　B. 没有缴纳社会保险费

　　C. 没有足额支付报酬　　　　　　D. 企业生产经营发生严重困难

12. 根据劳动合同法律制度，下列关于劳动者法律责任承担的表述中，正确的有（　　）。

　　A. 劳动合同被确认无效，给用人单位造成损失的，有过错的劳动者应承担赔偿责任

　　B. 劳动者违法解除劳动合同，给用人单位造成损失的，应承担赔偿责任

　　C. 劳动者违反培训协议，未满服务期解除或者终止劳动合同的，应按照协议约定向用人单位支付违约金

　　D. 劳动者违反劳动合同中约定的竞业限制，应按约定向用人单位支付违约金

13. 甲公司职工王某因病住院，医疗期满后不能从事原工作，也不能从事公司为其另行安排的工作，甲公司欲解除与王某的劳动合同，下列关于甲公司解除劳动合同所用方式的表述中，正确的有（　　）。

　　A. 甲公司与王某协商一致可以解除

　　B. 甲公司可提前30日以书面形式通知王某解除

　　C. 甲公司不需要额外支付1个月工资，可直接解除

　　D. 甲公司可额外支付王某1个月工资后立即解除，无须提前30天通知

14. 根据劳动合同法律制度的规定，下列情形中，可导致劳动合同终止的有（　　）。

　　A. 劳动者患病，在规定的医疗期内劳动合同期满的

　　B. 劳动者开始依法享受基本养老保险待遇的

　　C. 劳动者被人民法院宣告失踪的

　　D. 劳动者怀孕，在孕期内劳动合同期满的

15. 根据劳动合同法律制度的规定，下列工作岗位中，企业可以采用劳务派遣用工形式的有（　　）。

　　A. 主要岗位　　B. 替代性岗位　　C. 临时性岗位　　D. 辅助性岗位

16. 根据劳动合同法律制度的规定，下列解除或者终止劳动合同的情形中，用人单位无须向劳动者支付经济补偿的有（　　）。

A. 用人单位通知非全日制用工劳动者终止用工的

B. 自用工之日起1个月内，经用人单位书面通知后，劳动者不与用人单位订立劳动合同，用人单位书面通知劳动者终止劳动关系的

C. 劳动者达到法定退休年龄而终止劳动合同的

D. 用人单位因劳动者在试用期间被证明不符合录用条件而解除劳动合同的

17. 甲公司与其负有保密义务的高级技术人员张某签订了为期2年的竞业限制协议。在劳动合同解除或者终止后的竞业限制期限内，张某禁止从事的工作有（　　）。

A. 到与甲公司从事同类业务且存在竞争关系的其他用人单位工作

B. 自己从事与甲公司相同的业务

C. 自己生产与甲公司同类的产品并销售

D. 到与甲公司生产同类产品且存在竞争关系的其他用人单位工作

18. A超市拟聘用5名收银人员并发布招聘公告。根据劳动合同法律制度的规定，该招聘公告的下列表述中，不合法的有（　　）。

A. 应聘者限男性　　　　　　B. 应聘者须年满15周岁

C. 应聘者须缴纳500元押金　　D. 应聘者入职3个月后签订正式劳动合同

19. 根据劳动合同法律制度的规定，下列做法符合规定的是（　　）。

A. 甲公司因会计工作较繁复，为了达到工作的细致要求，要求一律录用女性从事会计工作

B. 乙公司的分支机构依法取得了登记证书，其可以作为用人单位与劳动者订立劳动合同

C. 丙公司要求上班时间统一着装，由单位为员工定做市场价值600元一套的工作服，为了照顾新员工的经济状况，新录用的员工每人只收取100元的服装费

D. 用人单位应自用工之日起1个月内与劳动者订立书面劳动合同

20. 根据劳动合同法律制度的规定，关于试用期的下列说法中，正确的有（　　）。

A. 以完成一定工作任务为期限的劳动合同不得约定试用期

B. 无固定期限劳动合同试用期不得超过6个月

C. 同一用人单位只能与同一劳动者约定一次试用期，但是劳动者调换新的工作岗位的除外

D. 劳动者在试用期的工资不得低于本单位相同岗位最低档工资或劳动合同约定工资的80%

21. 根据劳动合同法律制度的规定，下列关于职工带薪年休假制度的表述正确的有（　　）。

A. 职工连续工作1年以上方可享受年休假

B. 机关、团体、企业、事业单位、民办非企业单位、有雇工的个体工商户等单位的职工均可依法享受年休假

C. 国家法定休假日、休息日不计入年休假的假期

D. 职工在年休假期间享受与正常工作期间相同的工资收入

22. 根据劳动合同法律制度的规定，关于劳动合同主要内容的下列说法中，错误的有（　　）。

A. 劳动合同中，应当订明劳动合同期限、工作内容和工作地点、劳动报酬等法定事项，用人单位对于休息休假有特殊安排的，还可以订明工作时间和休息休假

B. 劳动报酬是指用人单位根据劳动者劳动的数量和质量，以货币形式或者有价证券等支付给劳动者的工资

C. 用人单位与劳动者约定服务期的，不影响按照正常的工资机制提高劳动者在服务期间的劳动报酬

D. 用人单位可以与所有劳动者约定竞业限制条款

23. 根据劳动合同法律制度的规定，下列情形中，用人单位通知劳动者解除劳动合同，无须支付经济补偿金的有（　　）。

A. 劳动者在试用期间被证明不符合录用条件的

B. 劳动者被依法追究民事责任的

C. 劳动者不能胜任工作，经过培训后，仍不能胜任工作的

D. 劳动者严重失职给用人单位造成重大损害的

24. 根据劳动合同法律制度的规定，下列各项中，属于用人单位可依据法定程序进行经济性裁员的情形有（　　）。

A. 企业转产，经变更劳动合同后，仍需裁减人员的

B. 依照企业破产法规定进行重整的

C. 企业重大技术革新，经变更劳动合同后，仍需裁减人员的

D. 生产经营发生严重困难的

25. 根据劳动合同法律制度的规定，劳动合同解除或者终止的下列情形中，用人单位应向劳动者支付经济补偿的有（　　）。

A. 劳动者提前30日以书面形式通知无过错用人单位而解除劳动合同的

B. 劳动者提出并与无过错用人单位协商一致解除劳动合同的

C. 劳动者符合不需事先告知用人单位即可解除劳动合同的情形解除劳动合同的

D. 以完成一定工作任务为期限的劳动合同因任务完成而终止的

三、判断题

1. 用人单位自用工之日起满1年不与劳动者订立书面劳动合同的，视为用人单位自用工之日起满一年的当日已经与劳动者订立无固定期限劳动合同。（   ）

2. 用人单位应当将直接涉及劳动者切身利益的规章制度和重大事项决定公示，或者告知劳动者。（   ）

3. 集体合同中双方约定的劳动报酬和劳动条件等标准可以低于当地人民政府规定的最低标准。（   ）

4. 用人单位对已经解除或者终止的劳动合同文本，至少保存1年备查。（   ）

5. 劳动者与用人单位发生劳动争议申请仲裁时，用人单位被吊销营业执照或者决定提前解散、歇业，不能承担相关责任的，其出资人、开办单位或者主管部门应作为共同当事人。（   ）

6. 用人单位与劳动者发生劳动争议，劳动者可以与用人单位协商，也可以请工会第三方共同与用人单位协商，达成和解协议。（   ）

7. 劳动者与用人单位发生劳动争议无须经过劳动仲裁，可直接向人民法院提起诉讼。（   ）

8. 用人单位自与劳动者订立劳动合同之日起即与劳动者建立劳动关系。（   ）

9. 违法约定的试用期已经履行的，由用人单位以劳动者试用期满月工资为标准，按已经履行的超过法定试用期的期间向劳动者支付赔偿金。（   ）

10. 累计工作满10年不满20年的职工，请病假累计2个月以上的，不享受当年的年休假。（   ）

11. 当事人在劳动合同或者保密协议中约定了竞业限制，但未约定解除或者终止劳动合同后给予劳动者经济补偿，劳动者履行了竞业限制义务，要求用人单位按照劳动者在劳动合同解除或者终止前12个月平均工资的20%按月支付经济补偿的，人民法院应予支持。（   ）

12. 劳动合同期满，但用人单位与劳动者约定的服务期尚未到期的，服务期视为到期。（   ）

13. 劳动者提前30日以口头形式通知用人单位解除劳动合同可以单方面解除劳动合同。（   ）

14. 劳动争议的仲裁，需要当事人在纠纷发生前或纠纷发生后自愿达成仲裁协议。（   ）

15. 劳动者因用人单位拖欠劳动报酬发生劳动争议的，应当在劳动者知道或者应当知道其权利被侵害之日起1年内申请仲裁。（   ）

16. 申请人申请劳动仲裁，应支付劳动仲裁费。（   ）

17. 用人单位设立的分支机构，依法取得营业执照或者登记证书的，可以作为用人单位与劳动者订立劳动合同。（　　）

18. 采取口头形式变更劳动合同，实际履行超过1个月，变更后的劳动合同内容不违反法律、行政法规且不违背公序良俗，则合同变更有效。（　　）

19. 职工代表大会或者全体职工讨论集体合同草案，应当有1/2以上职工代表或者职工出席，且须经全体职工代表半数以上或者全体职工半数以上同意，方获通过。（　　）

20. 甲公司向本单位职工张某股权筹资，张某以5万元获得甲公司的股权1万股，后张某与甲公司发生利润分配纠纷，张某可以向劳动仲裁机构申请仲裁。（　　）

四、不定项选择题

1. 2021年7月31日，甲公司录用周某担任出纳，双方口头约定了2年期劳动合同，约定周某试用期2个月，月工资3 500元，公司在试用期间可随时解除合同，试用期满考核合格，月工资提高至4 000元，如考核不合格，再延长试用期1个月。2021年9月15日，双方签订了书面劳动合同。2021年9月30日，周某因未通过公司考核试用期延长1个月。因甲公司连续2个月无故拖欠劳动报酬，2022年6月1日，周某单方面解除了劳动合同并向当地劳动争议仲裁机构申请仲裁，该机构作出终局裁决。

已知：甲公司实行标准工时制，当地月最低工资标准为2 000元。

要求：根据上述资料，不考虑其他因素，分析回答下列小题。

（1）甲公司与周某对试用期的下列约定中，符合法律规定的是（　　）。

　　A. 试用期2个月

　　B. 试用期满周某考核不合格，再延长1个月试用期

　　C. 试用期月工资3 500元

　　D. 试用期内甲公司可随时解除劳动合同

（2）因甲公司无故拖欠劳动报酬，周某单方面解除劳动合同采取的方式是（　　）。

　　A. 应提前30日书面通知甲公司而解除

　　B. 可随时通知甲公司而解除

　　C. 应提前3日通知甲公司而解除

　　D. 无须通知甲公司即可解除

（3）周某申请劳动仲裁要求甲公司支付的下列各项中，符合法律规定的是（　　）。

　　A. 未及时签订书面劳动合同的2倍工资

　　B. 拖欠的劳动报酬

　　C. 解除劳动合同的经济补偿

　　D. 试用期赔偿金

（4）对该劳动争议终局裁决的下列表述中，正确的是（　　）。

A. 对该终局裁决不服，甲公司和周某均不得提起诉讼

B. 该终局裁决自作出之日起生效

C. 对该终局裁决不服，甲公司有权提起诉讼

D. 对该终局裁决不服，周某有权提起诉讼

2. 2022年9月21日，技术人员张某到甲公司应聘成功，约定于次日上岗工作。后因公司原因张某于2022年9月25日到岗工作。2022年9月30日，双方订立了3年期劳动合同。2022年11月甲公司出资安排张某外出参加专项技术培训，双方签订了服务期协议，对相关事项进行了约定。服务期内，张某在工作中严重失职、营私舞弊，给公司造成重大损害。公司据此解除了劳动合同并要求张某支付违反服务期的违约金并赔偿损失。张某对此不服，认为公司违法解除劳动合同，要求公司支付经济补偿和赔偿金。

已知：张某在甲公司实行标准工时制。

要求：根据上述资料，不考虑其他因素，分析回答下列小题。

（1）甲公司与张某建立劳动关系的时间是（   ）。

A. 2022年9月22日　　　　　B. 2022年9月21日

C. 2022年9月30日　　　　　D. 2022年9月25日

（2）甲公司与张某对服务期协议内容的下列约定中，符合法律规定的是（   ）。

A. 服务期内按照公司正常工资调整机制提高劳动报酬

B. 服务期期限5年

C. 公司承担张某的专项技术培训费用

D. 劳动合同期限延续至服务期满

（3）甲公司解除劳动合同方式的下列表述中，正确的是（   ）。

A. 须提前30日以书面形式通知张某解除

B. 可随时通知张某解除

C. 无须通知张某即可解除

D. 须提前3日通知张某解除

（4）甲公司与张某劳动争议的下列表述中，正确的是（   ）。

A. 甲公司有权要求张某赔偿公司的经济损失

B. 张某有权要求甲公司支付违法解除赔偿金

C. 张某无权要求甲公司支付解除劳动合同的经济补偿

D. 甲公司无权要求张某支付违约金

第三章　社会保险法律制度

本章知识框架

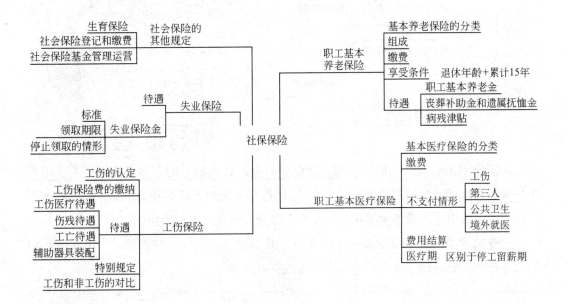

考情分析

　　本章是劳动合同法律制度的延续,主要阐述职工基本养老保险、职工基本医疗保险、工伤保险、失业保险以及社会保险的缴纳。在历年初级会计资格考试中,本章的知识点多以单项选择题、多项选择题及判断题的形式进行考查,平均分值为 3 分左右。本章学习内容比较简单,偶尔会与劳动合同法律制度的相关知识结合,出现在不定项选择题中,建议同学们根据近年的立法改革理解其背后原理。

　　通过本章的学习,同学们可以关注养老、医疗这两个焦点民生问题,意识到我国的社保改革是建立社会主义市场经济体制的客观要求和重要保障,对全面建设小康社会有着深远的影响。

知识点一　职工基本养老保险

一、基本养老保险的分类

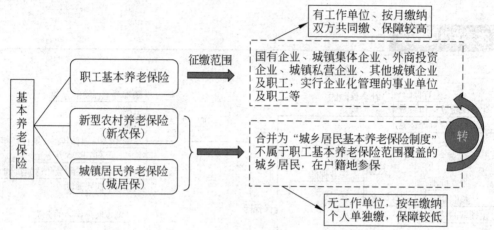

无工作单位的人群（包括各类<u>灵活就业人员</u>，如<u>无雇工的个体工商户</u>、<u>未在用人单位参加社保的非全日制从业人员</u>等），可以选择参加职工基本养老保险和职工基本医疗保险，但要由个人缴纳<u>全部</u>保险费（个人部分和原应由单位负担的部分）。

公务员和参照公务员管理的工作人员，其养老办法由国务院参照《中华人民共和国公务员法》有关规定执行，不适用本考点所讲内容。

习题1　**多项选择题**　根据社会保险法律制度的规定，下列各项中，属于职工基本养老保险费征缴范围的有（　　）。

A. 国有企业及其职工　　　　　　　B. 实行企业化管理的事业单位及其职工
C. 外商投资企业及其职工　　　　　D. 城镇私营企业及其职工

习题2　**多项选择题**　参加职工基本养老保险的下列人员中，基本养老保险费全部由个人缴纳的有（　　）。

A. 城镇私营企业的职工
B. 无雇工的个体工商户
C. 未在用人单位参加基本养老保险的非全日制从业人员
D. 实行企业化管理的事业单位职工

二、职工基本养老保险的组成

组 成 部 分	具 体 规 定
单位缴费	记入基本养老保险统筹基金
个人缴费	记入个人账户 【注意】个人账户**不得提前支取**、记账利率不得低于银行**定期**存款利率，**免征利息税和个人所得税**，死亡后其余额可全部继承
政府补贴	基本养老保险基金出现支付不足时，由政府补贴

【注意】个人跨统筹地区就业的，其养老、医疗保险关系随本人转移，**缴费年限累计计算**

三、职工基本养老保险的缴费

（一）缴费比例
单位按缴费工资 16% 缴费，个人按缴费工资 8% 缴费。

（二）缴费基数
（1）一般情况下，缴费工资基数为<u>职工本人上年度月平均工资</u>，新职工第一年以<u>当月</u>工资作为缴费基数。

（2）缴费基数设置下限。劳动者月工资<u>低于当地职工月平均工资 60%</u> 的，<u>按当地职工月平均工资的 60% 作为缴费基数</u>。

（3）缴费基数设置上限。劳动者月工资高于当地职工月平均工资 300% 的，<u>按当地职工月平均工资的 300% 作为缴费基数</u>。

（三）灵活就业人员缴费
（1）缴费比例。灵活就业人员缴费比例为缴费基数的 **20%**（基本养老保险费的 8% 记入个人账户，12% 记入国家统筹基金）。

（2）缴费基数。允许缴费人在当地职工月平均工资的 **60%～300% 选择**。

习题 3 （单项选择题）某企业职工王某的月工资为 7 000 元，当地职工月平均工资为 2 000 元。根据规定，王某每月应缴纳的基本养老保险费为（　　）元。
A. 160 　　　B. 360 　　　C. 480 　　　D. 560

习题 4 （单项选择题）某企业职工王某的月工资为 1 200 元，当地社会平均工资为

2 400元,最低工资为1 100元,王某每月应由个人缴纳的基本养老保险费约为(　　)元。

A. 88　　　　　B. 96　　　　　C. 115　　　　　D. 192

习题5 【单项选择题】下列关于基本养老保险个人账户的表述中,不正确的是(　　)。

A. 无雇工的个体工商户自愿按照国家规定缴纳的基本养老保险费,全部记入个人账户

B. 职工按照国家规定的本人工资的一定比例缴纳的基本养老保险费,全部记入个人账户

C. 职工基本养老保险个人账户一般情况下不得提前支取

D. 职工基本养老保险个人账户免征利息税

四、职工基本养老保险的享受条件

(一)年龄条件

职工需要达到法定退休年龄,现阶段的退休年龄如下。

适用范围	性别	退休年龄
一般情况	男	60
	女	50
	女(干部)	55
从事井下、高温、高空、特别繁重体力劳动或其他有害身体健康工作的	男	55
	女	45
因病或非因工致残,由医院证明并经劳动鉴定委员会确认完全丧失劳动能力的	男	50
	女	45

(二)缴费年限

职工需要缴费**累计满15年**才可享受基本养老保险。如果职工缴费年限不足15年,有以下三个选择。

(1)延长缴费至满15年,按月领取养老金。

(2)转入城乡居民社会养老保险。

(3)终止养老保险关系,将个人账户存储额一次性取回。

习题 6 **单项选择题** 根据社会保险法律制度的规定，参加职工基本养老保险的个人，达到法定退休年龄且累计缴费满一定年限的方可享受，该年限为（　　）年。

A. 5　　　　B. 15　　　　C. 20　　　　D. 10

习题 7 **多项选择题** 女性职工年满 45 周岁，缴费满 15 年即可享受职工基本养老保险的情况有（　　）。

A. 担任干部
B. 从事空乘工作
C. 从事农药灌装工作
D. 因病经确认完全丧失劳动能力

五、职工基本养老保险的待遇

（一）职工基本养老金

职工基本养老金一般指退休金，由统筹账户养老金和个人账户养老金按<u>月</u>支付。

（二）丧葬补助金和遗属抚恤金

参加基本养老保险的个人，<u>因病</u>或<u>非因工死亡</u>的，由其遗属领取丧葬补助金和遗属抚恤金。劳动者死亡同时符合领取养老保险丧葬补助金、工伤保险丧葬补助金、失业保险丧葬补助金条件的，其遗属只能选择一项领取。

（三）病残津贴

参保人未达到法定退休年龄时，<u>因病</u>或<u>非因工致残</u>完全丧失劳动能力的，其本人可以领取病残津贴。

> **对比**　<u>因工致残或患职业病的</u>，在评定伤残等级后可以领取伤残津贴，<u>由工伤保险基金支付</u>。

习题 8 **多项选择题** 参加基本养老保险的个人，因病或者非因工死亡，下列各项中，其遗属可以领取的有（　　）。

A. 一次性工亡补助金
B. 抚恤金
C. 伤残津贴
D. 丧葬补助金

习题 9 **多项选择题** 下列关于职工基本养老保险待遇的表述中，正确的有（　　）。

A. 参保职工未达到法定退休年龄时因病完全丧失劳动能力的，可以领取病残津贴
B. 参保职工死亡后，其个人账户中的余额可以全部依法继承

C. 参保职工达到法定退休年龄时累计缴费满15年，可以按月领取基本养老金

D. 参保职工死亡同时符合领取基本养老保险丧葬补助金、工伤保险丧葬补助金和失业保险丧葬补助金条件的，其遗属可以同时领取

拓展阅读　　　　　　养老金并轨

养老金"双轨制"，简单来说，就是对不同用工性质的人员，国家采取不同的退休养老金制度。由于历史原因，改革开放之前，不管是什么单位，都属于单位人员，都属于"国"字头，都没交过养老保险，全部是由国家负担的。但是企业改革之后，部分企业社会化，开始实施城镇职工养老保险，差异便体现出来了。企业的养老保险变成了由单位和个人承担的"统账结合"模式，机关事业单位和公务员个人依然无须扣缴养老保险，仍然由财政全额兜底。这导致事业养老金比企业养老金高出3倍左右，人们要求"双轨制"并轨。

养老金"双轨制"并轨是指对机关事业单位工作人员实行和企业职工一样的基本养老保险制度。

2012年3月，养老金"双轨制"在全国"两会"上引起代表委员们的关注和热议，对当前的养老体制进行改革、取消养老金"双轨制"的呼声高涨。

2013年12月，人社部确定养老金"双轨制"并轨方案。

2014年12月，机关事业单位养老保险制度改革方案经国务院常务会议和中央政治局常委会审议通过。

到2015年7月，全国大部分省份采取了"老人老办法、新人新办法、中人逐步过渡"的办法。对改革前已经退休的"老人"，继续按原来的标准发放基本养老金，保持已有待遇不降低。对改革后参加工作的"新人"，实行新制度，建立新机制。对改革前参加工作、改革后退休的"中人"，按照合理衔接、平稳过渡的原则，在基本养老金中除了基础养老金和个人账户养老金外，再加发过渡性养老金，过渡时间大多为10年。同时建立职业年金，以更好地保证退休待遇。

到2017年，随着包括陕西、吉林、青海、辽宁等26个省份陆续出台机关事业单位养老保险并轨方案，这项改革进入启动实施阶段。将近4 000万机关事业单位工作人员将实行和企业职工一样的养老保险制度。同时，1 500多万退休人员的养老金也将进行调整。

实行养老金并轨是实现社会公平的需要，也体现了政府维护社会公平与和谐的决心。此举措有利于促进社会和谐与稳定，拉动内需，促进收入分配改革，有效解决养老金"亏空"难题，从而全面实现小康社会的战略目标。

知识点二 职工基本医疗保险

一、基本医疗保险的分类

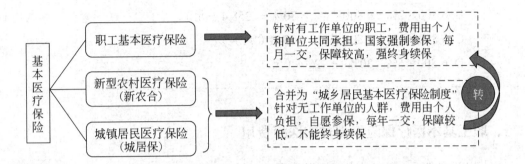

> **注意**　城乡居民医疗保险覆盖范围包括学生，不可终身续保；城乡居民养老保险覆盖范围不包括学生，可终身续保。

习题 1　**多项选择题**　下列人员中，属于基本医疗保险覆盖范围的有（　　）。
A. 大学生
B. 国有企业职工
C. 城镇私营企业职工
D. 灵活就业人员

二、职工基本医疗保险的缴费

（一）单位缴费

单位缴费一般为职工工资总额的 6%，其中 **30% 划入个人账户**，**70% 划入统筹基金账户**。

（二）个人缴费

个人缴费一般为本人工资总额的 2%，全部划入个人账户。

（三）退休人员规定

参保人达到法定退休年龄并累计缴费达到国家规定年限的，**退休后不再缴纳基本医疗保险费**，按照国家规定享受基本医疗保险待遇。目前，最低缴费年限没有全国统一的规定，由各统筹地区根据本地情况确定。

习题 2 **单项选择题** 甲公司职工周某的月工资为 6 800 元，已知当地职工基本医疗保险的单位缴费率为 6%，职工个人缴费率为 2%，用人单位所缴医疗保险费划入个人医疗账户的比例为 30%。周某个人医疗保险账户每月存储额是（　　）。

A. 6 800×2% = 136（元）

B. 6 800×2%＋6 800×6%×30% = 258.4（元）

C. 6 800×2%＋6 800×6% = 544（元）

D. 6 800×6%×30% = 122.4（元）

三、职工基本医疗保险不支付的医疗费用

下列医疗费用，职工基本医疗保险不予支付。

（1）应当从<u>工伤保险基金</u>中支付的。

（2）应当由<u>第三人</u>负担的。

（3）应当由<u>公共卫生</u>负担的。

（4）在<u>境外就医</u>的。

> **注意** 医疗费用应当由第三人负担，第三人不支付或者无法确定第三人的，由基本医疗保险基金先行支付。基本医疗保险基金先行支付后，需向第三人追偿。

习题 3 **多项选择题** 以下情况中，医疗费不由基本医疗保险基金支付的有（　　）。

A. 赵某需进行外科手术的原因是工伤

B. 钱某需进行外科手术的原因是被赵某驾驶的汽车撞伤

C. 孙某需进行外科手术的原因是非因工负伤

D. 李某需进行外科手术的原因是患病

四、职工基本医疗保险的费用结算

（一）享受条件

（1）参保人员必须到基本医疗保险的<u>定点</u>医疗机构就医购药或到<u>定点</u>零售药店购买药品。

（2）参保人员发生的医疗费用必须符合基本医疗保险药品<u>目录</u>、诊疗<u>项目</u>、医疗服务设施标准的<u>范围</u>和给付<u>标准</u>。

（二）支付标准

（1）支付区间：当地职工年平均工资 **10%**（起付线）至当地职工年平均工资的 **6 倍**（封顶线）。

（2）支付比例：一般为支付区间的 **90%**。

（3）自付费用：①起付线以下的部分；②起付线到封顶线区间内自己负担比例的部分；③封顶线以上的部分；④非定点、非定围的部分，标准如下。

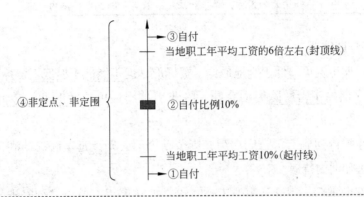

习题4 〖单项选择题〗 吴某在定点医院做外科手术，共发生医疗费用 18 万元，其中在规定医疗目录内的费用为 15 万元，目录以外费用为 3 万元。起付线和最高报销额为当地职工年平均工资 10% 和 6 倍，已知：当地职工年平均工资为 24 000 元，医院报销比例为 90%。应由基本医疗保险基金支付的医疗费用为（　　）元。

A. 150 000　　　B. 144 000　　　C. 129 600　　　D. 127 440

五、医疗期

（一）医疗期概念

医疗期是指职工因<u>患病</u>（非职业病）或<u>非因工负伤</u>停止工作、治病休息的期限。

| 对比 | 停工留薪期是指职工因<u>患职业病</u>或<u>因工负伤</u>停止工作、治病休息的期限。 |

（二）医疗期期间

根据劳动者实际<u>总工作年限</u>和在<u>本单位工作年限</u>，给予 3 个月到 24 个月的医疗期。

累计工作年限 / 年	本单位工作年限 / 年	享受医疗期 / 月	累计期间 / 月
累计工作年限 <10	本单位工作年限 <5	3	6	医疗期 ×2
	本单位工作年限 ≥5	6	12	

续表

累计工作年限/年	本单位工作年限/年	享受医疗期/月	累计期间/月	
累计工作年限≥10	本单位工作年限<5	6	12	医疗期+6
	5≤本单位工作年限<10	9	15	
	10≤本单位工作年限<15	12	18	
	15≤本单位工作年限<20	18	24	
	本单位工作年限≥20	24	30	

【注意】 医疗期从病休第一天开始累计，周末和法定节假日包括在医疗期内

（三）医疗期待遇

（1）医疗期工资可以低于当地最低工资标准，但<u>不能低于最低工资标准的80%</u>。

（2）医疗期内<u>不得解除</u>劳动合同，除非满足用人单位<u>随时通知单方解除</u>的相关条件。

（3）医疗期内遇到劳动合同期满，则劳动合同<u>必须续延</u>至医疗期满，职工在此期间仍然享受医疗期内待遇。

（4）<u>医疗期满后</u>，不能从事原工作，也不能从事用人单位另行安排的工作，<u>可以解除</u>劳动合同，用人单位需按经济补偿规定给予其经济补偿。

习题5 **多项选择题** 2015年，张某初次就业到甲公司工作。2022年初，张某患重病向公司申请病休。关于张某享受医疗期待遇的下列表述中，正确的有（　　）。

A. 医疗期内，甲公司应按照张某病休前的工资待遇向其支付病假工资

B. 张某可享受不超过6个月的医疗期

C. 公休、假日和法定节日不包括在医疗期内

D. 医疗期内，甲公司不得单方面解除劳动合同

习题6 **多项选择题** 关于职工享受医疗期及医疗期内待遇的下列表述中，正确的有（　　）。

A. 实际工作年限10年以下，在本单位工作年限5年以下的，医疗期间为3个月

B. 实际工作年限10年以下，在本单位工作年限5年以上的，医疗期间为6个月

C. 医疗期内遇劳动合同期满，则劳动合同必须续延至医疗期满

D. 病假工资可按低于当地最低工资标准，但不得低于当地最低工资标准的80%

习题7 **多项选择题** 甲公司职工汪某非因工负伤住院治疗。已知汪某月工资3 800元，当地最低月工资标准为2 000元，汪某医疗期内工资待遇的下列方案中，甲公司可以依法采用的有（　　）元/月。

A. 3 800　　　　B. 1 600　　　　C. 1 500　　　　D. 2 000

> **拓展阅读**   医保改革，温暖你我

1. 牢记总书记嘱托，深化医保改革

2022年，新年第一天，在河南省儿童医院神经内科住院部，一位不到3岁的先天性脊髓性肌萎缩症（SMA）患儿正在接受诺西那生钠注射治疗。从近70万一支降至几万元，诺西那生钠注射液进入医保，极大减轻了患儿就医负担。"能用上这个药，真是太好了！这下能治得起病了，孩子也有希望了。"孩子妈妈的话中透露出对未来的美好憧憬。而这，仅仅是我国在医保领域让老百姓有更多获得感的一个缩影。

2021年3月6日，习近平总书记看望参加全国政协十三届四次会议的医药卫生界、教育界委员，并参加联组会，听取意见和建议。总书记强调，要继续加大医保改革力度，常态化制度化开展药品集中带量采购，健全重特大疾病医疗保险和救助制度，深化医保基金监管制度改革，守好人民群众的"保命钱""救命钱"。

目前我国医保领域改革力度空前，药耗负担显著减轻，跨省异地就医体验稳步提升，看病钱、救命钱更加安全。为了满足人民群众的更多期待，中国正在用"革新之笔"书写出更多温暖人心的"健康答卷"。

2. "组合降价"效应释放，群众用药负担持续减轻

2021年末，一段国家医保目录药品谈判现场的视频在网上热传。为了让老百姓用上质优价廉的好药，自2018年国家医保局成立以来，连续4年每年一次动态调整医保药品目录，累计将507种新药、好药纳入目录，患者就医和使用药品越来越有保障。在增加创新药、抗肿瘤药物的基础上，实现了罕见病高值药纳入医保"零的突破"。

在安全、有效、经济的原则下，2022年医保目录调整将更多质优价廉的药品纳入范畴，同时药品集中带量采购已经成为常态化，通过集中带量采购和目录准入谈判"组合拳"，显著降低了群众用药负担。

3. 异地就医直接结算，让报销不再"奔波"

国家医保服务平台App推出"关怀版"，方便老年群体。近年来，随着异地居住、异地退休人口的大量增加，特别是同子女随迁的老年人群体越来越庞大，对异地就医直接结算提出了更高需求。聚焦1.25亿跨省流动人口的就医结算需求，深入推进医保领域"放管服"改革，2021年以来，国家医保局会同有关部门巩固拓展住院费用跨省直接结算成果，全面推动门诊费用跨省直接结算工作。目前，跨省异地就医住院费用直接结算服务已覆盖全国所有省份、所有统筹地区、各类参保人员和主要外出人员，基本实现了定点医院全覆盖以及每个县至少有一家联网定点医院的目标。

与此同时，普通门诊费用跨省直接结算加快推进。从全面打通京津冀、长三角、西南5省份先行试点地区，到新增山西等15个省份为试点省份，由区域试点转向全面

推开,截至 2021 年 11 月底,所有省份均已启动普通门诊费用跨省直接结算,覆盖全国 97.6% 的统筹地区,联网定点医药机构超过 12 万家,全国 91.7% 的县至少有一家联网定点医疗机构。

4. 支付方式改革,助力"医保患"三方共赢

一直以来,我国传统的医保支付方式是按项目付费,即根据诊疗过程中用到的所有药品、医疗服务项目、医用耗材等,医院在诊疗过程中使用多少,医保和患者根据比例就支付多少。这种模式下,可能产生"大处方""大检查"等过度医疗行为,不仅造成医疗资源的浪费,还让参保人多花钱、医保基金多支出。

2017 年,国家开展"按疾病诊断相关分组(C-DRG)"收付费改革试点,在全国范围内首次实现医保和患者与医院同时按病种定额结算,不设起付线,医保基金按病种定额报销 70%、80%,个人自付分别为 30%、20%。通过改革,实现了同级别医疗机构、城镇职工和城乡居民看病就医"同病、同治、同质、同价"。

在前期试点的基础上,国家医保局在 2019 年底和 2020 年先后启动了 DRG 和 DIP 两种新型付费模式。截至 2021 年 10 月,30 个试点城市 DRG 实际付费已覆盖 807 家医疗机构。

在医院方面,改变了之前按项目付费下的运行机制,从以"看病"为中心转到患者健康为中心;从看病越多越赚钱,逐步转到患者越健康越赚钱。

(资料来源:改革力度空前 医保这样"温暖"你我生活. http://health.people.com.cn/n1/2022/0122/c14739-32337278.html,2022-08-29.)

知识点三 工 伤 保 险

一、工伤的认定

是否认定	判定标准	具 体 内 容
应当认定工伤	与工作有**直接**关系	(1)在工作时间、工作场所,由于**工作受伤** (2)在工作时间前后、工作场所,由于**预备性**或**收尾性**工作受伤 (3)在工作时间、工作场所,由于**履行**工作职责受到**意外伤害** (4)**患职业病** (5)因工外出(**出差**),由于工作原因受伤或发生事故下落不明 (6)在上下班途中,由于**非本人主要责任**的交通事故受伤

续表

是否认定	判定标准	具 体 内 容
视同工伤	与工作有间接关系	（1）在工作时间、工作岗位，由于<u>突发疾病死亡</u>或者<u>在48小时内经抢救无效死亡</u> （2）在维护国家利益、公共利益活动中受伤 （3）原在军队服役，因战、因公负伤致残，已取得<u>革命伤残军人证</u>，到用人单位后<u>旧伤复发</u>
不认定工伤	与工作没有关系	（1）故意犯罪 （2）醉酒或者吸毒 （3）自残或者自杀

【注意】 职工发生工伤，应进行劳动能力鉴定。劳动功能障碍分十个伤残等级，**最重为一级**，**最轻为十级**。自劳动能力鉴定结论<u>作出之日起1年后</u>，工伤职工、其近亲属、所在单位、经办机构认为伤残情况发生变化的，可以申请劳动能力<u>复查鉴定</u>。

习题1 　**多项选择题**　劳动者发生伤亡的下列情形中，应当认定为工伤的有（　　）。
　　A. 吴某在车间工作期间因醉酒导致自身受伤
　　B. 保安万某在工作期间因履行工作职责被打伤
　　C. 陈某在上班途中，受到非本人主要责任交通事故伤害
　　D. 赵某在外地出差期间登山游玩时摔伤

习题2　**多项选择题**　职工出现的下列伤亡中，视同工伤的有（　　）。
　　A. 在上班途中，受到非本人主要责任的交通事故伤害
　　B. 在抢险救灾等维护国家利益、公共利益活动中受到伤害
　　C. 在因工外出期间，由于工作原因受到伤害
　　D. 在工作时间和工作岗位，突发疾病死亡

二、工伤保险费的缴纳

（1）我国境内的企业、事业单位、社会团体、民办非企业单位、基金会、律师事务所、会计师事务所等组织和<u>有雇工的个体工商户</u>等，都应当为本单位<u>全部</u>职工或雇工缴纳工伤保险费。

（2）工伤保险费用由用人单位缴纳，职工不缴纳工伤保险费。

注意	四险中只有工伤保险费仅由用人单位缴纳。养老、医疗、失业保险由用人单位和劳动者共同缴纳。

（3）职工在两个或者两个以上用人单位同时就业的，各用人单位应当分别为职工缴纳工伤保险费，职工发生工伤，由职工<u>受到伤害时</u>工作的用人单位依法承担工伤保险责任。

习题3 〔多项选择题〕根据社会保险法律制度的规定，下列人员中，属于工伤保险覆盖范围的有（　　）。

A. 国有企业职工　　　　　　　　B. 民办非企业单位职工
C. 个体工商户的雇工　　　　　　D. 事业单位职工

习题4 〔多项选择题〕下列社会保险中应由用人单位和职工共同缴纳的有（　　）。

A. 职工基本养老保险　　　　　　B. 职工基本医疗保险
C. 工伤保险　　　　　　　　　　D. 失业保险

习题5 〔判断题〕职工在两个或者两个以上用人单位同时就业的，各用人单位应当分别为职工缴纳工伤保险费。（　　）

三、工伤保险的待遇

待遇类别	具体规定	支付方
工伤医疗待遇 （评定伤残等级前）	治疗费用（医疗费、住院伙食补助费、交通食宿费、康复性治疗费等）	工伤保险基金
	停工留薪期待遇： （1）<u>工资福利待遇不变</u>，支付评定伤残等级<u>前</u>的护理费 （2）一般<u>不超过12个月</u>，特殊情况可延长但<u>不超过12个月</u> （3）停工留薪期满后仍需治疗，继续享受<u>工伤医疗待遇</u>	所在单位
伤残待遇 （评定伤残等级后）	（1）评定伤残等级后的护理费 （2）一次性伤残补助金 （3）一次性工伤医疗补助金 （4）伤残津贴（1～4级）	工伤保险基金
	（5）一次性伤残就业补助金 （6）伤残津贴（5～6级） 【注意】7～10级伤残没有伤残津贴	所在单位

待遇类别	具体规定	支付方
工亡待遇	（1）丧葬补助金（**6个月**的统筹地上年度职工月平均工资） （2）遗属抚恤金（按职工本人工资的一定比例发放） （3）一次性工亡补助金（上一年度**全国城镇居民人均可支配年收入的20倍**）	工伤保险基金
辅助器具装配	假肢、矫形器、轮椅等	工伤保险基金

习题6 多项选择题 下列关于停工留薪期待遇的说法中错误的有（　　）。

A. 在停工留薪期内原工资福利待遇不变，由工伤保险基金按月支付

B. 停工留薪期一般不超过24个月

C. 工伤职工评定伤残等级后，继续享受停工留薪期待遇

D. 工伤职工停工留薪期满后仍需治疗，继续享受停工留薪期待遇

习题7 多项选择题 职工因工死亡的，其近亲属可享受遗属待遇。下列各项中属于该待遇的有（　　）。

A. 一次性工亡补助金　　　　　　B. 供养亲属抚恤金

C. 遗属抚恤金　　　　　　　　　D. 丧葬补助金

习题8 多项选择题 甲公司职工钱某在上班期间因操作失误导致手臂损伤而住院治疗。下列关于钱某住院治疗期间享受工资福利待遇的表述中，正确的有（　　）。

A. 甲公司应当按照原工资福利待遇按月向其支付工资

B. 甲公司可以按照当地最低工资标准的80%按月向其支付工资

C. 钱某应享受医疗期待遇

D. 钱某应享受停工留薪期待遇

习题9 多项选择题 根据社会保险法律制度的规定，参保职工因工伤发生的下列费用中，由用人单位支付的有（　　）。

A. 一次性伤残补助金

B. 终止或者解除劳动合同时，应当享受的一次性伤残就业补助金

C. 五级、六级伤残职工按月领取的伤残津贴

D. 治疗工伤期间的工资福利

四、工伤保险的特别规定

（1）职工所在用人单位未依法缴纳工伤保险费，发生工伤事故的，由**用人单位**支付工伤保险待遇。用人单位不支付的，从工伤保险基金中先行支付，由用人单位偿还，用人单位不偿还的，社会保险经办机构可以追偿。

（2）由于第三人的原因造成工伤，第三人不支付工伤医疗费用或者无法确定第三人的，由**工伤保险基金**（而非用人单位）先行支付。工伤保险基金先行支付后，有权向第三人追偿。

（3）工伤职工符合领取基本养老金条件的，停发伤残津贴，享受基本养老保险待遇。基本养老保险待遇低于伤残津贴的，由**工伤保险基金**补足差额。

（4）工伤职工丧失享受待遇条件的、拒不接受劳动能力鉴定的、拒绝治疗的，停止享受工伤保险待遇。

习题 10 判断题 职工发生工伤事故但所在用人单位未依法缴纳工伤保险费的，不享受工伤保险待遇。（　　）

习题 11 判断题 由于第三人的原因造成工伤，第三人不支付工伤医疗费用或者无法确定第三人的，由用人单位先行支付。（　　）

五、工伤和非工伤的对比

项　　目		工　　伤	非　工　伤
死亡	丧葬补助金	有	有
	抚恤金	有	有
	一次性工亡补助金	有	没有
	由谁支付	工伤保险基金	基本养老保险基金
治疗期间	名称	停工留薪期	医疗期
	期限	一般不超过 12 个月，可延长不得超过 12 个月	3~24 个月（根据累计工作年限和在本单位的工作年限计算）
	工资	原工资福利待遇不变	不低于最低工资标准的 80%
	何时停止享受相关待遇	评定伤残等级后，由停工留薪期待遇变成伤残待遇	医疗期满
	期间能否解除劳动合同	不得解除	不得解除
	期满能否解除劳动合同	不得解除	不能从事原工作，也不能从事用人单位另行安排的工作，可以解除劳动合同，但应当向其支付经济补偿

知识点四 失业保险

一、失业保险的待遇

待遇种类	具体说明	享受条件
领取失业保险金	—	（1）失业前用人单位和本人已经<u>缴纳失业保险费满1年</u> （2）<u>非因本人意愿中断就业</u> （3）已经进行<u>失业登记</u>，并有求职要求 【注意】失业人员应在终止或者解除劳动合同之日起60日内凭失业登记证明和个人身份证明，到社会保险机构办理失业保险金手续
享受基本医疗保险待遇	失业人员应当缴纳的基本医疗保险费从失业保险基金中支付，个人不缴纳基本医疗保险费	
领取死亡补助	失业人员在失业期间死亡，向其遗属发放一次性丧葬补助金和抚恤金	
职业介绍与职业培训补贴	领取失业保险金期间接受职业培训、职业介绍的补贴，包括失业者为接受职业培训所需的路费、住宿费、培训费等	

二、失业保险金

（一）失业保险金标准

失业保险金<u>不低于当地最低生活保障标准</u>，<u>不高于当地最低工资标准</u>。

（二）失业保险金领取期限

失业保险金的领取期限自<u>办理失业登记之日</u>起计算。

缴费期限/年	领取期限/月
1≤ 缴费期限 <5	12
5≤ 缴费期限 <10	18
缴费期限 ≥10	24

【注意】领取期满仍未就业且距法定退休年龄不足1年的，可继续发放失业保险金至法定退休年龄；重新就业后再失业的，缴费年限<u>重新计算</u>，领取期限与前次失业应当领取而尚未领取的期限<u>合并计算</u>，最长不超过24个月。

（三）失业保险金停止领取的情形

失业人员在领取失业保险金期间有下列情形之一的，停止领取失业保险金，并同时停止享受其他失业保险待遇：

（1）重新就业的；

（2）应征服兵役的；

（3）移居境外的；

（4）享受基本养老保险待遇的；

（5）被判刑收监执行的；

（6）无正当理由，拒不接受指定部门或机构介绍的适当工作或者提供的培训的。

习题1 〔多项选择题〕下列关于失业保险待遇的表述中，正确的有（　　）。

　　A. 参加职工基本医疗保险的失业人员在领取失业保险金期间，享受基本医疗保险待遇

　　B. 失业保险金的领取期限自办理失业登记之日起计算

　　C. 失业保险金的领取期限最长为 24 个月

　　D. 失业人员在领取失业保险金期间死亡的，其遗属可以领取一次性丧葬补助金和抚恤金

习题2 〔单项选择题〕根据社会保险法律制度的规定，关于符合条件的失业人员享受失业保险待遇的下列表述中，不正确的是（　　）。

　　A. 失业人员在领取失业保险金期间死亡的，其遗属有权领取一次性丧葬补助金和抚恤金

　　B. 失业人员领取失业保险金的期限自办理失业登记之日起计算

　　C. 失业人员领取失业保险金的标准，不得低于当地最低工资标准

　　D. 失业人员在领取失业保险金期间享受基本医疗保险待遇

习题3 〔单项选择题〕吴某因劳动合同终止而失业。已知吴某工作年限已满 6 年，缴纳失业保险费的时间已满 4 年，且符合失业保险待遇享受条件。吴某领取失业保险金的最长期限为（　　）个月。

　　A. 12　　　　B. 24　　　　C. 6　　　　D. 18

习题4 〔多项选择题〕领取失业保险金的下列人员中，应当停止领取失业保险金，并同时停止享受其他失业保险待遇的有（　　）。

　　A. 重新就业的李某　　　　　　　B. 移居境外的孙某

　　C. 应征服兵役的张某　　　　　　D. 被行政拘留 10 日的王某

习题5 〔单项选择题〕根据社会保险法律制度的规定，参加失业保险的失业人员非因本人意愿中断就业且符合其他法定条件的，可以享受失业保险待遇。下列情形中，属于非因本人意愿中断就业的有（　　）。

　　A. 用人单位以暴力手段强迫劳动，劳动者解除劳动合同的

B. 用人单位未按照劳动合同约定支付劳动报酬，劳动者解除劳动合同的
C. 用人单位解除劳动合同的
D. 劳动者因出国留学而解除劳动合同的

知识点五　社会保险的其他规定

一、生育保险

根据国务院办公厅印发的《关于全面推进生育保险和职工基本医疗保险合并实施的意见》，要求推进生育保险和职工基本医疗保险合并实施，统一参保登记，即参加职工基本医疗保险的在职职工同步参加生育保险。统一基金征缴和管理，按照用人单位参加生育保险和职工基本医疗保险的缴费比例之和确定新的用人单位职工基本医疗保险费率。两项保险合并实施后实行统一定点医疗服务管理，统一经办和提供信息服务，确保职工生育期间的生育保险待遇不变。

二、社会保险登记和缴费

用人单位	登记	企业在办理登记注册时，同步办理社会保险登记
		企业以外的缴费单位应自成立之日起 **30 日**内，申请办理社会保险登记
	缴费	自行申报、足额缴纳
		发生不可抗力等法定事由，用人单位可以申请缓缴或者减免缴纳
个　　人	登记	用人单位自用工之日起 **30 日**内为**职工**向社保经办机构申办社保登记
		灵活就业人员需自行向社保经办机构申办社保登记
	缴费	职工由单位**代扣代缴**，并按月告知本人
		灵活就业人员需自行缴纳

【注意】2019 年 1 月 1 日起，社会保险由税务部门统一征收

三、社会保险基金管理运营

（1）除基本医疗保险基金与生育保险基金合并建账及核算外，其他各项社会保险基金按保险险种分别建账，分别核算，执行国家统一的会计制度。

（2）社会保险基金专款专用，任何组织和个人不得侵占或挪用。

（3）社会保险基金存入财政专户，按统筹层次设立预算，通过预算实现收支平衡。社会保险基金预算按照社会保险项目分别编制。

（4）在保证安全的前提下，社会保险基金可按照国务院规定投资运营，实现保值增值。但是社会保险基金的投资运营不得违规投资运营，不得平衡其他政府预算，不得兴建、改建办公场所，不得支付人员经费、运行费用、管理费用，不得挪作其他用途。

习题 1 【多项选择题】根据社会保险法律制度的规定，下列关于社会保险费征缴的表述中，正确的有（　　）。

A. 职工应当缴纳的社会保险费由用人单位代扣代缴

B. 用人单位未按时足额缴纳社会保险费的，由社会保险费征收机构责令其限期缴纳或补足

C. 未在用人单位参加社会保险的非全日制从业人员可以直接向社会保险征收机构缴纳社会保险费

D. 用人单位应当自用工之日起 30 日内为职工向社会保险经办机构申请办理社会保险登记

习题 2 【多项选择题】根据社会保险法律制度的规定，关于社会保险基金管理运营的下列表述中，正确的有（　　）。

A. 社会保险基金专款专用

B. 除基本医疗保险基金与生育保险基金合并建账及核算外，其他各项社会保险基金按照社会保险险种分别建账、分账核算

C. 社会保险基金存入财政专户，通过预算实现收支平衡

D. 社会保险机构的人员经费、运营经费、管理费用由社会保险基金支付

习题 3 【多项选择题】下列关于社会保险费缴纳的表述中，正确的有（　　）。

A. 用人单位应当自行申报、按时足额缴纳社会保险费

B. 职工应当缴纳的社会保险费由用人单位代扣代缴

C. 无雇工的个体工商户可以直接向社会保险费征收机构缴纳社会保险费

D. 用人单位应当按季度将缴纳社会保险费的明细情况告知职工本人

本 章 练 习

一、单项选择题

1. 2021 年，甲公司职工赵某月平均工资为 2 800 元，甲公司所在地月最低工资标准为 2 000 元，职工月平均工资为 5 000 元，已知 2022 年当地职工基本养老保险费中

个人缴费比例为8%。2022年甲公司每月从赵某工资中代扣代缴的职工基本养老保险费为（　　）元。

  A. 240   B. 160   C. 224   D. 400

2. 根据社会保险法律制度的规定，职工发生伤亡的下列情形中，不认定为工伤的是（　　）。

  A. 工作时间前在工作场所内，从事与工作有关的预备性工作受到事故伤害的

  B. 在工作时间和工作岗位突发疾病，在48小时内经抢救无效死亡的

  C. 在下班途中受到本人负主要责任交通事故伤害的

  D. 在抢险救灾等维护国家利益、公共利益活动中受到伤害的

3. 根据社会保险法律制度的规定，职工发生伤亡的下列情形中，视同工伤的是（　　）。

  A. 在工作时间和工作岗位突发先天性心脏病死亡的

  B. 在上班途中受到非本人主要责任的交通事故伤害的

  C. 下班后在工作场所从事与工作有关的收尾性工作受到事故伤害的

  D. 患职业病的

4. 根据社会保险法律制度的规定，一次性工亡补助金标准为上一年度全国城镇居民人均可支配收入的一定倍数，该倍数为（　　）。

  A. 10   B. 20   C. 15   D. 5

5. 根据社会保险法律制度的规定，交足4年失业保险，失业保险金的领取期限是（　　）个月。

  A. 12   B. 18   C. 24   D. 30

6. 根据社会保险法律制度的规定，用人单位应当自用工之日起（　　）日内为其职工向社会保险经办机构申请办理社会保险登记。

  A. 60   B. 30   C. 45   D. 90

7. 甲公司职工王某2021年度从公司取得的工资、奖金共计102 000元，已知2021年度当地职工月平均工资为2 500元。关于王某个人2021年度每月应缴纳的基本养老保险费的下列算式中，正确的是（　　）。

  A. $102\,000 \times 8\% = 8\,160$（元） B. $102\,000 \div 12 \times 8\% = 680$（元）

  C. $2\,500 \times 3 \times 8\% = 600$（元） D. $2\,500 \times 8\% = 200$（元）

8. 根据社会保险法律制度的规定，下列情形中，应当认定为工伤的是（　　）。

  A. 在上班途中，受到本人负主要责任的交通事故伤害

  B. 在工作时间和工作场所内，因个人原因受到事故伤害

  C. 工作时间前在工作场所内，从事与工作有关的预备性工作受到事故伤害

D. 因工外出期间，因个人原因发生事故下落不明

9. 李某为某企业员工，在本企业工作已经达6年，实际参加工作年限已满12年。根据社会保险法律制度的规定，吴某可以享受医疗期（　　）个月。

A. 6　　　　B. 9　　　　C. 12　　　　D. 18

10. 根据社会保险法律制度的规定，关于失业保险的下列说法中，正确的是（　　）。

A. 失业人员（非大龄失业人员）失业前用人单位和本人累计缴费满10年的，领取失业保险金的最长期限为18个月

B. 失业人员在领取失业保险金期间死亡的，其遗属可以在一次性丧葬补助金和抚恤金中选择领取一项

C. 失业保险金的标准不得低于城市居民最低生活保障标准

D. 失业人员在领取失业保险金期间应征服兵役的，为了最大限度保障军人的权益，其可以继续享受失业保险待遇

11. 根据社会保险法律制度的规定，下列关于工伤保险的说法中，不正确的是（　　）。

A. 用人单位缴纳工伤保险费，职工不缴纳工伤保险费

B. 劳动功能障碍分为十个伤残等级，最重的为十级，最轻的为一级

C. 丧葬补助金为6个月的统筹地区上年度职工月平均工资

D. 伤残津贴实际金额低于当地最低工资标准的，由用人单位补足差额

12. 参保人员符合基本医疗保险支付范围的医疗费用中，在社会医疗统筹基金起付标准以上与最高支付限额以下的费用部分，由社会医疗统筹基金按一定比例（当地职工年平均工资10%～600%）支付，支付比例一般为（　　）。

A. 100%　　　　B. 90%　　　　C. 80%　　　　D. 60%

13. 工伤职工因日常生活或者就业需要，经劳动能力鉴定委员会确定，安装假肢、配置轮椅的辅助器具费用由（　　）支付。

A. 医疗保险基金　B. 工伤保险基金　　C. 用人单位　　　　D. 劳动者

14. 2021年12月，刘某与用人单位累计缴纳失业保险费8年后因劳动合同终止而失业，此时刘某距离法定退休年龄还有2年，已知刘某符合领取失业保险金条件，假设其领取失业保险金期满仍未就业，根据社会保险法律制度规定，其领取失业保险金的最长期限是（　　）个月。

A. 24　　　　B. 18　　　　C. 12　　　　D. 21

15. 根据劳动合同法律制度的规定，下列支出中，由用人单位负担的是（　　）。

A. 一次性工伤医疗补助金　　　　B. 住院期间的工资福利

C. 医疗费用　　　　　　　　　　D. 住院伙食补助

二、多项选择题

1. 根据社会保险法律制度的规定,下列各项中,由单位支付的费用有（　　）。
   A.5～6级伤残津贴　　　　　　B.停工留薪待遇
   C.一次性医疗补助金　　　　　D.一次性伤残就业补助金

2. 甲公司职工曾某因公司解散而失业。已知曾某是首次就业,失业前甲公司与其已累计缴纳失业保险费5年,则下列关于曾某享受失业保险待遇的表述中,正确的有（　　）。
   A.曾某在领取失业保险金期间,参加职工基本医疗保险,享受基本医疗保险待遇
   B.曾某领取失业保险金的期限最长为12个月
   C.曾某领取失业保险金的标准可以低于城市居民最低生活保障标准
   D.曾某领取失业保险金期限自办理失业登记之日起计算

3. 根据社会保险法律制度的规定,当失业人员在领取失业保险金期间出现法定情形时,停止领取失业保险金,并同时停止享受其他失业保险待遇。下列选项中,属于上述法定情形的有（　　）。
   A.享受基本养老保险的　　　　B.应征服兵役的
   C.户口迁移的　　　　　　　　D.被行政处罚的

4. 根据社会保险法律制度的规定,下列参加职工基本养老保险的人员中,不可享受职工基本养老保险待遇的有（　　）。
   A.未达法定退休年龄且累计缴费满10年的赵某
   B.未达法定退休年龄且累计缴费满15年的钱某
   C.达到法定退休年龄且累计缴费满10年的孙某
   D.达到法定退休年龄且累计缴费满15年的李某

5. 根据社会保险法律制度的规定,下列关于失业保险的表述中,不正确的有（　　）。
   A.职工应当参加失业保险
   B.用人单位缴纳失业保险费,职工个人不用缴纳
   C.失业人员在领取失业保险金期间应当积极求职,接受职业介绍和职业培训
   D.失业人员在领取失业保险金期间,不享受基本医疗保险待遇

6. 下列关于基本养老保险金缴费计算的表述中错误的有（　　）。
   A.缴费工资基数一般为职工本人上一年度月平均工资
   B.本人月平均工资低于当地职工月平均工资的,按当地职工月平均工资作为缴费基数
   C.本人月平均工资低于当地最低工资标准的,按当地最低工资标准作为缴费

基数

　　D. 灵活就业人员的缴费比例为28%，其中8%记入个人账户

7. 根据社会保险法律制度的规定，下列表述不正确的有（　　）。

　　A. 非全日制劳动者缴纳养老保险金的全部划入个人账户

　　B. 企业职工与单位缴纳养老保险金的全部划入个人账户

　　C. 养老保险账户中的存款利息免征利息税

　　D. 养老保险不得提前领取

8. 下列医疗费用不纳入基本医疗保险基金支付范围的有（　　）。

　　A. 缴纳职工医疗的赵某因工外出期间发生交通事故治疗费用

　　B. 缴纳职工医疗的钱某患职业病花费的治疗费

　　C. 缴纳职工医疗的孙某因突发高血压在定点医院的诊疗费

　　D. 缴纳职工医疗的李某因患帕金森综合征到美国就医的诊疗费

9. 根据劳动合同法律制度的规定，下列关于企业职工医疗期期限及待遇的表述中，正确的有（　　）。

　　A. 病假工资不得低于当地最低工资标准

　　B. 公休、假日和法定节日包括在病休期间内

　　C. 医疗期内遇劳动合同期满，则合同应延续至医疗期满

　　D. 实际工作年限不足10年，在本单位工作年限不足5年的，可享受3个月的医疗期

10. 根据社会保险法律制度规定，经劳动能力鉴定委员会鉴定，评定伤残等级的工伤职工，享受的伤残待遇包括（　　）。

　　A. 生活护理费

　　B. 一次性伤残补助金

　　C. 伤残津贴

　　D. 一次性工伤医疗补助金和一次性伤残就业补助金

11. 由于第三人的原因造成工伤，第三人不支付工伤医疗费用或者无法确定第三人的，下列表述错误的有（　　）。

　　A. 由用人单位先行支付

　　B. 由个人自行支付

　　C. 由工伤保险基金先行支付后，有权向第三人追偿

　　D. 由有关机构发放的补偿金先行支付

12. 下列各项中，属于符合条件的失业人员享受的失业保险待遇的有（　　）。

　　A. 失业保险金　　　　　　　　B. 死亡补助

C. 基本医疗保险待遇 D. 职业培训补贴

三、判断题

1. 对符合基本养老保险享受条件的人员，所在单位按月支付基本养老金。（   ）

2. 对领取失业保险金期满仍未就业且距法定退休年龄不足 1 年的失业人员，可继续发放失业保险金至法定退休年龄。（   ）

3. 计算职工病休期间的医疗期时，公休、假日和法定节日不包括在内。（   ）

4. 医疗期是指企业职工因工负伤停止工作、治病休息的期间。（   ）

5. 参加基本养老保险的个人，因病或者非因工死亡的，其遗属可以领取丧葬补助金和抚恤金，所需资金从基本养老保险基金中支付。（   ）

6. 职工个人按照本人月工资的 8% 缴纳基本养老保险费，记入个人账户。（   ）

7. 职工所在用人单位未依法缴纳工伤保险费，发生工伤事故的，由伤残保险基金先行支付工伤保险待遇。（   ）

8. 职工因病或非因工负伤停止工作、治病休息，在规定的医疗期内，用人单位不可以与其解除劳动合同。（   ）

9. 失业人员失业前用人单位和本人累计缴纳失业保险费满 5 年且符合其他申领条件的，方可申请领取失业保险金并享受其他失业保险待遇。（   ）

10. 一次性工亡补助金为上一年度全国城乡居民人均可支配年收入的 20 倍。（   ）

四、不定项选择题

2019 年 1 月 4 日，甲公司初次录用张某，并安排其担任车间操作工，月工资 5 000 元，双方签订了 5 年期劳动合同。2022 年 1 月 5 日，张某在工作中突发心脏病入院治疗，一个半月后出院上班。住院治疗期间，公司按月向张某支付工资。

2022 年 10 月 10 日，张某在下班后做收尾性工作时，被车间坠物砸伤腿部致残并被确认部分丧失劳动能力（被鉴定为 5 级伤残），住院治疗 2 个月后出院。因张某腿部伤残不能从事原工作，甲公司欲解除双方的劳动合同。

已知：张某实际工作年限 8 年，甲公司已为其办理社会保险，甲公司所在地最低月工资标准为 1 800 元。

要求：根据上述资料，不考虑其他因素，分析回答下列小题。

（1）关于张某在工作中突发心脏病入院治疗的法律后果，表述正确的是（   ）。

　　A. 张某在工作中突发心脏病应视同工伤

　　B. 张某可享受 3 个月的医疗期待遇

　　C. 张某在工作中突发心脏病不应认定为工伤

　　D. 张某应享受停工留薪期待遇

（2）张某突发心脏病住院期间，甲公司按月向其支付的工资不得低于（　　）元。

　　A. 1 800　　　　B. 4 000　　　　C. 1 440　　　　D. 5 000

（3）关于张某下班后做收尾性工作被车间坠落物砸伤的法律后果，表述正确的是（　　）。

　　A. 张某受伤住院期间的工资福利待遇保持不变

　　B. 张某受伤住院期间的工资福利待遇，由甲公司按月支付

　　C. 张某受伤应认定为工伤

　　D. 张某受伤是在下班之后，不应认定为工伤

（4）下列关于甲公司解除劳动合同的表述中，正确的是（　　）。

　　A. 甲公司可提前30日以书面形式通知张某解除劳动合同

　　B. 甲公司可额外支付张某1个月的工资后解除劳动合同

　　C. 甲公司不得单方面解除与张某的劳动合同

　　D. 甲公司无须提前通知张某即可解除劳动合同

第四章　会计法律制度

本章知识框架

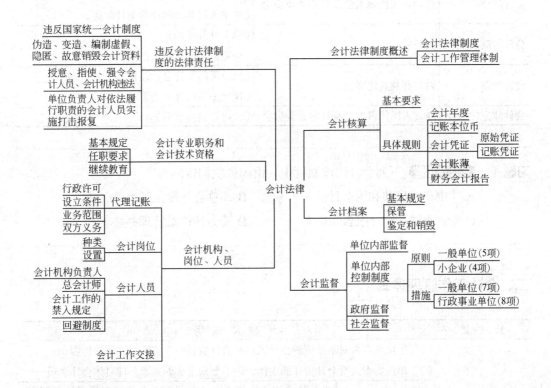

考情分析

本章以《中华人民共和国会计法》(以下简称《会计法》)为主线,阐述了会计工作相关的一系列法律制度。在历年初级会计资格考试中,本章内容分值适中,平均为8分左右,多以单项选择题、多项选择题及判断题的形式进行考查。在近两年的考试中,有少数批次的试卷会以不定项选择题的方式来进行综合考查。本章知识点容易理解,题目难度不高,拿分比较容易。

本章的内容与日常的会计工作息息相关,学习本章可以使初入会计行业的同学们熟悉与会计工作相关的一系列法律制度,树立法律意识,培养爱岗敬业、诚实守信的工作作风。

知识点一　会计法律制度概述

一、会计法律制度

会计法律制度是指国家权力机关和行政机关制定的调整会计关系的法律规范。我国会计法律制度主要包括以下内容。

类　别	制定主体	举　例
会计法律	全国人民代表大会及其常务委员会	《中华人民共和国会计法》 《中华人民共和国注册会计师法》
会计行政法规	国务院	《总会计师条例》 《企业财务会计报告条例》
会计规章	财政部及其他部委	《财政部门实施会计监督办法》 《代理记账管理办法》
会计地方性法规	地方人民代表大会及其常务委员会	《云南省会计条例》

习题1　**多项选择题**　下列会计法律制度中，由国务院制定的有（　　）。
A.《中华人民共和国会计法》　　　　B.《总会计师条例》
C.《企业财务会计报告条例》　　　　D.《会计档案管理办法》

二、会计工作管理体制

分　类		具体说明
内部管理		（1）单位负责人对本单位的会计工作和会计资料的真实性、完整性负责 （2）单位负责人是会计责任的主体，但**不要求事必躬亲地办理具体会计事项**
	单位负责人类型	法人单位的法定代表人（公司制企业的董事长或执行董事、国家机关的最高行政人员）
		非法人单位的主要负责人（个人独资企业的投资人、<u>代表合伙企业执行事务的合伙人</u>）
自律管理		会计类的协会、学会
行政管理		实行"统一领导、分级管理"的原则 （1）统一领导。国务院财政部门主管全国的会计工作 （2）分级管理。县级以上人民政府财政部门管理本行政区域的会计工作

习题2　**多项选择题**　下列人员中，（　　）应当对本公司的会计工作和会计资料的真实性、完整性负责。

A. 某有限责任公司的董事长　　B. 某个人独资企业的投资人
C. 某有限责任公司的总经理　　D. 某合伙企业的合伙人

习题3 〖多项选择题〗关于单位负责人在内部会计监督中的职责，下列表述正确的是（　　）。

A. 必须事事参与，严格把关
B. 对本单位会计资料的真实性负责
C. 不能授意、指使会计人员办理违法事项
D. 应依法做好会计核算工作

习题4 〖判断题〗县级以上地方各级人民政府财政部门管理本行政区域内的会计工作。（　　）

知识点二　会 计 核 算

一、会计核算基本要求

（1）依法建账。一个单位有且只能有<u>一套账</u>，不得私设会计账簿。

（2）根据<u>实际发生</u>的经济业务进行会计核算。

（3）保证会计资料的真实性和完整性，区别伪造和变造。

伪造常用<u>编造</u>、<u>编制</u>等手段，伪造的对象一般是<u>签章</u>。

变造常用<u>挖补</u>、<u>涂改</u>、<u>剪接</u>、<u>覆盖</u>等手段，变造的对象一般是<u>数字</u>及<u>签章以外事项</u>。

（4）正确采用会计处理方法，<u>不得随意</u>变更。确有必要变更的，应当按照国家统一的会计制度的规定变更。

（5）正确使用会计记录文字。会计记录的文字<u>应当使用中文</u>。在民族自治地方，会计记录可以<u>同时使用</u>当地通用的一种民族文字；在中华人民共和国境内的外国企业、外商投资企业和其他外国组织的会计记录可以<u>同时使用</u>一种外国文字。

（6）使用电子计算机进行会计核算必须符合法律规定。

习题1 〖单项选择题〗根据会计法律制度的规定，下列行为中属于伪造会计资料的是（　　）。

A. 用挖补的手段改变会计凭证和会计账簿的真实内容
B. 由于过失导致会计凭证与会计账簿记录不一致
C. 以虚假的经济业务编制会计凭证和会计账簿
D. 用涂改的手段改变会计凭证和会计账簿的真实内容

习题 2 `单项选择题` 某单位业务人员朱某在一家个体酒店招待业务单位人员,发生招待费 800 元。事后,他将酒店开出的收据金额改为 1 800 元,并作为报销凭证进行了报销。朱某的行为属于下列违法行为中的( )。

A. 伪造会计凭证行为　　　　　　B. 变造会计凭证行为

C. 做假账行为　　　　　　　　　D. 违反招待费报销制度行为

习题 3 `多项选择题` 根据支付结算法律制度的规定,下列各项属于变造票据的行为有( )。

A. 原记载人更改付款人名称,并在更改处签章证明

B. 剪接票据,非法改变票据记载事项

C. 涂改出票金额

D. 假冒他人在票据上背书签章

习题 4 `判断题` 在中国境内的外商独资企业可以不使用中文作为会计记录的文字。( )

习题 5 `判断题` 各单位采用的会计处理方法,前后各期应当一致,不得变更。( )

二、会计核算具体规则

(一)会计年度

自公历 1 月 1 日起至 12 月 31 日止。

(二)记账本位币

情　形	具 体 规 定
一般情况	会计核算以人民币为记账本位币
业务收支以外币为主的单位	日常会计核算可以选定一种外币为记账本位币
	编报财务会计报告时应当折算为人民币

(三)会计凭证

1. 原始凭证

环　节	具 体 规 定
获取	(1)从外单位取得原始凭证,必须盖有填制单位的公章
	(2)从个人取得原始凭证,必须有填制人员的签名或者盖章
	(3)自制原始凭证,必须有经办单位负责人或其指定的人员签名或者盖章
	(4)购买实物的原始凭证,必须有验收证明
	(5)支付款项的原始凭证,必须有收款单位和收款人的收款证明
	(6)经上级有关部门批准的经济业务,应当将批准文件作为原始凭证附件

续表

环 节	具 体 规 定
开具	（1）对外开出原始凭证，必须加盖**本单位公章** （2）支出需要由两个以上单位共同负担的，应当由保存该原始凭证的单位开具**原始凭证分割单**给其他负担的单位
退货	除填制退货发票外，还必须有**退货验收证明**
退款	必须取得对方的**收款收据**或者**汇款银行的凭证**，不得以退货发票代替收据
审核	（1）**不真实**、**不合法**的原始凭证，有权**不予受理**，并向单位负责人报告 （2）记载**不准确**、**不完整**的原始凭证，予以**退回**，并要求**更正**、**补充**
更正	（1）各项内容均不允许涂改 （2）**内容有误**，应当**重开或更正**，在更正处加盖出具单位**印章** （3）**金额有误**，**必须由出具单位重开**，不得更正
外借	**不得外借**；但经本单位**会计机构负责人**（会计主管人员）批准，可以**复制**

2. 记账凭证

环 节	具 体 规 定
填制	（1）根据**审核无误**的原始凭证填制记账凭证 （2）可根据**每一张**原始凭证、**若干张同类**原始凭证汇总、原始凭证**汇总表**填制 （3）**不得将不同内容和类别**的原始凭证汇总填制在一张记账凭证上
后附	除结账、**更正错误**外，记账凭证必须附有原始凭证并注明所附原始凭证的张数
更正	（1）**填制**时发生错误，应当**重新填制** （2）**已登记入账且在当年**发现错误的，若**内容**有误，红字冲销并蓝字重填；若**金额**有误，红字冲减或蓝字调增差额 （3）**以前年度**有错误，用**蓝字**填制一张更正的记账凭证

习题6 **单项选择题** 根据会计法律制度的规定，下列关于原始凭证的表述中，正确的是（　　）。

A. 原始凭证必须源于单位外部

B. 除日期外，原始凭证记载的内容不得涂改

C. 对不真实的原始凭证，会计人员有权拒绝接受

D. 原始凭证金额有错误的，应当由出具单位更正并加盖印章

习题7 **单项选择题** 甲公司出纳刘某在为员工孙某办理业务时，发现采购发票上所注单价、数量与总金额不符，经查是销货单位填写单价错误，刘某采取的下列措施符合会计法律制度规定的是（　　）。

A. 由孙某写出说明，并加盖公司公章后入账

B. 将发票退给孙某，由销货单位重新开具发票后入账

C. 按总金额入账

D. 将单价更正后入账

习题8 （单项选择题） 对记载不准确、不完整的原始凭证，会计人员应当（　　）。

A. 拒绝接受，并报告领导，要求查明原因

B. 予以销毁，并报告领导，要求查明原因

C. 予以退回，并要求经办人员按规定进行更正、补充

D. 拒绝接受，且不能让经办人员进行更正、补充

习题9 （单项选择题） 其他单位因特殊原因需要使用原始凭证时，经本单位的（　　）批准，可以复制。

A. 会计机构负责人　　　　　　　　B. 总会计师

C. 档案部门负责人　　　　　　　　D. 单位负责人

习题10 （单项选择题） 根据会计法律制度的规定，下列关于记账凭证填制基本要求的表述中，不正确的是（　　）。

A. 一张原始凭证所列支出需要几个单位共同负担的，应当由原始凭证保存单位将原始凭证复印件提供给其他负担单位

B. 应当根据审核无误的原始凭证填制记账凭证

C. 可以将若干张同类原始凭证汇总后填制记账凭证

D. 结账的记账凭证可以不附原始凭证

（四）会计账簿

会计账簿分为总账、明细账、日记账和其他辅助账簿（备查账簿），可采用订本式和活页式两种形式。其中，现金日记账、银行存款日记账必须采用订本式账簿。各环节的具体规定如下。

环　节	具　体　规　定
启用	（1）启用订本账，应从第一页至最后一页顺序编号，不得跳页、缺号 （2）使用活页账，应按账户顺序编号，并定期装订成册
登记	（1）以**经过审核**的会计凭证为依据 （2）账簿中书写的文字和数字一般应占格距的 **1/2**，不能写满格 （3）现金日记账和银行存款日记账必须**逐日**结出余额 （4）使用**红字**的情形：按照红字冲账的记账凭证，冲销错误记录；在不设借贷等栏的**多栏式**账页中，登记减少数；三栏式账户的余额栏前未印明**余额**方向的，在余额栏内登记负数余额
更正	记录有错误的，**采用划线更正法** 【注意】 数字错误，应全部划红线更正；文字错误，可只划去错误的部分

续表

环 节	具 体 规 定
结账	（1）应定期结账，结账时应当结出每个账户的期末余额 （2）总账年度终了结账时，应当结出全年发生额和年末余额 （3）各账户年度终了结账时，把余额结转到下一会计年度
对账	账账核对（账簿与账簿）、账证核对（账簿与凭证）、账实核对（账簿与实物）

习题 11 （单项选择题）根据会计法律制度的规定，下列关于会计账簿的表述中，正确的是（　　）。

A. 在三栏式账户的余额栏前，未印明余额方向的，用蓝字在余额栏内登记负数余额

B. 现金日记账和银行存款日记账必须逐日结出余额

C. 会计账簿中书写的文字和数字上面要留有适当空格，应占格距的三分之一

D. 用计算机打印的会计账簿无须编号

习题 12 （单项选择题）根据会计法律制度的规定，下列关于结账要求的表述中，不正确的是（　　）。

A. 结账时，应当结出每个账户的期末余额

B. 各单位应当定期结账

C. 年度终了，所有总账账户都应当结出全年发生额和年末余额

D. 年度终了，要把各账户的发生额结转到下一会计年度

习题 13 （单项选择题）根据会计法律制度的规定，下列各项中，属于账账核对的是（　　）。

A. 会计部门的财产物资明细账与财产物资保管部门的明细账核对

B. 原材料明细账账面余额与库存原材料实存数核对

C. 银行存款日记账账面余额与银行对账单核对

D. 现金日记账账面余额与现金实际库存数核对

（五）财务会计报告

1. 财务会计报告的构成

构成种类	具 体 内 容	注 意 事 项
"四表"	资产负债表、利润表、现金流量表、所有者（股东）权益变动表	季度、月度财务会计报告可以只报送资产负债表和利润表
"一注"	会计报表附注	—

续表

构成种类	具体内容	注意事项
"一说明"	财务情况说明书	—

【注意】凭证、账簿、计划、审计报告都不属于财务会计报告的组成部分

2. 财务会计报告的对外提供

签章人员	单位负责人、主管会计工作的负责人、会计机构负责人（会计主管人员）、总会计师签名并盖章
报表审计	财务会计报告须经注册会计师审计的，注册会计师出具的审计报告应当随同财务会计报告一并提供
保密义务	在企业财务会计报告未正式对外披露前，应当对其内容保密
责任主体	单位负责人
特殊规定	国有企业、国有控股或占主导地位的企业，应当至少每年一次向本企业的职工代表大会公布财务会计报告

习题 14 （单项选择题）根据会计法律制度的规定，下列各项中，不属于财务会计报告的是（　　）。

A. 资产负债表　　B. 审计报告　　C. 利润表　　D. 现金流量表

习题 15 （多项选择题）根据会计法律制度的规定，下列人员中，应当在财务会计报告上签名并盖章的有（　　）。

A. 企业会计机构负责人　　　　B. 企业负责人
C. 企业总会计师　　　　　　　D. 企业主管会计工作负责人

知识点三　会计档案

一、会计档案的基本规定

项　目	具体规定
内容	会计档案包括会计凭证、会计账簿、财务会计报告和其他会计资料（银行存款余额调节表、银行对账单、纳税申报表等） 【注意】预算、计划、总结、制度等属于文书档案，不属于会计档案
归档	会计机构编制会计档案保管清册

续表

项　目		具 体 规 定
交接	交接前	会计机构编制会计档案移交清册
	交接时	纸质会计档案移交时应当保持<u>原卷封装</u> 电子会计档案移交时应当将其<u>元数据</u>和<u>读取平台</u>一并移交
	交接后	交接双方经办人和监督人应在会计档案移交清册上签名<u>或</u>盖章
外借		会计档案<u>一般</u>不得对外借出，确因工作需要外借的，应严格按规定办理手续 【注意】 原始凭证<u>绝对</u>不允许外借
保存		<u>非需永久保存</u>、<u>非重要档案</u>，可仅以电子形式保存

【注意】 出纳人员不得兼任稽核、会计档案保管和收入、支出、费用、债权债务账目的登记工作

习题1 〖多项选择题〗 根据会计法律制度的规定，下列各项中，属于会计档案的有（　　）。

　　A. 原始凭证　　　B. 银行对账单　　　C. 会计账簿　　　D. 年度预算

习题2 〖多项选择题〗 根据《会计档案管理办法》的规定，下列说法中正确的有（　　）。

　　A. 满足法定条件，可仅以电子形式保存电子会计档案

　　B. 由档案机构编制会计档案保管清册

　　C. 单位保存的会计档案一般不得对外借出

　　D. 出纳可以兼管会计档案

习题3 〖多项选择题〗 根据会计法律制度的规定，下列不属于会计档案归档范围的是（　　）。

　　A. 年度预算方案　　　　　　　　B. 年度财务工作总结

　　C. 会计档案销毁清册　　　　　　D. 单位财务规章制度

习题4 〖多项选择题〗 根据会计法律制度的规定，下列关于单位之间会计档案交接的表述中，正确的有（　　）。

　　A. 电子会计档案应当与其元数据一并移交

　　B. 档案接收单位应当对保存电子会计档案的载体和其技术环境进行检验

　　C. 交接双方的单位有关负责人负责监督会计档案交接

　　D. 交接双方经办人和监督人应当在会计档案移交清册上签名或盖章

二、会计档案的保管

临时保管	当年的会计档案，在会计年度终了后，可由会计机构临时保管 1 年，确需推迟移交的，应经档案机构同意，但最长不超过 3 年	
特殊保管	分立	原单位存续：存续方统一保管，其他方可以查阅、复制
		原单位解散：经各方协商后由其中一方代管，各方可以查阅、复制
	合并	原各单位存续：仍由原各单位保管
		原各单位解散：由合并后的单位统一保管
保管期限	从会计年度终了后的第一天起算	
	永久	年度财务会计报告、会计档案保管清册、会计档案销毁清册、会计档案鉴定意见书
	30 年	凭证、账簿、会计档案移交清册
	10 年	月／季／半年财务会计报告、××表、××单
	5 年	固定资产卡片账在固定资产报废清理后保管 5 年

习题 5 【多项选择题】下列会计档案最低保管期限为 30 年的有（   ）。
A. 银行存款余额调节表   B. 总账
C. 会计档案保管清册   D. 原始凭证

习题 6 【多项选择题】下列会计档案保管期限表述正确的有（   ）。
A. 年度财务报告永久保管   B. 日记账保管 30 年
C. 会计凭证保管 10 年   D. 总账、明细账保管 30 年

习题 7 【判断题】单位合并后原各单位解散的，原各单位的会计档案应当由合并后的单位全部销毁。（   ）

三、会计档案的鉴定和销毁

鉴定		单位应对已到保管期限的会计档案进行鉴定，形成会计档案鉴定意见书；有价值的重新划定保管期限，无价值的可销毁
销毁	销毁前	档案机构编制会计档案销毁清册；单位负责人、档案机构负责人和经办人、会计机构负责人和经办人在会计档案销毁清册上签署意见
	销毁中（监销）	纸质档案：由档案机构和会计机构负责监销
		电子档案：由档案机构、会计机构、信息系统机构负责监销
	销毁后	监销人在会计档案销毁清册上签名或盖章
不得销毁		（1）保管期满但未结清的债权债务会计档案
		（2）涉及其他未了事项的会计档案
		（3）建设单位在项目建设期间形成的会计档案

习题8 多项选择题 根据会计法律制度的规定，下列人员中，应在会计档案销毁清册上签署意见的有（   ）。

　　A. 会计管理机构经办人　　　　B. 档案管理机构负责人
　　C. 会计管理机构负责人　　　　D. 单位负责人

习题9 多项选择题 根据会计法律制度的规定，应派人员监销电子会计档案的机构有（   ）。

　　A. 人事管理部门　　　　　　　B. 信息系统管理部门
　　C. 会计管理部门　　　　　　　D. 档案管理部门

习题10 判断题 会计档案销毁之后，监销人应该在销毁清册上签名和盖章。（   ）

习题11 判断题 未结清但保管期满的债权债务会计凭证，在会计档案销毁清册中列明后可以销毁。（   ）

知识点四　会 计 监 督

一、单位内部监督

项　目	具　体　规　定
监督主体	会计机构、会计人员
监督对象	单位的经济活动
基本要求	（1）<u>记账人员</u>与其他事项人员的职责权限应当明确，并相互分离和制约 （2）<u>重要经济业务</u>（对外投资、资产处置、资金调度）要相互监督和制约 （3）<u>财产清查</u>的范围、期限和组织程序应当明确 （4）对会计资料定期进行<u>内部审计</u>的办法和程序应当明确
主体职责	（1）对违反《会计法》和国家统一会计制度规定的会计事项，有权拒绝办理或按照职权予以纠正 （2）发现相关记录和有关实物、资料不相符时，有权自行处理的，应当及时处理；无权处理的，应当立即向单位负责人报告

习题1 多项选择题 根据会计法律制度的规定，下列各项中，属于甲公司内部会计监督主体的有（   ）。

A. 甲公司的纪检部门 B. 甲公司的主管部门
C. 甲公司的会计机构 D. 甲公司的会计人员

习题 2 〖判断题〗 会计机构和会计人员发现会计账簿记录与实物、款项及有关资料不相符的，应当立即向本单位负责人报告，请求查明原因，作出处理。（ ）

习题 3 〖多项选择题〗 根据会计法律制度的规定，下列有关单位内部会计监督制度基本要求的表述中，符合规定的有（ ）。

A. 记账人员与经济业务的审批人员、经办人员、财物保管人员的职责权限应当明确，并相互分离、相互制约
B. 为保证重大对外投资的决策效率，可以由单位负责人直接决定
C. 财产清查的范围、期限和组织程序应当明确
D. 对会计资料定期进行内部审计是单位会计部门的职责

习题 4 〖判断题〗 会计工作的单位内部监督对象是各单位的会计机构和会计人员。（ ）

二、单位内部控制制度

单位内部控制制度是单位内部建立的使各项业务活动互相联系、互相制约的措施、方法和规程。单位内部监督本质上属于单位内部控制制度的一部分。

（一）内部控制原则

异 同	一 般 单 位	小 企 业
相同	适应性原则、成本效益原则	
不同	**全面**性原则、**重要**性原则、**制衡**性原则	**风险导向**原则、**实质重于形式**原则

（二）内部控制措施

异 同	一 般 单 位	行政事业单位
相同	不相容职务分离、财产保护控制、预算控制	
不同	授权审批控制、会计**系统**控制、**运营分析**控制、**绩效考评**控制	**内部**授权审批控制、会计控制、**归口管理**、单据控制、信息内部公开

习题 5 〖多项选择题〗 下列各项中，属于小企业内部控制原则的有（ ）。

A. 风险导向原则 B. 实质重于形式原则
C. 成本效益原则 D. 适应性原则

习题6 **多项选择题** 下列各项中，属于行政事业单位内部控制方法的有（　　）。
A. 不相容岗位相互分离　　　　B. 会计控制
C. 内部授权审批控制　　　　　D. 绩效考评控制

习题7 **多项选择题** 下列各项中，属于企业内部控制措施的有（　　）。
A. 会计控制　　B. 授权审批控制　　C. 预算控制　　D. 财产保护控制

三、政府监督

项　目	具 体 规 定
监督主体	（1）<u>各级财政部门</u>，监督所有单位 （2）审计部门、税务部门、人民银行、证券监管部门、保险监管部门，监督特定单位
监督内容	（1）是否依法设置<u>会计账簿</u> （2）会计凭证、会计账簿、财务会计报告和其他<u>会计资料</u>是否真实、完整 （3）<u>会计核算</u>是否符合《会计法》和国家统一会计制度的规定 （4）<u>会计人员</u>是否具备专业能力、遵守职业道德
查询权力	发现重大违法嫌疑时，<u>国务院财政部门及其派出机构</u>可对单位的银行账户进行<u>查询</u>（无冻结权力）
保密义务	对在监督检查中知悉的国家秘密和商业秘密负有保密的义务

习题8 **多项选择题** 下列各项中，有权依法对有关单位的会计资料实施监督检查的有（　　）。
A. 财政部门　　B. 税务部门　　C. 商业银行　　D. 证券监管部门

习题9 **多项选择题** 根据会计法律制度的规定，下列各项中，属于财政部门实施会计监督检查内容的有（　　）。
A. 是否依法设置会计账簿
B. 是否按时完成纳税申报
C. 是否按时足额缴纳税款
D. 从事会计工作的人员是否具备专业能力、遵守职业道德

习题10 **判断题** 省级财政部门可以依法对相关单位的银行账户进行查询（　　）。

习题11 **判断题** 发现重大违法嫌疑时，国务院财政部门可以向被监督单位开立账户的金融机构查询有关情况，发现被监督单位有转移、隐匿财产迹象时，可以通知被监督单位开立账户的金融机构冻结该单位账户，金融机构应予以支持。（　　）

四、社会监督

项　　目	具　体　规　定
监督主体	（1）**注册会计师和会计师事务所**：对委托单位的经济活动进行**审计**，出具**审计报告**，发表审计意见 （2）**单位和个人**：任何单位和个人都**有权**检举违反《会计法》和国家统一会计制度的行为
审计报告	**概念**：注册会计师根据审计准则的规定，在执行审计工作的基础上，对被审计单位财务报表发表审计意见的书面文件 **类型**：审计报告 { 标准审计报告：无保留意见的审计报告；非标准审计报告 { 带强调事项段或其他事项段的无保留意见的审计报告；非无保留意见的审计报告 { 保留意见的审计报告；否定意见的审计报告；无法表示意见的审计报告 } }

习题12 〔多项选择题〕 下列各项中，属于对会计工作的社会监督的有（　　）。

A. 注册会计师对委托单位的经济活动进行审计

B. 税务机关对单位会计资料进行检查监督

C. 单位和个人检举违反会计法律制度规定的行为

D. 财政部门对单位和单位中相关人员的会计行为进行监督

习题13 〔多项选择题〕 下列各项中，属于非标准审计报告的有（　　）。

A. 包含其他报告责任段，但不含有强调事项段或其他事项段的无保留意见的审计报告

B. 带强调事项段的无保留意见的审计报告

C. 带其他事项段的无保留意见的审计报告

D. 无法表示意见的审计报告

拓展阅读　　　　　　　　**四大会计师事务所**

四大会计师事务所（以下简称"四大"）是指世界上著名的四个会计师事务所：普华永道（PwC）、德勤（DTT）、毕马威（KPMG）、安永（EY）。

在业内，"四大"常以劳动强度高而闻名，但同时其报酬也很高。从2022年春季

的校园招聘来看，"四大"统一提高了应届生的起薪待遇，其中普华永道为 11 588 元、德勤为 10 000 元、毕马威为 10 500 元、安永为 10 500 元。

在中国区，"四大"的级别一般分为五层：第一级是普通员工，又细分为两级；第二级是资深员工，细分为三级；第三级是经理；第四级是高级经理；第五级为合伙人。第一年来"四大"的普通员工常被称为 A1 或"小朋友"；在"四大"工作一年后，常被称为 A2；资深员工常简称"SA1、SA2、SA3"。

（1）普华永道。1998年，普华永道的两个前身——普华会计师事务所和永道会计师事务所在英国伦敦合并成为如今的普华永道。普华永道在"四大"中是规模最大、客户最多的一家，拥有世界500强企业中85%的客户。其接手的项目也比较大，业务量较多，每年利润丰厚。

（2）德勤。德勤于1845年在英国伦敦成立。德勤是"四大"中中国区成长最快的一家，德勤的客户有超过78%是世界500强企业，在发展日本客户方面独具优势。德勤在国内的本土化程度比较高，是"四大"中英语使用程度最低的一家，除非必要情况下，如与外国客户沟通，否则邮件也会使用中文，官方资料及培训材料也大多使用中英双语。

（3）毕马威。毕马威成立于1897年，总部位于荷兰阿姆斯特丹。毕马威在金融业方面优势明显，金融行业客户市场占有率第一，且客户有超过75%是世界500强企业。

（4）安永。安永总部位于英国伦敦。安永是"四大"里面工作量最少、工作压力最小、假期最多的一家，但是这并不影响安永的业绩，其客户有超过80%是世界500强企业。

知识点五　会计机构、岗位、人员

一、代理记账

各单位应当根据会计业务的需要设置会计机构，或者在有关机构中设置会计人员并指定会计主管人员。不具备设置会计机构条件的单位，应当委托经批准从事会计代理记账业务的中介机构代理记账。

（一）概念

代理记账是指从事代理记账业务的社会<u>中介机构</u>接受委托人的委托办理会计业务。

> **注意**　<u>个人不能从事</u>代理记账业务。

（二）行政许可

申请设立除会计师事务所外的代理记账机构，应当经所在地的县级以上人民政府财政部门批准，并领取代理记账许可证书。代理记账许可证书由各地财政部门根据财政部规定的统一样式自行印制。

> **注意** 会计师事务所从事代理记账，不需要持代理记账许可证。

（三）设立条件

（1）为依法设立的企业。

（2）专职从业人员不少于3名。

（3）主管代理记账业务的负责人具有会计师以上专业技术职务资格或者从事会计工作不少于3年，且为专职从业人员。

（4）有健全的代理记账业务内部规范。

> **注意** 代理记账机构应当于每年4月30日之前，向审批机关报送代理记账机构基本情况表和专职从业人员变动情况说明。

（四）业务范围

（1）根据委托人提供的原始凭证和其他资料进行会计核算（审核原始凭证、填制记账凭证、登记会计账簿、编制财务会计报告）。

（2）对外提供财务会计报告，代理记账机构负责人和委托人负责人签名并盖章。

（3）向税务机关提供税务资料。

（4）委托人委托的其他会计业务。

（五）双方义务

委托方（单位）	受托方（代理记账机构）
（1）填制或取得符合规定的原始凭证	（1）遵守法规，按委托合同办理业务
（2）提供真实完整的原始凭证和其他相关资料	（2）对知悉的商业秘密予以保密
（3）按要求更正、补充原始凭证	（3）拒绝委托人不当的会计处理和提供不实的会计资料等非法要求
（4）配备专人负责日常货币收支和保管	（4）对委托方提出的问题予以解释

习题1 **多项选择题** 根据会计法律制度的规定，下列各项中，不属于代理记账业务范围的是（　　）。

A. 出具审计报告　　　　　　　　B. 填制记账凭证

C. 编制财务会计报告　　　　　　D. 登记会计账簿

习题 2 〖多项选择题〗 代理记账机构可以接受委托，受托办理委托人以下业务中的（　　）。

A. 根据委托人提供的原始凭证和其他资料，按照国家统一的会计制度的规定进行会计核算

B. 对外提供财务会计报告

C. 向税务机关提供税务资料

D. 负责日常货币资金的收支和保管

习题 3 〖单项选择题〗 有关代理记账委托人义务的表述中，不正确的是（　　）。

A. 对本单位发生的经济业务事项，应当填制或取得符合国家统一会计制度规定的原始凭证

B. 应当配备专人负责日常货币收支和保管

C. 及时向代理记账机构提供真实、完整的原始凭证和记账凭证

D. 对于代理记账机构退回的要求按照国家统一的会计制度规定进行更正、补充的原始凭证，应当及时予以更正、补充

习题 4 〖判断题〗 设立代理记账机构，应当经县级以上人民政府财政部门批准，并领取由财政部统一印制的代理记账许可证书。（　　）

习题 5 〖多项选择题〗 下列各项中，属于申请代理记账机构应当具备的条件的有（　　）。

A. 申请人应当是依法设立的企业

B. 申请人的专职从业人员不少于 2 名

C. 主管代理记账业务的负责人具有会计师以上专业技术职务资格，从事会计工作不少于 3 年，且为专职从业人员

D. 有健全的代理记账业务内部规范

二、会计岗位

（一）岗位主要种类

会计工作岗位一般可分为会计机构负责人或者会计主管人员、出纳、核算、总账报表、会计电算化、往来结算、稽核、财务会计报告编制、会计档案管理等。

对于会计档案管理岗位，在会计档案正式移交之前（会计机构内），属于会计岗位，会计档案正式移交之后（档案机构内），不再属于会计岗位。

> **注意**　收费员、记账员、收银员、审计人员等所从事的工作均不属于会计岗位。

（二）会计岗位的设置

（1）会计工作岗位可以一人一岗、一人多岗、一岗多人。

> **注意** 没有多人多岗。

（2）出纳人员不得兼任**稽核**、**会计档案保管**和**收入**、**支出**、**费用**、**债权债务账目**的登记工作。

> **注意** 出纳人员可以兼任现金保管、财产物资明细账登记、存款日记账和现金日记账登记等工作。

（3）建立轮岗制度，会计岗位应有计划地进行轮换。

习题6 【多项选择题】下列各项中，不属于会计工作岗位的是（　　）。
A. 出纳岗位　　　　　　　　　B. 会计机构中的会计档案保管岗位
C. 财产物资保管岗位　　　　　D. 商场收银员

习题7 【多项选择题】根据会计法律制度的规定，下列各项中，出纳不得兼任的有（　　）。
A. 会计档案保管　　　　　　　B. 稽核
C. 收入费用账目的登记工作　　D. 财产物资明细账的登记工作

习题8 【单项选择题】甲公司的下列会计工作中，出纳人员宋某可以兼任的是（　　）。
A. 会计档案保管　　　　　　　B. 应付账款明细账登记
C. 固定资产明细账登记　　　　D. 管理费用明细账登记

习题9 【多项选择题】根据会计法律制度的规定，下列关于会计岗位设置的表述中，正确的有（　　）。
A. 会计工作岗位可以一岗多人
B. 出纳人员不得兼任债权债务账目的登记工作
C. 会计人员的工作岗位应当有计划地进行轮换
D. 档案管理部门的人员管理会计档案属于会计岗位

三、会计人员

（一）会计机构负责人（会计主管人员）

会计机构负责人（会计主管人员）是在一个单位内具体负责会计工作的**中层领导人员**；应当具备**会计师以上**专业技术职务资格**或者**从事会计工作**3年以上**经历。

第四章 会计法律制度

（二）总会计师

（1）总会计师是主管本单位会计工作的<u>行政领导</u>，直接对单位负责人负责，是<u>单位会计工作的主要负责人</u>。

（2）<u>国有的和国有资产占控股地位或者主导地位</u>的大、中型企业<u>必须</u>设置总会计师；其他单位可以根据业务需要，自行决定是否设置总会计师。

（3）凡设置总会计师的单位，不应该再设置与总会计师职权重叠的行政副职。

（4）总会计师的任职资格：具有<u>会计师以上</u>资格<u>并</u>主管一个单位（单位内财务会计）时间不少于<u>3 年</u>。

（三）会计工作的禁入规定

（1）因有提供虚假财务会计报告，做假账，隐匿或者故意销毁会计资料，贪污、挪用公款，职务侵占等<u>与会计职务有关</u>的违法行为被依法追究<u>刑事责任</u>的人员，终身<u>不得再从事会计工作</u>。

（2）因编制虚假财务会计报告，伪造、变造、隐匿或者故意销毁会计资料，尚<u>不构成犯罪</u>的，<u>5 年内</u>不得从事会计工作。

（3）会计人员具有违反国家统一的会计制度的<u>一般违法行为</u>，情节严重的，<u>5 年内</u>不得从事会计工作。

（四）会计人员回避制度

（1）<u>国家机关</u>、<u>国有企业</u>、<u>事业单位</u>聘任会计人员应当实行回避制度。

（2）<u>单位负责人</u>的直系亲属不得担任本单位的<u>会计机构负责人</u>、<u>会计主管人员</u>。

（3）<u>会计机构负责人</u>、<u>会计主管人员</u>的直系亲属不得在本单位会计机构中担任<u>出纳</u>工作。

习题 10 【单项选择题】下列人员中，具备会计机构负责人任职资格条件的是（　　）。

　　A. 具备硕士学位并从事会计工作 1 年的张某

　　B. 取得会计师专业技术职务资格并从事会计工作 1 年的王某

　　C. 取得助理会计师专业技术职务资格并从事会计工作 2 年的李某

　　D. 具备中专学历并从事会计工作 2 年 6 个月的赵某

习题 11 【多项选择题】根据会计法律制度的规定，下列关于总会计师地位的表述中，正确的有（　　）。

　　A. 是具体负责会计工作的中层领导人员

　　B. 是单位会计机构负责人

　　C. 是单位会计工作的主要负责人

D. 是单位行政领导成员

习题 12 (判断题) 张某从事会计工作因挪用公款被判处有期徒刑，刑罚期满后 5 年，可以从事会计工作。（　　）

习题 13 (多项选择题) 根据会计法律制度的规定，下列关于会计人员回避制度的表述中，正确的有（　　）。

　　A. 单位负责人的直系亲属不得担任本单位的会计机构负责人

　　B. 单位负责人的直系亲属不得担任本单位的出纳工作

　　C. 会计机构负责人的直系亲属不得担任本单位的出纳工作

　　D. 会计机构负责人的直系亲属不得担任本单位的总账会计

四、会计工作交接

项　　目	具 体 规 定
适用情形	（1）会计人员工作<u>调动</u>或者<u>因故离职</u> （2）会计人员<u>临时离职</u>或者<u>因病</u>不能工作<u>且</u>需要接替或者代理 （3）<u>临时离职</u>或者<u>因病</u>不能工作的会计人员<u>恢复工作</u>
交接前	（1）没有办清交接手续的，不得调动或者离职 （2）移交人员因特殊原因不能亲自办理移交的，<u>经单位负责人批准</u>，可委托他人代办移交
交接时（监交）	移交人员按移交清册逐项移交；接替人员要逐项核对点收 （1）<u>一般会计人员</u>办理交接，由<u>会计机构负责人（会计主管人员）</u>监交 （2）<u>会计机构负责人（会计主管人员）</u>办理交接，由<u>单位负责人</u>监交
交接后	（1）交接双方和监交人要在移交清册上签名<u>或</u>盖章 （2）移交清册<u>一式三份</u>，交接双方各执一份，存档一份 （3）接替人员应当继续使用移交的会计账簿，<u>不得自行另立新账</u>
交接责任	<u>原移交人员</u>对所移交资料的合法性、真实性承担法律责任

习题 14 (判断题) 会计人员临时离职或因病不能工作，必须办理会计工作交接手续。（　　）

习题 15 (多项选择题) 根据会计法律制度的规定，下列关于会计工作交接的表述中，正确的有（　　）。

　　A. 会计人员办理交接手续的，无须监交

　　B. 会计人员没有办清交接手续的，不得离职

　　C. 移交人员因病不能亲自办理移交，经单位领导人批准，可由移交人员委托他人代办移交

D. 移交人员在办理移交时，要按移交清册逐项移交

习题 16 【判断题】会计工作交接后，接替人员对所移交会计资料的真实性、完整性负责（　　）。

习题 17 【多项选择题】会计人员工作交接完毕后，需要在移交清册上签名或盖章的有（　　）。

　　A. 监交人员　　　　　　　　　　B. 移交方
　　C. 接替方　　　　　　　　　　　D. 单位会计档案管理人员

习题 18 【单项选择题】甲公司出纳人员曾某因病住院不能亲自办理移交。经法定代表人批准，曾某委托李某将经管的会计资料等移交给接替人员王某，会计机构负责人宋某进行监交。王某事后发现曾某所移交的部分会计资料的合法性、真实性存在问题。应对该会计资料的合法性、真实性承担法律责任的是（　　）。

　　A. 接替人员王某　　B. 受托人李某　　C. 监交人宋某　　D. 出纳人员曾某

习题 19 【单项选择题】根据会计法律制度的规定，下列关于会计人员工作交接的表述中，不正确的是（　　）。

　　A. 会计人员因故离职，离职前应办清交接手续
　　B. 会计人员因病不能工作需要接替的，应由该会计人员直接指定有关人员接替
　　C. 会计人员工作调动，应对所移交会计资料的真实性和合法性承担法律责任
　　D. 单位撤销时，应留有必要的会计人员会同有关人员办理清理工作

知识点六　会计专业职务和会计专业技术资格

一、会计专业职务和会计专业技术资格的基本规定

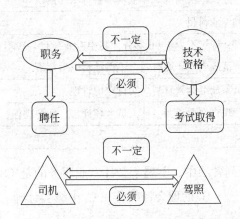

会计专业职务（会计职称）		会计专业技术资格	
初级职务	助理会计师	初级资格	全国统一考试（高中）
中级职务	会计师	中级资格	全国统一考试（大专）
高级职务	正高级 正高级会计师	高级资格	考试与评审相结合
	副高级 高级会计师		

【注意】会计专业职务**不包括注册会计师和总会计师**

二、会计专业职务的任职要求

职务级别	学历学位要求	从事相关会计工作年限
助理会计师	高中以上学历	无要求
会计师	大专学历	满5年
	本科学历、学士学位	满4年
	双学位、研究班毕业	满2年
	硕士学位	满1年
	博士学位	无要求
高级会计师	大专学历	满10年（取得会计师职称后）
	硕士学位、双学位、研究生班毕业、本科学历、学士学位	满5年（取得会计师职称后）
	博士学位	满2年（取得会计师职称后）
正高级会计师	本科以上学历、学士以上学位	满5年（取得高级会计师职称后）

三、继续教育

项目	具体规定
参加人员	（1）具有<u>会计专业技术资格</u>的人员 （2）不具有会计专业技术资格但<u>从事会计工作</u>的人员
参加时间	取得会计专业技术资格的<u>次年</u>或从事会计工作的<u>次年</u>
学习内容	公需科目和专业科目
学习要求	<u>学分制管理</u>；每年不少于**90学分**，其中专业科目一般不少于总学分的**2/3**；继续教育学分<u>全国范围内当年度有效</u>，<u>不得结转</u>以后年度
管理制度	对会计人员参加继续教育情况实行<u>登记</u>管理
单位责任	将参加继续教育情况作为会计人员考核评价、职务聘任、岗位聘用的重要依据

习题1 〖单项选择题〗下列各项中，不属于会计专业职务的是（　　）。

A．高级会计师　　B．助理会计师　　C．中级会计师　　D．总会计师

习题2 多项选择题 下列关于会计专业技术人员参加继续教育的说法中,正确的有( )。

　　A.只有具有会计专业技术资格的人员才需要参加继续教育

　　B.具有会计专业技术资格的人员自取得会计专业技术资格的次年开始参加继续教育

　　C.单位应当保障会计专业技术人员参加继续教育的权利

　　D.继续教育学分本省范围内,当年度有效,不得结转以后年度

习题3 多项选择题 下列各项中,符合聘任会计师的学历和工作经历要求的有( )。

　　A.具备博士学位

　　B.具备硕士学位,从事会计工作满1年

　　C.具备本科学历,从事会计工作满2年

　　D.具备专科学历,从事会计工作满4年

知识点七　违反会计法律制度的法律责任

一、违反国家统一会计制度行为的法律责任

执法主体	法律责任		具体标准（适用对象）
县级以上财政部门	责令限期改正		—
	罚款	对单位	3 000元以上5万元以下
		对直接责任人员	2 000元以上2万元以下
行为人所在单位	行政处分		行为人属于国家机关工作人员
司法机关	依法追究刑事责任		构成犯罪

拓展阅读　　　　　　　　**违反国家统一会计制度行为**

违反国家统一会计制度行为包括:

(1)不依法设置会计账簿的;

(2)私设会计账簿的;

(3)未按照规定填制、取得原始凭证或者填制、取得的原始凭证不符合规定的;

(4)以未经审核的会计凭证为依据登记会计账簿或者登记会计账簿不符合规定的;

(5)随意变更会计处理方法的;

(6)向不同的会计资料使用者提供的财务会计报告编制依据不一致的;

(7)未按照规定使用会计记录文字或者记账本位币的;

(8)未按照规定保管会计资料,致使会计资料毁损、灭失的;

(9)未按照规定建立并实施单位内部会计监督制度或者拒绝依法实施的监督或者不如实提供有关会计资料及有关情况的;

(10)任用会计人员不符合《会计法》规定的。

二、伪造、变造、编制虚假、隐匿、故意销毁会计资料行为的法律责任

执法主体	法律责任		具体标准(适用对象)
县级以上财政部门	通报		责令限期改正
	罚款	对单位	5 000元以上10万元以下
		对直接责任人员	3 000元以上5万元以下
行为人所在单位	撤职、留用察看、开除的行政处分		行为人属于国家机关工作人员
司法机关	有隐匿或故意销毁行为		处5年以下有期徒刑或者拘役

三、授意、指使、强令会计人员、会计机构做违法行为的法律责任

执法主体	法律责任	具体标准(适用对象)
县级以上财政部门	罚款	5 000元以上5万元以下
行为人所在单位	降级、撤职、开除的行政处分	行为人属于国家机关工作人员
司法机关	依法追究刑事责任	构成犯罪

四、单位负责人对依法履行职责的会计人员实施打击报复的法律责任

(1)刑事责任。情节恶劣,构成打击报复会计人员罪,处3年以下有期徒刑或拘役。

(2)行政责任。情节轻微,不构成犯罪的,由有关单位依法给予行政处分。

(3)补救措施。对受打击报复的会计人员应恢复其名誉和原有职位、级别。

习题1 **多项选择题** 某企业将出售废料的收入1万元不纳入企业统一的会计核算,而另设会计账簿进行核算,以解决行政管理部门的福利问题。则该企业及相关人员应承担的法律责任有( )。

A. 通报批评

B. 责令其限期改正

C. 对该企业处以相应的罚款

D. 对直接负责的主管人员处以相应的罚款

习题 2 `单项选择题` 根据会计法律制度的规定,单位会计人员编制虚假财务会计报告,尚不构成犯罪的,除可以给予其罚款和行政处分外,还应当责令其一定期限内不得从事会计工作,该期限为( )年。

A. 10　　　　B. 15　　　　C. 5　　　　D. 20

习题 3 `多项选择题` 授意、指使、强令会计机构、会计人员及其他人员伪造、变造会计凭证、会计账簿,编制虚假财务报告,故意销毁依法应当保存的会计凭证、会计账簿、财务会计报告,尚不构成犯罪的除依法可处以规定数额的罚款外,对属于国家工作人员的还应当由其所在单位或者有关单位依法给予的行政处分有( )。

A. 降级　　　B. 撤职　　　C. 开除　　　D. 警告

习题 4 `多项选择题` 甲公司因连连亏损,单位负责人张某要求单位会计主管人员刘某把公司财务报表调整成利润收益 20 万元,遭到刘某拒绝,单位负责人张某因此将刘某调到车间从事生产工作,下列表述正确的有( )。

A. 张某有权利调动刘某工作岗位
B. 单位负责人授意、指使、强令会计人员编制虚假财务会计报告是违法行为
C. 对受打击报复的会计人员应当恢复其名誉
D. 对受打击报复的会计人员应当恢复其原有职务、级别

习题 5 `多项选择题` 《会计法》规定,有( )行为的,由县级以上人民政府财政部门责令限期改正,对单位并处 3 000 元以上 5 万元以下的罚款,对直接负责的主管人员和其他直接责任人员可以处 2 000 元以上 2 万元以下的罚款。

A. 私设会计账簿的　　　　　　B. 随意变更会计处理方法的
C. 伪造会计凭证的　　　　　　D. 不依法设置会计账簿的

本章练习

一、单项选择题

1. 根据会计法律制度的规定,下列各项中,不属于会计工作岗位的是( )。

   A. 稽核岗位　　　　　　　　B. 总账报表
   C. 财产物资核算岗位　　　　D. 仓库保管员岗位

2. 根据会计法律制度的规定,中级会计师资格的取得实行( )。

   A. 全国统一考试制度　　　　B. 考试和评审相结合制度
   C. 地方统一考试制度　　　　D. 评审制度

3. 根据会计法律制度的规定，下列关于会计专业技术人员继续教育的表述中，正确的是（   ）。

　　A. 具有会计专业技术资格的，应当自取得资格次年开始参加继续教育

　　B. 用人单位不得将参加继续教育情况作为会计专业技术人员岗位聘用的依据

　　C. 每年参加继续教育应取得不少于 120 学分

　　D. 参加继续教育当年度取得的学分可以结转以后年度

4. 根据会计法律制度的规定，现金日记账的保管时间应达到法定最低保管期限。该期限为（   ）年。

　　A. 5　　　　　　B. 30　　　　　　C. 10　　　　　　D. 20

5. 根据会计法律制度的规定，在我国，单位内部会计监督的对象是（   ）。

　　A. 本单位的单位负责人　　　　B. 本单位的会计人员

　　C. 本单位的会计机构　　　　　D. 本单位的经济活动

6. 根据会计法律制度的规定，在对外报出的财务会计报告上签名并盖章的人员不包括（   ）。

　　A. 注册会计师　　B. 会计主管人员　　C. 总会计师　　D. 单位负责人

7. 根据会计法律制度的规定，下列行为中，属于会计工作政府监督的是（   ）。

　　A. 个人检举会计违法行为

　　B. 会计师事务所对单位经济活动进行审计

　　C. 单位内部会计机构审核本单位会计账簿

　　D. 财政部门对各单位的会计工作进行监督检查

8. 甲外商投资企业的业务收支以欧元为主，兼有少量人民币业务。下列关于甲企业记账本位币适用的表述中，正确的是（   ）。

　　A. 可同时选择欧元和人民币作为记账本位币

　　B. 可从欧元和人民币选择一种作为记账本位币

　　C. 只能选择人民币作为记账本位币

　　D. 只能选择欧元作为记账本位币

9. 2021 年 12 月，甲公司成立，依规定其经济业务需要委托代理记账。下列各项中，甲公司可以委托其办理代理记账业务的是（   ）。

　　A. M 会计师事务所　　　　　　B. 会计专业在校生李某

　　C. N 公司会计师宋某　　　　　D. 退休会计人员徐某

10. 根据会计法律制度的规定，对于尚不构成犯罪的伪造、变造会计凭证行为，需要承担行政罚款，下列说法正确的是（   ）。

　　A. 对单位罚款 3 000 元以上 5 万元以下

B. 对个人罚款 3 000 元以上 5 万元以下

C. 对单位罚款 5 000 元以上 5 万元以下

D. 对个人罚款 5 000 元以上 10 万元以下

11. 伪造、变造会计凭证、会计账簿，尚不构成犯罪的，会计人员（　　）年内不得从事会计工作。

　　A. 5　　　　　B. 10　　　　　C. 15　　　　　D. 20

12. 根据会计法律制度的规定，高某学历为大学本科，若高某想成为高级会计师，需要取得会计师职称后，从事会计师相关工作满（　　）年。

　　A. 2　　　　　B. 3　　　　　C. 5　　　　　D. 10

13. 根据会计法律制度的规定，下列各项中，不属于企业财务会计报告组成部分的是（　　）。

　　A. 年度财务预算　　　　　B. 财务情况说明书

　　C. 会计报表附注　　　　　D. 会计报表

14. 根据会计法律制度的规定，下列企业会计档案中，最低保管期限为 10 年的是（　　）。

　　A. 原始凭证　　B. 日记账　　C. 总账　　D. 银行对账单

15. 根据会计法律制度的规定，下列记账凭证中，可以不附原始凭证的是（　　）。

　　A. 现金收款凭证　　　　　B. 更正错误的记账凭证

　　C. 银行收款凭证　　　　　D. 银行付款凭证

16. 根据会计法律制度的规定，下列各项会计档案需要定期保管的是（　　）。

　　A. 原始凭证　　　　　　　B. 会计档案鉴定意见书

　　C. 会计档案保管清册　　　D. 年度财务报告

17. 根据会计法律制度的规定，会计档案的鉴定工作应由（　　）牵头组织进行。

　　A. 单位档案管理机构　　　B. 单位会计管理机构

　　C. 单位审计机构　　　　　D. 单位纪检监察机构

18. 根据会计法律制度的规定，下列企业中，必须设置总会计师的是（　　）。

　　A. 国有大中型企业　　　　　　　　　B. 个人独资企业

　　C. 外商独资企业　　　　　D. 普通合伙企业

19. 根据会计法律制度的规定，下列人员中，可以担任企业会计机构负责人的是（　　）。

　　A. 取得中级会计专业技术资格并从事会计工作 1 年 6 个月的张某

　　B. 中专毕业并从事会计工作 2 年 6 个月的刘某

　　C. 研究生毕业并从事会计工作 1 年的李某

D. 取得初级会计专业技术资格并从事会计工作 2 年的王某

20. 根据会计法律制度的规定，下列各项中，不属于代理记账机构及其从业人员应当履行的义务是（　　）。

　　A. 对在执行业务中知悉的商业秘密予以保密

　　B. 配备专人负责委托方的日常货币收支和保管

　　C. 对委托人要求其提供不实会计资料的，予以拒绝

　　D. 对委托人提出的有关会计处理相关问题予以解释

21. 根据会计法律制度的规定，账务核对不包括（　　）。

　　A. 账账核对　　B. 账实核对　　C. 账证核对　　D. 账表核对

22. 根据会计法律制度的规定，应当至少每年一次向本企业的职工代表大会公布财务会计报告的企业不包括（　　）。

　　A. 国有企业　　　　　　　　B. 国有控股企业

　　C. 国有参股企业　　　　　　D. 国有占主导地位的企业

23. 国家统一的会计制度由（　　）根据《会计法》制定并公布。

　　A. 国务院　　　　　　　　　B. 国务院财政部门

　　C. 全国人民代表大会　　　　D. 国家税务总局

24. 根据会计法律制度的规定，下列关于账务核对的表述中，不正确的是（　　）。

　　A. 保证会计账簿记录与会计凭证的有关内容相符

　　B. 保证会计账簿记录与年度财务预算相符

　　C. 保证会计账簿记录与实物及款项的实有数额相符

　　D. 保证会计账簿之间相对应的记录相符

25. 根据会计法律制度的规定，下列关于会计工作交接的说法中，不正确的是（　　）。

　　A. 会计人员工作调动或者因故离职时，应办理会计工作交接

　　B. 移交人员在办理移交时，要按移交清册逐项移交

　　C. 接替人员可以另立新账

　　D. 会计人员办理交接手续，必须由监交人负责监交

二、多项选择题

1. 根据会计法律制度的规定，下列事业单位中，违背会计人员回避制度规定的有（　　）。

　　A. 甲单位法定代表人的妻子担任本单位财务部门经理

　　B. 乙单位会计科长的女儿担任本部门出纳员

　　C. 丙单位法定代表人的儿子担任财务部门经理

D. 丁单位财务部门经理朋友的妻子担任本部门出纳员

2. 根据会计法律制度的规定，下列企业中，可以设置总会计师的有（　　）。

    A. 国有大中型企业　　　　　　B. 个人独资企业

    C. 股份有限公司　　　　　　　D. 普通合伙企业

3. 根据会计法律制度的规定，下列各项中，属于一般单位建立与实施内部控制应当遵循的原则有（　　）。

    A. 独立性原则　　B. 制衡性原则　　C. 成本效益原则　　D. 准确性原则

4. 根据会计法律制度的规定，下列各项属于财政部对各单位实施监督的内容有（　　）。

    A. 会计资料是否真实、完整

    B. 会计核算是否符合《会计法》和国家统一的会计制度的规定

    C. 从事会计工作的人员是否具备专业能力、遵守职业道德

    D. 是否依法设置会计账簿

5. 根据会计法律制度的规定，对单位的会计资料有监督检查权的单位有（　　）。

    A. 中国人民银行　　　　　　　B. 税务局

    C. 财政局　　　　　　　　　　D. 审计局

6. 根据会计法律制度的规定，下列关于原始凭证的说法中，正确的有（　　）。

    A. 原始凭证日期错误，可由出具单位涂改

    B. 原始凭证金额有错误的，可以由出具单位更正，在更正处加盖出具单位印章

    C. 会计人员对记载不真实的原始凭证有权不予接受

    D. 原始凭证记载内容有错误的，应当由出具单位重开或者更正，并在更正处加盖单位印章

7. 甲公司会计人员赵某审核原始凭证所采取的下列处理方式中，符合会计法律制度规定的有（　　）。

    A. 发现原始凭证有涂改，要求出具单位重开

    B. 退回记载不完整的原始凭证，要求补充

    C. 拒绝接受不真实的原始凭证，并向单位负责人报告

    D. 发现原始凭证金额有错误，要求出具单位更正

8. 根据会计法律制度的规定，下列关于记账凭证填制要求的表述中，正确的有（　　）。

    A. 记账凭证可以根据原始凭证汇总表填制

    B. 记账凭证可以根据若干张同类原始凭证汇总填制

    C. 可以将不同内容和类别的原始凭证在一张记账凭证上汇总填制

D. 记账凭证可以根据每一张原始凭证填制

9. 根据会计法律制度的规定，下列关于申请代理记账资格的机构需要具备的条件中，说法正确的有（   ）。

A. 有健全的代理记账业务内部规范
B. 专职从业人员不少于5名
C. 依法设立
D. 主管代理记账业务的负责人具有会计师以上专业技术职务资格或者从事会计工作不少于3年，且为专职从业人员

10. 根据会计法律制度的规定，下列各项中，属于会计报表的有（   ）。

A. 现金流量表　　B. 利润表　　　　C. 资产负债表　　　D. 审计报告

11. 根据会计法律制度的规定，下列会计档案中，应永久保管的有（   ）。

A. 年度财务报告　　　　　　　B. 纳税申报表
C. 半年度财务报告　　　　　　D. 会计档案销毁清册

12. 根据会计法律制度的规定，下列属于会计账簿的有（   ）。

A. 备查账簿　　B. 日记账　　　C. 总账　　　　D. 明细账

13. 根据会计法律制度的规定，下列各项中，属于会计档案的有（   ）。

A. 原始凭证　　B. 财务制度　　C. 会计账簿　　D. 年度预算

14. 根据会计法律制度的规定，代理记账机构（   ）的，审批机关应当办理注销手续。

A. 依法终止　　　　　　　　　B. 代理记账资格被依法撤销
C. 有重大违法行为　　　　　　D. 代理记账资格被依法撤回

15. 根据会计法律制度的规定，下列各项工作出纳不得兼任的有（   ）。

A. 现金保管　　　　　　　　　B. 存款日记账登记工作
C. 支出账目的登记工作　　　　D. 债权债务账目的登记工作

16. 根据会计法律制度的规定，关于代理记账机构，下列说法不正确的是（   ）。

A. 甲公司可以委托自然人张某为其办理代理记账业务
B. 主管代理记账业务的负责人具有会计师以上专业技术职务资格或者从事会计工作不少于2年，且为专职从业人员
C. 代理记账机构可以填制原始凭证
D. 代理记账机构应当于每年4月30日之前，向审批机关报送代理记账机构基本情况表和专职从业人员变动情况

17. 根据会计法律制度的规定，关于会计岗位的设置，下列说法正确的有（   ）。

A. 会计工作岗位必须一人一岗

B. 出纳可以兼任会计档案保管工作

C. 档案管理部门的人员管理会计档案，不属于会计岗位

D. 事业单位会计机构负责人的直系亲属不得在本单位会计机构中担任出纳工作

18. 下列关于会计专业职务应具备条件的说法，正确的是（　　）。

A. 助理会计师应当具备国家教育部门认可的高中毕业以上学历

B. 会计师应当具备大学专科以上学历，且从事会计工作一定年限

C. 会计师应当具备大学专科以上学历，且取得助理会计师职称，并从事会计工作一定年限

D. 高级会计师应当具备大学专科以上学历，且取得会计师职称，并从事与会计职责相关工作一定年限

19. 根据会计法律制度的规定，下列人员在满足其他基本条件时，可以担任单位会计机构负责人的有（　　）。

A. 无会计职称的王某，具有5年会计工作经历

B. 会计师孙某，具有两年半会计工作经历

C. 注册会计师周某，具有7年会计工作经历

D. 助理会计师李某，具有3年半会计工作经历

20. 张某准备参加2021年会计继续教育，以下选项中，张某当年继续教育不符合规定学分要求的是（　　）。

A. 累计60学分，其中专业科目学分为40分

B. 累计90学分，其中公需科目学分为60分

C. 累计90学分，其中专业科目学分为60分

D. 累计60学分，其中公需科目学分为50分

三、判断题

1. 会计专业技术人员参加继续教育情况，应当作为聘任会计专业技术职务或者申报评定上一级资格的重要条件。　　　　　　　　　　　　　　　　　　（　　）

2. 启用订本式账簿，应当从第一页到最后一页顺序编号，不得跳页、缺号。（　　）

3. 会计档案销毁之前，监销人应该在销毁清册上签名或盖章。　　　（　　）

4. 原始凭证原件可以外借，但需经本单位会计机构负责人、会计主管人员批准，并按照程序登记。　　　　　　　　　　　　　　　　　　　　　　　（　　）

5. 审计报告分为标准审计报告和非标准审计报告。　　　　　　　　（　　）

6. 有限责任公司应当设置总会计师。　　　　　　　　　　　　　　（　　）

7. 出纳人员不得兼管稽核、会计档案保管和收入、支出、费用、债权债务账目的

登记工作。（　　）

8. 国有企业单位领导人的直系亲属可以担任本单位的会计机构负责人。（　　）

9. 会计机构负责人（会计主管人员）办理交接手续时，由单位负责人监交，必要时，主管单位可以派人会同监交。（　　）

10. 会计人员进行会计工作交接时，移交清册一般应填制一式两份。（　　）

11. 会计档案移交清册须永久保存。（　　）

12. 固定资产卡片的保管期限应当至该固定资产报废清理之日。（　　）

13. 会计工作交接后，接替人员对移交的会计资料的真实性、完整性负责。（　　）

14. 单位负责人对本单位的会计工作和会计资料的真实性、完整性负责。（　　）

15. 单位应当定期对已到保管期限的会计档案进行鉴定，对保管期已满的会计档案应当按照法定程序全部销毁。（　　）

16. 企业可根据自身实际情况，自行选择会计年度的起始日期，并报备有关部门批准。（　　）

17. 原始凭证记载的各项内容均不得涂改。（　　）

18. 代理记账机构可以接受委托人的委托对外提供财务会计报告。（　　）

19. 从事会计工作两年且具有助理会计师专业技术资格的人员，可担任单位会计机构负责人。（　　）

20. 接受企业财务会计报告的组织或者个人，在企业财务会计报告未正式对外披露前，应当对其内容保密。（　　）

第五章 支付结算法律制度

本章知识框架

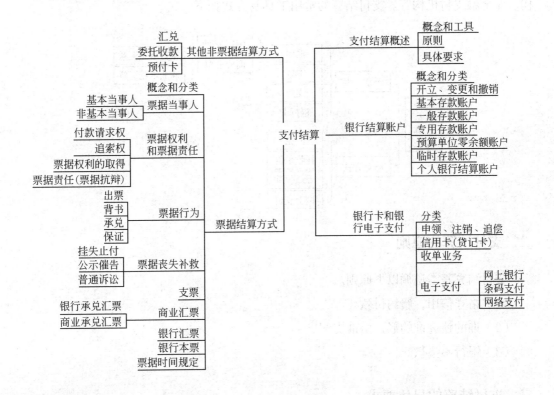

考情分析

本章内容既是会计工作的重点，又是考试的核心，是经济法基础除税法部分外最重要的内容。在历年初级会计资格考试中，本章各类题型都有所涉及，其中单项选择题、多项选择题及判断题必有涉及，票据及银行账户也是不定项选择题经常考查的知识点，所占分值一般为15分左右。相较于前面的章节，本章知识容量、难度均有所提升，请同学们务必理解并多加练习。

在初级会计职称、中级会计职称、注册会计师等一系列考试中，均会涉及票据法的内容。通过本章学习，同学们可以在整个会计考试生涯中受益。

知识点一　支付结算概述

一、支付结算的概念和工具

支付结算是指<u>转账结算</u>，即单位和个人在社会经济活动中使用<u>非现金方式</u>进行货币给付及资金清算的行为。

支付结算服务组织主要有中央银行、银行业金融机构、特许清算机构、非金融支付机构等。支付结算的常用工具及方式如下。

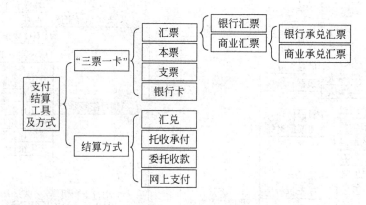

二、支付结算的原则

支付结算基本遵循以下原则。

（1）恪守信用，履约付款。

（2）谁的钱进谁的账，由谁支配。

（3）银行不垫款。

三、支付结算的具体要求

（一）名称

单位和银行的名称应当记载<u>全称</u>或<u>规范化简称</u>。<u>除法律</u>、<u>法规另有规定外</u>，银行不得为任何单位和个人<u>查询账户</u>、<u>冻结</u>、<u>扣款</u>。

（二）金额

（1）金额以<u>中文大写和阿拉伯数字同时记载时</u>，<u>两者必须一致</u>。两者不一致的票据无效；两者不一致的结算凭证，银行不予受理。

（2）中文大写金额数字前面均应标明"<u>人民币</u>"字样。中文大写金额数字应用正楷或行书填写，<u>繁体字也受理</u>。阿拉伯小写金额数字前面均应填写人民币符号"<u>￥</u>"。

（3）中文大写数字示例：壹贰叁肆伍陆柒捌玖拾佰仟零整/正。

（三）出票日期

（1）出票日期<u>必须</u>使用<u>中文大写</u>，<u>使用小写的，银行不予受理</u>。<u>大写</u>日期<u>未按要求规范填写的</u>，<u>银行可以受理</u>，由此造成的损失由出票人承担。

（2）出票日期中月为"壹""贰"和"壹拾"的，应当在其前面加零。

（3）出票日期中日为"壹"至"玖"和"壹拾""贰拾""叁拾"的，应当在其前面加零；出票日期中日为"拾壹"至"拾玖"的，应当在其前面加壹。

> **举例** 1月15日，应写成零壹月壹拾伍日；10月20日，应写成零壹拾月零贰拾日。

（四）签章

（1）单位。票据上应有<u>单位公章（或财务专用章）</u>加单位负责人（或授权代理人）的签名<u>或</u>盖章。

（2）个人。票据上应有本人的签名<u>或</u>盖章。

（五）更改

（1）<u>金额</u>、<u>出票日期</u>、<u>收款人名称</u>不得更改，更改的票据无效；更改的结算凭证，银行不予受理。

（2）对票据和结算凭证上的<u>其他记载事项</u>，<u>原记载人</u>可以更改，更改时应当由原记载人在更改处<u>签章</u>证明。

习题1 `多项选择题` 根据支付结算法律制度的规定，下列各项中，属于单位、个人在社会经济活动中使用的人民币非现金支付工具的有（　）。

A.股票　　　　B.支票　　　　C.汇票　　　　D.本票

习题2 `多项选择题` 下列各项中，属于支付结算应遵循的原则有（　）。

A.恪守信用，履约付款原则

B.谁的钱进谁的账，由谁支配原则

C.银行不垫款原则

D.一个基本存款账户原则

习题3 `单项选择题` 某单位于2022年10月19开出一张支票。有关支票日期的写法符合要求的是（　）。

A.贰零贰贰年拾月拾玖日　　　　B.贰零贰贰年壹拾月壹拾玖日

C.贰零贰贰年零壹拾月拾玖日　　D.贰零贰贰年零壹拾月壹拾玖日

习题 4 〖多项选择题〗下列各项中,表述正确的有( )。

A. 票据中的中文大写金额数字可以使用繁体字

B. 票据中的中文大写金额数字前应标明"人民币"字样

C. 票据的出票日期中文大写不规范银行也可以受理

D. 单位和银行在票据上记载的名称可以是全称也可以是规范化简称

习题 5 〖多项选择题〗根据支付结算法律制度的规定,下列各项中,属于银行不予受理的有( )。

A. 更改金额的票据

B. 出票日期用小写填写的票据

C. 中文大写金额和阿拉伯数字不一致的票据

D. 中文大写出票日期未按要求填写的票据

习题 6 〖单项选择题〗2022 年 8 月 18 日,甲公司向乙公司签发一张金额为 10 万元,用途为服务费的转账支票,发现填写有误,该支票记载的下列事项中,可以更改的是( )。

A. 付款人名称   B. 收款人名称   C. 出票金额   D. 出票日期

知识点二　银行结算账户

一、银行结算账户的概念和分类

银行结算账户是指银行为存款人开立的办理资金收付的<u>人民币活期存款账户</u>,具体分类如下。

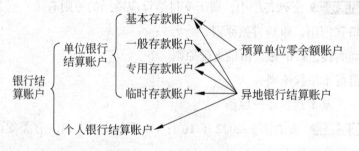

> **注意**　<u>个体工商户</u>凭营业执照以字号或经营者姓名开立的银行结算账户纳入<u>单位银行结算账户</u>管理。

习题1 多项选择题 根据支付结算法律制度的规定,下列单位银行结算账户中,属于按用途分类的有( )。
A. 一般存款账户
B. 预算单位零余额账户
C. 专用存款账户
D. 专业存款账户

二、银行结算账户的开立、变更和撤销

(一)银行结算账户的开立

(1)除国家法律、行政法规和国务院规定外,任何单位和个人不得强令存款人到指定银行开立银行结算账户。

(2)银行应核实开户意愿,可采取面对面、视频等方式,具体方式由银行根据客户风险程度选择。对存在单位负责人对单位经营规模及业务背景等情况不清楚、注册地和经营地均在异地的单位,银行应当与其单位负责人面签银行结算账户管理协议。

(3)非柜面转账业务有金额和笔数限制,如果超过该限制应到银行柜面办理。

(4)申请开立、变更、撤销单位银行结算账户时,申请书上加盖单位公章(不能是财务专用章)和单位负责人(或授权代理人)的签名或者盖章。

(5)企业与非企业在开户制度上的区别。

项目	非企业(机关事业单位等)	企业(公司、个体工商户等)
开户制度	核准制:基本存款账户、临时存款账户(因注册验资和增资验资开立的除外)、预算单位专用存款账户、QFII专用存款账户(合格境外机构投资者在境内从事证券投资)	全部为备案制
	备案制:除核准制之外的其他银行结算账户	
开户许可证	有开户许可证,正本由申请人保管,副本由申请人开户银行留存	无开户许可证,用基本存款账户编号代替原基本存款账户核准号使用
生效日	自开立之日起3个工作日后方可办理业务 【注意】注册验资的临时存款账户转为基本存款账户和因借款转存开立的一般存款账户除外	自开立之日即可办理业务

习题2 多项选择题 乙公司为甲公司下属分公司,单位负责人王某到P银行申请开立单位银行结算账户。下列各项中,王某在开户申请书上应当填写的内容的有( )。
A. 加盖乙公司单位公章
B. 加盖甲公司单位公章

C. 填写甲公司相关信息　　　　　　D. 加盖王某个人名章

习题3 `多项选择题` 根据支付结算法律规定，关于开立企业银行结算账户办理事项的下列表述中，正确的有（　　）。

A. 银行为企业开通非柜面转账业务，应当约定通过非柜面渠道向非同名银行账户转账的日累计限额

B. 注册地和经营地均在异地的企业申请开户，法定代表人可授权他人代理签订银行结算账户管理协议

C. 银企双方应当签订银行结算账户管理协议，明确双方的权利和义务

D. 除法律、行政法规和国务院规定外，任何单位和个人不得强令存款人到指定银行开立银行结算账户

习题4 `单项选择题` 根据支付结算法律制度的规定，下列存款人中，于2022年1月在银行开立基本存款账户，无须核发开户许可证的是（　　）。

A. 丁居民委员会　　　　　　　　　B. 丙市人民医院
C. 乙公司　　　　　　　　　　　　D. 甲县市场监督管理局

习题5 `判断题` 企业银行结算账户自开立之日即可办理收付款业务。（　　）

习题6 `判断题` 甲公司在A区市场监督管理局办理登记注册，为便于统一管理，A区市场监督管理局要求甲公司在工商银行开立基本存款账户，该做法符合法律规定。（　　）

（二）银行结算账户的变更

（1）变更银行结算账户是存款人变更账户名称、单位的法定代表人或主要负责人、地址等其他开户资料后，应及时向开户银行办理变更手续，填写变更银行结算账户申请书。

（2）存款人应在<u>5个工作日</u>内向开户银行提出变更申请并提供有关证明。

（3）企业在合理期限内仍未办理变更手续或仍未更新，且未提出合理理由的，银行有权采取措施<u>适当控制</u>账户交易，并按规定<u>中止</u>其办理业务。

（4）非企业变更，应交回开户许可证，由中国人民银行当地分支行换发新证。企业变更，账户管理系统重新生成新的基本存款账户编号。

习题7 `单项选择题` 根据支付结算法律制度的规定，存款人更改名称，但不更改开户银行及账号的，应于一定期限向其开户银行提出银行结算账户更改申请，该期限为（　　）。

A. 2 日内 B. 2 个工作日内
C. 5 个工作日内 D. 5 日内

习题 8 〔单项选择题〕甲公司营业执照到期，经开户银行提示后在合理期限内仍未更新银行结算账户信息，且未提出合理理由。其开户银行应采取的措施是（　　）。

A. 中止甲公司账户办理业务
B. 将甲公司账户内资金转入久悬未取专户管理
C. 请求主管部门给予甲公司行政处罚
D. 要求甲公司限期撤销账户

（三）银行结算账户的撤销

项　目	具　体　规　定
撤销事由	（1）存款人被撤并、解散、宣告破产、关闭、注销、吊销营业执照 （2）存款人因**迁址需要变更开户银行**（若迁址不变更开户银行的，申请变更即可）
撤销程序	撤销时**必须**与开户银行**核对**银行结算账户存款**余额**，**交回**各种重要空白票据及结算凭证和开户许可证，银行核对无误后方可办理销户手续
撤销顺序	**先撤销**一般、专用、临时存款账户，将账户资金转入基本存款账户后，**再办理基本存款账户的撤销**
强制撤销	一年内未发生收付活动且未欠开户银行债务的单位银行结算账户，应自发出通知之日起 **30 日**内办理销户手续，**逾期视同自愿销户**，未划转款项列入久悬未取专户管理
不得撤销	尚未清偿开户银行债务的，不得申请撤销银行结算账户

习题 9 〔多项选择题〕根据支付结算法律制度的规定，下列情形中，存款人应向开户银行提出撤销银行结算账户申请的有（　　）。

A. 存款人被宣告破产的
B. 存款人因迁址需要变更开户银行的
C. 存款人被吊销营业执照的
D. 存款人被撤并的

习题 10 〔单项选择题〕根据支付结算法律制度的规定，下列关于银行结算账户管理的表述中，正确的是（　　）。

A. 撤销基本存款账户，应当与开户银行核对银行结算账户存款余额
B. 撤销基本存款账户，可以保留未使用的空白支票
C. 单位的地址发生变更，不需要通知开户银行
D. 撤销单位银行结算账户应先撤销基本存款账户，再撤销其他类别账户

三、基本存款账户

项目	具 体 规 定
概念	基本存款账户是存款人办理日常转账结算和现金收付开立的银行结算账户
用途	基本存款账户办理存款人日常经营活动的资金收付及其工资、奖金、现金的支取
地位	基本存款账户是存款人的主办账户，是开立其他银行结算账户的前提
数量	一个单位只能选择一家银行开立一个基本存款账户
开户文件	需要营业执照（如果没有，批文、证明、登记证书也可以），还需提供法定代表人身份证件，如授权他人办理，还需提供授权书、被授权人的身份证件
开立主体	（1）必须是单位开立，个人不能开立 （2）团级以上（包括团）军队、武警部队及执勤的支队可以开立，营、连、排、班不能开立 （3）异地常设机构可以开立，临时机构不能开立 （4）独立核算的附属机构可以开立，非独立核算的附属机构不能开立 【注意】除上述特殊情形外，其他常见单位、组织、机构均可以申请开立基本存款账户

习题11 〔判断题〕个人银行结算账户的存款人只能在银行开立一个基本存款账户。（　　）

习题12 〔单项选择题〕下列存款人中可以申请开立基本存款账户的有（　　）。

A. 村民委员会　　　　　　　　B. 单位设立的非独立核算的附属机构

C. 营级以上军队　　　　　　　D. 异地临时机构

习题13 〔单项选择题〕根据支付结算法律制度的规定，关于基本存款账户的下列表述中，不正确的是（　　）。

A. 基本存款账户是存款人的主办账户

B. 一个单位只能开立一个基本存款账户

C. 基本存款账户可以办理现金支取业务

D. 单位设立的独立核算的附属机构不得开立基本存款账户

四、一般存款账户

项 目	具 体 规 定
概念	一般存款账户是指存款人因借款或其他结算需要，在基本存款账户开户银行以外的银行营业机构开立的银行结算账户
用途	一般存款账户可以办理现金缴存和转账结算，但不得办理现金支取

续表

项　目	具 体 规 定
数量	一般存款账户的<u>数量无限制</u>
开户文件	（1）开立基本存款账户规定的证明文件 （2）基本存款账户开户登记证或基本存款账户编号 （3）存款人因向银行借款需要，应出具借款合同 （4）存款人因其他结算需要，应出具有关证明

习题 14 【单项选择题】根据支付结算法律制度的规定，下列关于一般存款账户开立和使用的表述中，正确的是（　　）。

A. 可以支取现金

B. 可以用于办理存款人借款转存和借款归还

C. 须经中国人民银行分支机构核准

D. 可以在基本存款账户开户银行申请开立

五、专用存款账户

专用存款账户是指存款人按照法律、行政法规和规章，对其<u>特定用途</u>资金进行<u>专项管理</u>和使用而开立的银行结算账户，具体使用规定如下。

各类专用账户	具体使用规定
（1）证券交易结算资金账户 （2）期货交易保证金账户 （3）信托基金账户	<u>不得支取现金</u>
（1）基本建设资金账户 （2）更新改造资金账户 （3）政策性房地产开发资金账户	可以<u>支取现金</u>，应在开户时报中国人民银行当地分支行<u>批准</u>
（1）粮、棉、油收购资金账户 （2）社会保障基金账户 （3）住房基金账户 （4）党、团、工会经费账户	<u>支取现金</u>应按照国家现金管理的规定办理
收入汇缴账户	除向其基本存款账户或预算外资金财政专用存款账户划缴款项<u>外</u>，<u>只收不付</u>，不得支取现金

各类专用账户	具体使用规定
业务支出账户	除从其基本存款账户拨入款项外，只付不收，可以按规定支取现金

习题 15 (单项选择题) 甲地为完成棚户区改造工程，成立了 W 片区拆迁工程指挥部。为发放拆迁户安置资金，该指挥部向银行申请开立的存款账户的种类是（　　）。

A. 基本存款账户　　　　　　　　B. 临时存款账户

C. 一般存款账户　　　　　　　　D. 专用存款账户

习题 16 (单项选择题) 根据支付结算法律制度的规定，下列专用存款账户中，不能支取现金的是（　　）。

A. 证券交易结算资金专用存款账户

B. 社会保障基金专用存款账户

C. 住房基金专用存款账户

D. 工会经费专用存款账户

六、预算单位零余额账户

项目	具 体 规 定
概念	预算单位向财政部门提出申请，财政部门通过以后，由财政部门通知代理银行，预算单位就会有一个零余额账户。在预算单位需要付款时，由代理银行直接向收款方账户打款，财政部门会根据银行垫付的金额，向代理银行打款
数量	一个基层预算单位开设一个零余额账户
性质	预算单位未开立基本存款账户，或者原基本存款账户撤销的，预算单位零余额账户作为基本存款账户管理。除上述情况外，预算单位零余额账户作为专用存款账户管理
用途	（1）用于财政授权支付 （2）可以办理转账、提取现金等结算业务 （3）可以向本单位按账户管理规定保留的相应账户划拨工会经费、住房公积金及提租补贴，以及财政部批准的特殊款项
禁止	不得违反规定向本单位其他账户、上级主管单位、所属下级单位账户划拨资金

习题 17 (多项选择题) 根据《人民币银行结算账户管理办法》，预算单位零余额账户可以（　　）。

A. 办理转账、提取现金等结算业务

B. 向本单位按账户管理规定保留的相应账户划拨工会经费、住房公积金

C. 向上级主管单位账户划拨资金

D. 向所属下级单位账户划拨资金

习题 18 〈多项选择题〉未在银行开立账户的 W 市退役军人事务局，经批准在银行开立了预算单位零余额账户，下列账户种类中，该零余额账户应按其管理的是（　　）。

　　A. 一般存款账户　　　　　　　　B. 基本存款账户

　　C. 专用存款账户　　　　　　　　D. 临时存款账户

习题 19 〈单项选择题〉根据支付结算法律制度的规定，预算单位应向（　　）申请开立零余额账户。

　　A. 中国人民银行　　　　　　　　B. 财政部门

　　C. 上级主管部门　　　　　　　　D. 社保部门

七、临时存款账户

项　目	具　体　规　定
概念	临时存款账户是指存款人因临时需要在规定期限内使用而开立的银行结算账户
适用范围	（1）设立临时机构 （2）异地临时经营活动 （3）<u>注册验资、增资</u> （4）军队、武警单位承担的基本建设或临时任务
期限	临时存款账户的有效期最长<u>不得超过 2 年</u>
特殊规定	注册验资的临时存款账户在<u>验资期间只收不付</u>

习题 20 〈多项选择题〉2022 年 8 月，甲公司在 P 银行开立基本存款账户。甲公司申请开立下列银行结算账户时，应提供基本存款账户编号的有（　　）。

　　A. 因借款在 Q 银行开立一般存款账户

　　B. 因产能升级在 R 银行开立技术改造专用存款账户

　　C. 因异地临时经营在 S 银行开立临时存款账户

　　D. 因结算需要在 T 银行开立证券交易结算资金账户

习题 21 〈单项选择题〉某电影制作企业临时到外地拍摄，其在外地设立的摄制组可以开立的账户是（　　）。

　　A. 基本存款账户　　B. 一般存款账户　　C. 专用存款账户　　D. 临时存款账户

习题 22 **单项选择题** 宏大公司在中国工商银行 A 市支行开立了基本存款账户,现因经营需要向中国建设银行 B 分行申请贷款 100 万元,经审查同意贷款,其应在 B 分行开设( )。

A. 基本存款账户　　B. 一般存款账户　　C. 专用存款账户　　D. 临时存款账户

八、个人银行结算账户

(一) 概念

个人银行结算账户是指存款人因投资、消费、结算等需要凭<u>个人身份证件</u>以自然人名称开立的银行结算账户。

> **注意** 中国大陆居民以身份证(不满 16 周岁时以户口簿)为有效身份证明;国外的中国公民可以用中国护照为有效身份证明;中国港澳台居民以来往内地通行证、居住证为有效身份证明;外国人以外国护照、永久居留证为有效身份证明。

(二) 分类及功能

个人银行结算账户分为Ⅰ类银行账户、Ⅱ类银行账户、Ⅲ类银行账户,相关规定如下。

业　务		Ⅰ类	Ⅱ类	Ⅲ类
转账	向非绑定账户转出	√	限额	限额
	非绑定账户转入	√	限额,经银行面对面确认身份	限额,经银行面对面确认身份
现金存取		√	限额,经银行面对面确认身份	×
购买投资理财等金融产品		√	√	×
消费和缴费		√	限额	限额
配发实体介质(卡、折)		√	√	×

注:表中"√"代表允许,"×"代表禁止;"限额"中Ⅱ类账户为日累计限额≤1 万元,年累计限额≤20 万元;"限额"中Ⅲ类账户为任一时点账户余额≤2 000 元

【注意】 银行通过Ⅱ类账户<u>放贷</u>及个人通过Ⅱ类账户<u>还贷</u>,<u>不受限额限制</u>

(三) 开户方式

方　式		可开立账户
柜面开户		Ⅰ类、Ⅱ类、Ⅲ类
自助机具开户	工作人员现场核验	Ⅰ类、Ⅱ类、Ⅲ类
	工作人员未现场核验	Ⅱ类、Ⅲ类
电子渠道(非面对面)开户	通过网上银行、手机银行等	Ⅱ类、Ⅲ类

【注意】 银行通过<u>电子渠道(非面对面)</u>为个人开立Ⅱ类、Ⅲ类账户时,应当向绑定账户(<u>Ⅰ类户或信用卡账户</u>)开户行验证Ⅱ类、Ⅲ类户与绑定账户为同一人开立;且开户申请人登记验证的手机号码应与绑定账户使用的手机号码保持一致

（四）代理开户

代理类型	具体规定
他人代理开户	（1）银行应要求代理人出具代理人、被代理人的有效身份证件及<u>委托书</u> （2）银行认为有必要的，应要求代理人出具证明代理关系的<u>公证书</u>
单位代理开户	（1）单位提供单位证明材料、被代理人有效<u>身份证件的复印件或影印件</u> （2）在被代理人持本人有效身份证件到开户银行办理身份确认、密码设（重）置等激活手续<u>前</u>，该账户<u>只收不付</u>
法定代理开户	（1）<u>无民事行为能力</u>或<u>限制民事行为能力</u>的开户申请人，由法定代理人或者人民法院等有关部门依法指定的人员代理办理 （2）无民事行为能力人或限制民事行为能力人，可以申请开立个人银行结算账户，但<u>不得使用银行卡</u>

（五）特殊要求

（1）单位从其银行结算账户支付给个人银行结算账户的款项，每笔<u>超过5万元（不包含5万元）</u>的，应向其开户银行提供<u>付款依据</u>。但付款单位若在<u>付款用途栏</u>或<u>备注栏</u>注明事由，可不再另行出具付款依据。

（2）同一个人在同一家银行<u>只能开立一个Ⅰ类银行账户</u>，已开立Ⅰ类银行账户，再新开户的，应当开立Ⅱ类银行账户或Ⅲ类银行账户。

（3）加强<u>实名制</u>管理。任何单位和个人<u>不得出租、出借</u>银行结算账户和利用银行结算账户套取银行信用或洗钱，不得在网上买卖POS机、刷卡器等受理终端。

习题23 (单项选择题) 根据个人银行结算账户实名制的要求，下列人员出具的身份证件中，不属于在境内银行申请开立个人银行账户的有效身份证件是（　　）。

A. 20周岁的吴某出具的机动车驾驶证
B. 定居美国的周某出具的中国护照
C. 25周岁的王某出具的居民身份证
D. 15周岁的学生赵某出具的户口簿

习题24 (判断题) 通过手机银行等电子渠道受理开户申请的，银行可为开户申请人开立Ⅰ类账户。（　　）

习题25 (判断题) 新入学大学生开立交学费的个人银行结算账户，可由所在大学代理。（　　）

习题26 (单项选择题) 根据支付结算法律制度的规定，关于个人银行结算账户管理的下列表述中，不正确的是（　　）。

A. 银行可以通过Ⅱ类银行账户为存款人提供单笔无限额的存取现金服务
B. 银行可以通过Ⅲ类银行账户为存款人提供限定金额的消费和缴费支付服务

C. 银行可以通过Ⅰ类银行账户为存款人提供购买投资理财产品服务

D. 银行可以通过Ⅱ类银行账户为存款人提供购买投资理财产品服务

各类银行结算账户关于现金存取的限制总结如下。

账 户 名 称		是否能存现金	是否能取现金
基本存款账户		√	√
一般存款账户		√	×
专用存款账户	证券交易结算资金账户、信托基金账户	√	×
	期货交易保证金账户、收入汇缴账户		
	业务支出账户	×	√
	其他专用存款账户	√	√
临时存款账户	注册验资	√	×
	其他	√	√
预算单位零余额账户		×	√
个人银行结算账户	Ⅰ类	√	√
	Ⅱ类	限额	限额
	Ⅲ类	×	×

习题 27 （多项选择题）下列银行结算账户中，可以支取现金的有（　　）。

A. 基本存款账户　B. 一般存款账户　C. 临时存款账户　D. 单位银行卡账户

习题 28 （单项选择题）根据支付结算法律制度的规定，关于银行结算账户管理的下列表述中，不正确的是（　　）。

A. 存款人可以出借银行结算账户

B. 存款人不得出租银行结算账户

C. 存款人应当以实名开立银行结算账户

D. 存款人不得利用银行结算账户洗钱

知识点三　银行卡和银行电子支付

一、银行卡的分类

（一）一级分类

分类标准	类　别
是否可以透支	信用卡、借记卡

续表

分类标准	类别
币种	人民币卡、外币卡（万事达、VISA 等）
信息载体	磁条卡、芯片卡（IC 卡）
发行对象	单位卡、个人卡

【注意】联名（认同）卡是商业银行与营利性机构或非营利性机构合作发行的银行卡附属产品，如公积金联名卡

（二）二级分类

分类	分类标准	类别	具体规定	是否计息	是否透支
信用卡	是否交存备用金	贷记卡	无须交存备用金	发卡机构自主确定	√
		准贷记卡	向发卡银行交存备用金	√	√
借记卡	功能	转账卡	包括储蓄卡	√	×
		专用卡	专门用途、特定区域使用	√	×
		储值卡	卡内币值不得超过 **1 000** 元	×	×

习题1 【单项选择题】刘某在 P 银行申领了一张信用额度为 1 万元的银行卡，P 银行与刘某约定，刘某需存入备用金 5 000 元，当备用金余额不足支付时，刘某可在 1 万元的信用额度内透支，该银行卡是（　　）。

A. 储蓄卡　　　B. 借记卡　　　C. 贷记卡　　　D. 准贷记卡

习题2 【单项选择题】根据支付结算法律制度的规定，下列关于银行卡分类的表述中，不正确的是（　　）。

A. 按是否具有透支功能分为信用卡和贷记卡

B. 按币种不同分为外币卡和人民币卡

C. 按发行对象分为单位卡和个人卡

D. 按信息载体分为磁条卡和芯片卡

二、银行卡的申领、注销、追偿

（一）申领

申领人	申领卡种	申领条件	提供证明
单位	单位卡	开立**基本存款账户**	凭开户许可证或基本存款账户编号

续表

申领人	申领卡种	申领条件	提供证明
个人	银行卡	—	凭有效身份证件
	贷记卡	（1）年满 **18 周岁** （2）有**固定职业**和**稳定收入** （3）工作单位和户口在**常住地** （4）填写申请表，**亲笔签字**	提供**本人及附属卡持卡人、担保人**的身份证复印件

（二）注销

（1）持卡人在<u>还清全部</u>交易款项、透支本息、有关费用后，可申请<u>销户</u>。

（2）发卡行受理注销之日起 <u>45 天后</u>，被注销信用卡账户方能<u>清户</u>。

（三）发卡银行追偿透支款项和诈骗款项的途径

（1）扣减持卡人<u>保证金</u>。

（2）依法处理<u>抵押物</u>和<u>质物</u>。

（3）向<u>保证人</u>追偿透支款项。

（4）通过<u>司法机关</u>的诉讼程序进行追偿。

习题 3 `多项选择题` 根据支付结算法律制度的规定，下列各项中，属于发卡银行追偿透支款项和诈骗款项的途径的有（　　）。

　　A. 冻结持卡人账户　　　　　　B. 通过司法机关的诉讼程序进行追偿

　　C. 依法处理抵押物和质物　　　D. 向保证人追索透支款项

习题 4 `多项选择题` 关于刘某欲向 P 银行申领信用卡的下列表述中，正确的有（　　）。

　　A. 应有稳定收入

　　B. 须年满 18 周岁

　　C. 应向 P 银行提供刘某的有效身份证件

　　D. 可委托他人代理签字申领

三、信用卡（贷记卡）

（一）非现金交易优惠政策

信用卡持卡人进行非现金交易可享受以下优惠政策。

（1）免息还款期。持卡人在银行规定的到期还款日前偿还全部银行款项，无须支付非现金交易的利息。

（2）最低还款额。持卡人无法在到期还款日前偿还全部银行款项，可按照发卡银行规定的最低还款额还款。

> **注意**　**现金交易**（如贷记卡提现）**不享受**上述优惠政策。

（二）透支利率

（1）透支利率是银行对未能全额还款或者取现行为采取的一种类似于罚金的方式，通过这种方式银行可以获得盈利。具体透支利率由**发卡机构与持卡人自主协商**确定。

（2）透支利率调整的，发卡机构至少提前 **45 个自然日**通知持卡人，持卡人有权在新利率生效<u>前</u>选择销户。

（3）信用卡协议中应同时注明<u>日利率</u>和<u>年利率</u>。

（三）信用卡预借现金业务

信用卡的预借现金业务包括现金提取、现金转账和现金充值。

1. 现金提取

（1）通过 **ATM** 等自助机具提取现金，信用卡每卡每日累计不得超过人民币 **1 万元**。

（2）通过 **ATM** 等自助机具提取现金，借记卡每卡每日累计不得超过人民币 **2 万元**。

（3）通过<u>柜面办理</u>现金提取业务，每卡每日限额由<u>发卡机构与持卡人协议约定</u>。

2. 现金转账

（1）可将信用卡资金划转到本人银行结算账户。

（2）办理现金转账业务的每卡每日限额，由<u>发卡机构与持卡人协议约定</u>。

（3）不得将信用卡资金划转至其他信用卡，以及非持卡人的银行结算账户。

3. 现金充值

（1）可将信用卡资金划转到本人在非银行支付机构开立的支付账户（微信、支付宝）。

（2）办理现金充值业务的每卡每日限额，由<u>发卡机构与持卡人协议约定</u>。

（四）发卡机构自主决定的事项

（1）免息还款期和最低还款额待遇的条件和标准。

（2）信用卡透支的计结息方式。

（3）信用卡溢缴款收费计付利息及利率标准。

（4）持卡人违约逾期未还款是否收取违约金。

（5）是否提供信用卡现金充值服务。

（五）不得收取的款项

（1）持卡人违约逾期未还款的，发卡机构<u>不得收取</u><u>滞纳金</u>，发卡机构可与持卡人通过协议约定收取违约金。

（2）发卡机构向持卡人提供超过授信额度用卡的，发卡机构<u>不得收取超限费</u>。

（3）发卡机构对向持卡人收取的<u>违约金</u>、<u>年费</u>、<u>取现手续费</u>、<u>货币兑换费</u>等服务费用<u>不得计收利息</u>。

习题 5 〔多项选择题〕徐女士在 P 银行申请一张信用卡，关于该信用卡的下列表述中，符合法律规定的有（　　）。

A. 若徐女士欠缴信用卡年费，P 银行可对该欠费计收利息

B. P 银行应在信用卡协议中以显著方式提示信用卡利率标准和计结息方式，并经徐女士确认接受

C. P 银行应在信用卡协议中同时注明日利率和月利率

D. 若 P 银行要调整信用卡利率，应至少提前 45 个自然日按照约定方式通知徐女士

习题 6 〔多项选择题〕关于信用卡透支利率及利息管理的下列表述中，不正确的是（　　）。

A. 透支的计结息方式由发卡机构自主确定

B. 透支的利率标准由发卡机构与申请人协商确定

C. 透支利率实行下限管理

D. 透支利率实行上限管理

习题 7 〔单项选择题〕下列业务中，信用卡持卡人使用预借现金额度内资金不得办理的是（　　）。

A. 划转到本人银行结算账户

B. 在银行柜面提取现金

C. 在银行 ATM 机上提取现金

D. 划转到其他信用卡

习题 8 〔单项选择题〕张某 3 月 1 日向银行申请了一张贷记卡，6 月 1 日取现 2 000 元，对张某的上述做法，说法正确的是（　　）。

A. 张某取现 2 000 元符合法律规定

B. 张某取现 2 000 元可享受免息还款期

C. 张某申请贷记卡需要向银行交存一定金额的备用金

D. 张某取现 2 000 元可享受最低还款额

习题 9 〔单项选择题〕下列信用卡的相关款项中，发卡机构可向持卡人计收利息的是（　　）。

A. 透支的款项　　B. 货币兑换费　　C. 取现手续费　　D. 违约金

四、银行卡的收单业务

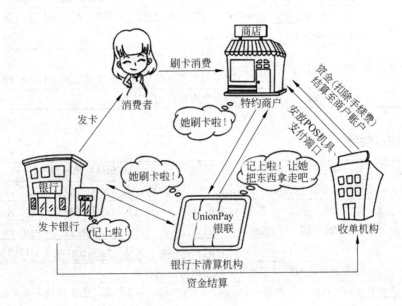

（一）概念

银行卡收单业务是持卡人在收单机构签约商户处刷卡消费，收单机构将持卡人刷卡消费的资金在规定周期内结算给签约商户，并从中扣取一定比例的手续费。

（二）银行卡收单机构及特约商户

收 单 机 构	特 约 商 户
银行业金融机构（如各大银行）	各类单位、组织、个体工商户、自然人
为实体特约商户提供收单服务的支付机构（如银联商务、快钱）	
为网络特约商户提供收单服务的支付机构（如支付宝、微信财付通）	

（三）特约商户管理

项　　目	具 体 内 容
实名制管理	收单机构应当对特约商户实行实名制管理
本地化管理	收单机构应当对实体特约商户收单业务进行<u>本地化</u>经营和管理，<u>不得跨省</u>开展收单业务
商户风险评级较高	对特约商户开通的受理卡种和交易类型进行<u>限制</u>、强化交易监测、设置交易<u>限额</u>、<u>延迟结算</u>、增加检查频率、建立风险准备金 【注意】<u>不停止其交易</u>

续表

项 目	具 体 内 容	
商户发生风险事件	对特约商户进行**延迟**资金结算、**暂停**银行卡交易、**回收**受理终端、**关闭**网络支付接口、**冻结**账户、涉嫌违法及时**报案** 【注意】风险事件有套现、洗钱、欺诈、移机、留存泄漏持卡人账户信息等	
资金结算时间	收单机构应**及时**与特约商户结算资金,最迟不得超过支付指令生效日(刷卡日)后 **30 个自然日**	
商户的收单银行结算账户	单位	(1)同名单位银行结算账户 (2)与其存在合法资金管理关系的单位银行结算账户
	个体工商户或自然人	同名个人银行结算账户

(四)结算收费

收费项目	收费方式	费率及封顶标准
收单服务费	收单机构向商户收取	实行市场调节价,双方协商确定具体费率
发卡行服务费	发卡机构向收单机构收取	不区分商户类别,实行政府指导价,上限管理 借记卡:不高于交易金额的 **0.35%**(封顶 13 元) 贷记卡:不高于交易金额的 **0.45%**(无封顶金额)
网络服务费	银行卡清算机构向发卡机构、收单机构分别收取	

【注意】对**非营利性**的医疗机构、教育机构、社会福利机构、养老机构、慈善机构刷卡交易,**发卡行服务费、网络服务费全额减免**

习题 10 (多项选择题) 根据支付结算法律制度的规定,下列关于银行卡收单机构对特约商户管理的表述中,正确的有(   )。

A. 特约商户是单位的,其收单银行结算账户可以使用个人银行结算账户

B. 对特约商户实行实名制管理

C. 对实体特约商户与网络特约商户分别进行风险评级

D. 对实体特约商户收单业务实行本地化经营,不得跨省域开展收单业务

习题 11 (单项选择题) 根据支付结算法律制度的规定,银行卡收单服务费由(   )收取。

A. 收单机构向持卡人   B. 收单机构向商户

C. 发卡机构向收单机构   D. 银行卡清算机构向收单机构

习题 12 (多项选择题) 收单机构应当强化业务和风险管理措施,建立对特约商户的风险评级制度,对于风险等级较高的特约商户,收单机构应当采取的措施有(   )。

A. 限制开通的受理卡种和交易类型   B. 强化交易检测

C. 设置交易限额   D. 关闭网络支付接口

习题 13 (单项选择题) 甲医院属于非营利性医疗机构,为银行卡收单业务特约商户。下

列关于甲医院银行卡收单业务服务费率的表述中,正确的是（　　）。

A. 发卡行服务费率为交易金额的 0.35%

B. 实行政府指导价、下限管理

C. 发卡行服务费、网络服务费全额减免

D. 网络服务费率为交易金额的 0.45%

五、电子支付

电子支付服务的主要提供方为<u>银行</u>和<u>支付机构</u>。银行的电子支付方式有网上银行、手机银行、条码支付等。支付机构的电子支付方式有网络支付、条码支付等。

（一）网上银行（手机银行）

网上银行与手机银行一样,都是通过互联网实现银行柜面业务的延伸,功能基本一致。它们能够在<u>任何时间</u>、<u>任何地点</u>、<u>以任何方式</u>为客户提供金融服务。

网上银行主要分为企业网上银行和个人网上银行,其主要功能如下。

企业网上银行主要功能	个人网上银行主要功能
账户信息查询、支付指令、批量支付、**B2B**网上支付	账户信息查询、人民币转账业务、银证转账业务、外汇买卖业务、账户管理业务、**B2C** 网上支付

习题 14 （单项选择题）根据支付结算法律制度的规定,下列关于个人网上银行业务的表述中,不正确的是（　　）。

A. B2B 网上支付　　　　　　B. 查询银行卡的人民币余额

C. 查询信用卡网上支付记录　　D. 网上购物电子支付

习题 15 （多项选择题）下列业务中,李某使用在 P 银行开通的个人网上银行可以办理的有（　　）。

A. 股票交易　　B. 外汇买卖　　C. 期货交易　　D. B2C 网上支付

（二）条码支付（收款扫码 + 付款扫码）

1. 交易验证方式

验 证 方 式	举　例
仅本人知悉的要素	静态密码
仅本人持有并特有的,不可复制（重复）的要素	动态验证码（数字证书、电子签名、一次性密码）

续表

验 证 方 式	举 例
本人生物特征要素	指纹

【注意】银行、支付机构提供**收款扫码服务**的，**应使用动态条码**，防止条码被重复使用导致重复扣款，确保条码真实有效

2. 交易限额

风险防范等级	验 证 方 式	单日累计限额
A 级	包括**数字证书**或**电子签名**在内的**两类以上**有效要素	银行、支付机构可与客户**自主约定**
B 级	不包括数字证书、电子签名在内的**两类以上**有效要素	单日累计交易金额≤**5 000元**
C 级	**不足两类**要素	单日累计交易金额≤**1 000元**
D 级	使用**静态**条码	单日累计交易金额≤**500元**

3. 商户管理

以同一个身份证件在同一家银行、支付机构办理的全部**小微商户**基于信用卡的条码支付收款金额**日累计不超过1 000元**、**月累计不超过1万元**。其余规定与银行卡收单业务中特约商户的规定一致。

习题16 （多项选择题）根据支付结算法律制度的规定，下列各项中，属于条码支付的交易验证方式的有（　　）。

A. 静态密码　　　B. 数字证书　　　C. 电子签名　　　D. 单位证明

习题17 （单项选择题）根据支付结算法律制度的规定，下列关于条码支付交易限额的表述中，不正确的是（　　）。

A. 采用包括数字证书或电子签名在内的两类以上有效要素对交易进行验证的，银行、支付机构可与客户通过协议自主约定单日累计限额

B. 采用包括数字证书、电子签名在内的两类以上有效要素对交易进行验证的，同一客户单个银行账户或所有支付账户单日累计交易金额不能超过5 000元

C. 采用不足两类要素对交易进行验证的，同一客户单个银行账户或所有支付账户单日累计交易金额不能超过1 000元

D. 使用静态条码的，同一客户单个银行账户或所有支付账户单日累计交易金额不能超过500元

习题18 （多项选择题）根据支付结算法律制度规定，下列关于条码支付的表述中，正确的有（　　）。

A. 条码支付业务包括付款扫码和收款扫码

B. 支付机构为实体特约商户和网络特约商户提供条码支付收单服务的,应当分别取得银行卡收单业务许可和网络支付业务许可

C. 银行、支付机构提供收款扫码服务的,应使用静态条码,设置条码有效期、使用次数等方式,防止条码被重复使用导致重复扣款,确保条码真实有效

D. 以同一个身份证件在同一家银行、支付机构办理的全部小微商户基于信用卡的条码支付收款金额日累计不超过1 000元、月累计不超过1万元

(三)网络支付

网络支付是指依托网络在收付款人之间转移货币资金的行为,包括货币汇兑、互联网支付、移动电话支付、固定电话支付、数字电视支付等。

1. 网络支付机构

依法取得支付业务许可证,获准办理互联网支付、移动电话支付、固定电话支付、数字电视支付等网络支付业务的支付机构可以办理网络支付业务。目前从事网络支付的支付机构主要有以下两类。

(1)金融型支付企业。金融型支付企业是独立的第三方支付模式,立足于企业端,不具有担保功能,仅仅为用户提供支付产品和支付系统解决方案,如银联商务、快钱等。

(2)互联网支付企业。互联网支付企业是依托于自有的电子商务网站并提供担保功能的第三方支付模式,如支付宝、微信财付通等。

2. 支付机构交易验证

支付机构可以代替银行进行交易验证的业务包括<u>单笔金额≤200元的小额支付业务</u>、<u>公共事业缴费</u>、<u>税费缴纳</u>、<u>信用卡还款</u>。

3. 不同支付账户的开户要求

支付机构可以为个人开立Ⅰ类、Ⅱ类、Ⅲ类支付账户,具体开户要求、转账和消费限额如下。

账户类型	开户要求	转账和消费限额
Ⅰ类	<u>首次</u>在该支付机构开立支付账户,以<u>非面对面方式</u>通过至少<u>一个</u>合法安全的外部渠道进行身份基本信息验证	自账户开立起累计≤1 000元
Ⅱ类	(1)以<u>面对面方式</u>核实身份 (2)以<u>非面对面方式</u>通过至少<u>三个</u>合法安全的外部渠道进行身份基本信息多重交叉验证	年累计≤10万元
Ⅲ类	(1)以<u>面对面方式</u>核实身份 (2)以<u>非面对面方式</u>通过至少<u>五个</u>合法安全的外部渠道进行身份基本信息多重交叉验证	年累计≤20万元

习题 19 **判断题** 金融型支付企业是依托于自有的电子商务网站并提供担保功能的第三方支付模式。（　　）

习题 20 **多项选择题** 根据支付结算法律制度的规定，下列各项中，支付机构可以为个人客户开立Ⅲ类支付账户的有（　　）。

A. 以面对面方式核实身份

B. 以非面对面方式通过1个合法安全的外部渠道进行身份基本信息验证

C. 以非面对面方式通过3个合法安全的外部渠道进行身份基本信息多重交叉验证

D. 以非面对面方式通过5个合法安全的外部渠道进行身份基本信息多重交叉验证

习题 21 **多项选择题** 根据支付结算法律制度的规定，下列各项中，支付机构可以代替银行进行交易验证的有（　　）。

A. 单笔金额500元的支付业务　　B. 公共事业缴费

C. 税费缴纳　　　　　　　　　　D. 信用卡还款

习题 22 **判断题** Ⅱ类支付账户，账户余额可以用于消费、转账以及购买投资理财等金融类产品，所有支付账户的余额付款交易年累计不超过20万元。（　　）

拓展阅读　　　　　　　　　　"卡奴"现象

"卡奴"又称卡债族，是指一个人使用大量的现金卡、信用卡、蚂蚁花呗，但承担不起还款或是以卡养卡、以债养账一直在还利息的人。"卡奴"现象是持卡人因不理智的消费行为陷入以债养债的恶性循环。

大学生的教育背景、校园环境以及自身性格，使他们具有独特的消费心理和消费行为。成为"卡奴"的大学生，其消费行为对个人、学校、社会都产生了较大影响。大部分大学生并不清楚信用卡透支的手续费以及高额的利息，"卡奴"现象下的消费使越来越多的大学生迷失了自我，如不遏制这种行为，将会使更多大学生误入歧途，造成难以估量的后果和损失。

随着大学生心理和生理的成熟，他们的消费水平越来越高，但是这与他们自身的经济状况不相适应。除了传统的休闲、娱乐消费外，他们投入更多的消费在自身的兴趣爱好上，同时他们常追求名牌，情感型消费较多。

调查显示，仅有37.86%的大学生愿意勤工俭学、自力更生，大多数人会花父母的钱或借钱花，经济独立意识差，对自我的经济能力和偿还能力过于自信。部分大学生打着"花明天的钱，圆今天的梦"的旗帜，透支使用蚂蚁花呗，使自己一步步沦为"卡奴"。

面对诱惑重重的校园和社会环境，大学生一方面应该从自身做起，承担起主要责任，树立正确的消费观，利用课余时间做兼职，体会金钱的来之不易，学会通过心理暗示进行理性消费，不盲目消费，学会抑制自己的消费欲望，使自己的消费合理化，从而避免不必要的麻烦；另一方面，应该多学习金融理财方面的知识，对平时剩余的钱进行合理规划，可用于储蓄、投资，以备不时之需。

学校作为大学生日常学习生活的主要环境，应该加强对大学生消费观的教育和引导。学校应加强大学生的消费教育，在校内开设各种消费讲座；加强大学生的理财教育，开设理财知识小课堂；加强大学生思想教育工作，进行大学生消费知识竞赛；加强校园文化建设，引导大学生树立正确的消费观和人生观。

知识点四　票据结算方式

一、票据的概念和分类

票据是由出票人依法签发的，约定自己或者委托付款人在见票或指定日期向收款人或持票人无条件支付一定金额并可转让的有价证券，具体分类如下。

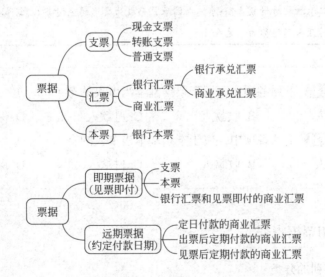

二、票据当事人

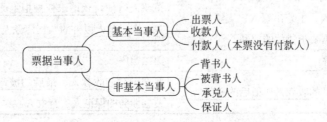

类别	特征	内容	界 定
基本当事人	在票据作成和交付时就已经存在	出票人	签发票据并将票据交付给收款人的人
		收款人	票据正面记载的到期后有权收取票据所载金额的人
		付款人（由出票人委托付款或自行承担付款责任的人）	银行汇票的付款人为出票人（银行）
			商业承兑汇票的付款人是承兑人（非银行）
			银行承兑汇票的付款人是承兑人（银行）
			支票的付款人是出票人的开户银行（银行）
			本票的付款人是出票人（银行）
非基本当事人	在票据作成并交付后加入票据关系	承兑人	接受汇票出票人的付款委托，同意承担支付票款义务的人
		背书人	又称转让人、前手，是在票据背面或粘单上签字或盖章，并将该票据交付给被背书人
		被背书人	又称受让人、后手，是受让票据或接受票据转让的人
		保证人	为票据债务提供担保的人，由票据债务人以外的第三人担当

【注意】（1）承兑人只在远期商业汇票中出现，见票即付的票据无须提示承兑

（2）区别付款人与承兑人。两者均须承担付款责任，因此承兑人可以称为付款人。但是付款人只承担相对付款责任；承兑人因承兑而成为票据的主债务人，需承担绝对付款责任。因此付款人不能称为承兑人

习题1 **多项选择题** 下列各项中，属于票据基本当事人的有（　　）。
A. 出票人　　　B. 收款人　　　C. 付款人　　　D. 保证人

习题2 **多项选择题** 下列各项中，属于本票基本当事人的有（　　）。
A. 出票人　　　B. 收款人　　　C. 付款人　　　D. 保证人

三、票据权利和票据责任

（一）票据权利的分类

项目	付款请求权	追索权
概念	持票人向票据的主债务人，包括（汇票承兑人、本票出票人、支票付款人）出示票据要求付款的权利	持票人行使付款请求权被拒绝或其他法定原因存在，向付款人以外的票据债务人请求付款的权利
顺位	第一顺序	第二顺序
行使人	票据记载的收款人或最后的被背书人	票据记载的收款人、最后的被背书人、代为清偿票据债务的保证人、背书人

（二）追索权

项目		具体规定		
适用情形	到期后追索	票据到期后，被拒绝付款	【注意】	行使追索权的前提是能证明合法的**付款请求权无法实现**
	到期前追索	（1）票据到期前，被拒绝承兑 （2）承兑人或付款人死亡、逃匿、被宣告破产、被责令终止业务活动		
被追索人		出票人、背书人、承兑人（已经承兑）、保证人	【注意】	被追索人对持票人承担连带责任
追索顺序		**不分先后顺序，可以同时向一人、数人或者全体追索**；持票人对票据债务人中的一人或数人已经进行追索的，对其他票据债务人仍可以行使追索权		
追索金额		（1）被拒绝付款的**票据金额** （2）从到期日或提示付款日起至清偿日止，按规定利率计算的**利息** （3）取得有关拒绝证明和发出通知书的**费用**		
追索证明		持票人行使追索权时，**应当提供被拒绝承兑或者拒绝付款的有关证明**		
追索通知		自得到有关证明之日起**3日内**书面通知其前手。未按照规定期限通知，**仍可以行使追索权**，但应当赔偿因为迟延通知而给被追索人造成的损失，赔偿金额**以汇票金额为限**		

习题3 〔单项选择题〕甲公司持有一张商业汇票，到期委托开户银行向承兑人收取票款。甲公司行使的票据权利是（　　）。

A. 付款请求权　　　　　　　　　B. 利益返还请求权

C. 票据追索权　　　　　　　　　D. 票据返还请求权

习题4 〔多项选择题〕甲公司为支付货款向乙公司签发一张支票，乙公司在提示付款期限内持该支票向甲公司的开户银行P银行提示付款，银行以甲公司存款账户不足为由拒绝付款，则下列说法中正确的有（　　）。

A. 乙公司可以向甲公司追索　　　B. 乙公司可以向P银行追索

C. 乙公司不可以向甲公司追索　　D. 乙公司不可以向P银行追索

习题5 〔多项选择题〕甲公司为支付货款向乙公司签发一张1个月后到期的银行承兑汇票，该票据经甲公司的开户银行P银行承兑，票据到期后乙公司在提示付款期限内向P银行提示付款，银行以甲公司存款账户不足为由拒绝付款，则下列说法中正确的有（　　）。

A. 乙公司可以向甲公司追索　　　B. 乙公司可以向P银行追索

C. 乙公司不可以向甲公司追索　　D. 乙公司不可以向P银行追索

习题6 〔单项选择题〕根据支付结算法律制度的规定，关于票据追索权行使的下列表述中，正确的是（　　）。

A. 持票人不得在票据到期前追索

B. 持票人应当向票据的出票人、背书人、承兑人和保证人同时追索

C. 持票人在行使追索权时，应当提供被拒绝承兑或拒绝付款的有关证明

D. 持票人应当按照票据的承兑人、背书人、保证人和出票人的顺序行使追索权

习题7 （多项选择题）票据持票人行使首次追索权可以请求被追索人支付的金额和费用有（　　）。

A. 因汇票资金到位不及时，给持票人造成的税收滞纳金损失

B. 取得有关拒绝证明和发出通知书的费用

C. 票据金额自到期日或者提示付款日起至清偿日止，按规定的利率计算的利息

D. 被拒绝付款的票据金额

习题8 （单项选择题）票据的持票人行使追索权，应当将被拒绝事由书面通知其前手，通知的期限是（　　）。

A. 自收到有关证明之日起 5 日内　　B. 自收到有关证明之日起 7 日内

C. 自收到有关证明之日起 3 日内　　D. 自收到有关证明之日起 10 日内

习题9 （多项选择题）根据支付结算法律制度的规定，持票人行使票据追索权出具的下列证明中，具有法律效力的有（　　）。

A. 法院关于承兑人被依法宣告破产的司法文书

B. 承兑人出具的拒绝证明

C. 医院出具的付款人死亡的证明

D. 司法机关出具的付款人逃匿的证明

（三）票据权利的取得

根据《中华人民共和国票据法》（简称《票据法》）的规定，票据权利的取得应遵循以下内容。

（1）票据的取得<u>必须给付对价</u>。

（2）因<u>税收</u>、<u>继承</u>、<u>赠与</u>可以依法<u>无偿</u>取得票据的，不受给付对价之限制，<u>但所享有的票据权利不得优于前手</u>。

（3）因<u>欺诈</u>、<u>偷盗</u>、<u>胁迫</u>、<u>明知有上述情形出于恶意</u>而取得票据的，不得享有票据权利。持票人因<u>重大过失</u>取得不符合《票据法》规定的票据的，也不得享有票据权利。

习题 10 **多项选择题** 根据《票据法》的规定，票据持有人有（ ）情形，不得享有票据权利。

A. 以欺诈、偷盗、胁迫等手段取得票据的

B. 明知前手欺诈、偷盗、胁迫等手段取得票据而出于恶意取得票据的

C. 因重大过失取得不符合《票据法》规定的票据的

D. 自合法取得票据的前手处因赠与取得票据的

习题 11 **单项选择题** 张某因采购货物签发一张票据给王某，胡某从王某处窃取该票据，陈某明知胡某的窃取行为但仍受让该票据，并将其赠与不知情的黄某，下列取得票据的当事人中，享有票据权利的是（ ）。

A. 王某　　　B. 胡某　　　C. 陈某　　　D. 黄某

（四）票据责任（票据抗辩）

（1）票据债务人包括承兑人（已经承兑）、出票人、付款人、背书人、保证人。

（2）对**物**的抗辩（对抗**任何人**）。

如果存在背书不连续等事由，票据债务人可以对票据权利人拒绝履行义务。

（3）对**人**的抗辩（对抗**特定人**）。

票据债务人<u>可以</u>对不履行约定义务的、与自己有<u>直接</u>债权债务关系的<u>持票人</u>进行抗辩。

票据债务人<u>不得</u>以自己与<u>出票人</u>或者与<u>持票人前手</u>之间的抗辩事由对抗持票人。

注意 持票人明知存在抗辩事由而取得票据的除外。

习题 12 **单项选择题** 根据支付结算法律制度的规定，下列有关票据责任的说法中，正确的是（ ）。

A. 票据债务人可以以自己与出票人或者与持票人的前手之间的抗辩事由对抗持票人

B. 持票人未按照规定期限提示付款的，付款人的票据责任解除

C. 签发银行本票的 P 银行应当向持票人承担票据责任

D. 空头支票出票人的开户行 Q 银行应当向持票人承担票据责任

四、票据行为

票据行为包括出票、背书、承兑、保证。

（一）出票

1. 出票的概念

出票包括<u>签发</u>票据（<u>记载法定事项并签章</u>）和<u>交付</u>票据，两者缺一不可。出票人出票后，即承担该票据付款的责任，出票人在票据得不到承兑或者付款时，应当依法向持票人清偿票款和相关费用。

2. 票据的记载事项

事　　项	特　　征	举　　例
必须记载事项	<u>不记载票据行为无效</u>	出票人签章
相对记载事项	<u>不记载按法律规定执行</u>	付款地、出票地
任意记载事项	<u>不记载不产生法律效力，记载即产生法律效力</u>	"不得转让"字样
非法定记载事项	<u>记载事项不具有票据上的效力</u>，银行不负审查责任	票据签发原因和用途

3. 票据的必须记载事项

记载事项	支　票	纸质汇票	电子汇票	本　票
"××票"字样	√	√	√	√
无条件支付的委托或承诺	√	√	√	√
出票金额	√（可补记）	√	√	√
出票人签章	√	√	√	√
出票日期	√	√	√	√
付款人名称	√	√	√	×
收款人名称	×（可补记）	√	√	√
出票人名称	×	×	√	×
票据到期日	×	×	√	×

注意

（1）<u>支票</u>的<u>出票金额</u>和<u>收款人名称</u>可由出票人授权补记，<u>未补记前不得背书转让和提示付款</u>。

（2）在无条件支付的委托或承诺中，<u>支票和商业汇票</u>通常是委托银行或其他单位、个人付款，所以用的是无条件支付的<u>委托</u>。<u>本票和银行汇票</u>用是银行承诺付款，所以用的是无条件支付的<u>承诺</u>。

4. 票据的相对记载事项

记载事项	汇票	本票	支票	备 注
付款地	√	√	√	未记载付款地的，付款地为付款人的营业场所
出票地	√	√	√	未记载出票地的，出票地为出票人的营业场所、住所地、经常居住地
付款日期	√	×	×	未记载付款日期的，视为见票即付

习题 13 多项选择题 根据《票据法》的规定，下列各项中，属于票据行为的有（　　）。

A. 票据丧失后向银行挂失止付的行为

B. 出票人签发票据并将其交付给收款人的行为

C. 汇票付款人承诺在汇票到期日支付汇票金额并签章的行为

D. 票据债务人以外的人为担保债务人履行责任而在票据上记载有关事项并签章的行为

习题 14 多项选择题 根据支付结算法律制度的规定，下列支票记载事项中，可以授权补记的有（　　）。

A. 支票金额　　　　B. 付款人名称　　　　C. 出票日期　　　　D. 收款人名称

习题 15 多项选择题 下列属于支票的必须记载事项的有（　　）。

A. 无条件支付的承诺　　　　B. 表明支票的字样

C. 付款人名称　　　　D. 收款人名称

习题 16 多项选择题 根据支付结算法律制度的规定，下列各项中，属于电子商业汇票的必须记载事项的有（　　）。

A. 出票人签章　　　　B. 无条件支付的委托

C. 出票人名称　　　　D. 票据到期日

（二）背书

1. 背书的概念

背书是指将票据权利转让或授予他人，并在票据<u>背面或粘单上</u>记载有关事项并<u>签章</u>的行为。背书人以背书转让票据后，即<u>承担</u>保证其后手所持票据付款的<u>责任</u>。

2. 背书的分类

分 类	具 体 内 容
<u>转让背书</u>	把票据权利转让给他人，<u>贴现属于转让背书</u>

续表

分类		具体内容
非转让背书	委托收款背书	把票据权利授予给他人，被背书人不得再背书转让
	质押背书	

3. 背书的记载事项

事项	具体内容	注意事项
必须记载事项	背书人签章	在票据背面签章
	被背书人名称	背书人未记载被背书人名称的，持票人在被背书人栏内记载自己的名称与背书人记载具有同等法律效力
相对记载事项	背书日期	未记载背书日期的，视为在票据到期日前背书

4. 粘单

票据凭证不能满足背书人记载事项的需要，可以加附粘单。粘单上的第一记载人（粘单上第一手背书的背书人）应当在票据和粘单的粘接处签章。

5. 背书连续

（1）背书连续是指在票据转让中，背书人与被背书人在票据上的签章依次前后衔接。以背书转让的票据，背书应当连续，持票人以背书的连续，证明其票据权利。

（2）票据的第一背书人为票据收款人，最后的持票人为最后背书的被背书人，中间的背书人为前手背书的被背书人。

（3）背书连续主要是指形式上的连续，如果背书在实质上不连续，如有伪造签章等，付款人仍应对持票人付款，但是付款人明知持票人不是真正票据权利人的除外。

例如，假定甲公司为票据收款人，有票据背书如下。

被背书人： 乙公司	被背书人： 丙公司	被背书人： 戊公司	被背书人： 戊公司开户银行
甲公司签章	乙公司签章	丁公司签章	戊公司签章 委托收款

从以上票据背书反映的内容看，收款人甲公司取得票据后背书转让给乙公司，乙公司背书转让给丙公司。但是第三个背书栏中并没有丙公司的签章，取而代之的是丁公司签章，属于背书不连续，戊公司无法取得票据权利，该票据的票据权利人仍然是丙公司。

6. 背书特别规定

情形	解释	效力
条件背书	背书附有条件	背书有效，条件无效
部分背书	将票据金额的一部分转让或分别转让给两人以上	背书无效

续表

情形	解释	效力
期后背书	将被拒绝承兑、被拒绝付款、超过付款提示期限的票据转让	背书人应当承担票据责任
限制背书	出票人记载"不得转让"字样	票据不得背书转让，丧失流通性
	背书人记载"不得转让"字样	其后手再背书转让的，原背书人对其后手的被背书人不承担责任

习题 17 （单项选择题） 甲公司将一张银行汇票背书转让给乙公司，该汇票需加附粘单，甲公司为粘单上的第一记载人，丙公司为甲公司的前手，丁公司为汇票记载的收款人。根据票据法律制度的规定，下列公司中，应当在汇票和粘单的粘接处签章的是（　　）。

A. 甲公司　　　　B. 乙公司　　　　C. 丙公司　　　　D. 丁公司

习题 18 （判断题） 背书不得附有条件，背书附有条件的，背书无效。（　　）

习题 19 （判断题） 背书人未记载被背书人名称便将票据交付他人的，持票人在票据被背书人栏内记载自己的名称与背书人记载具有同等法律效力。（　　）

习题 20 （单项选择题） 根据支付结算法律制度的规定，关于票据背书效力的下列表述中，不正确的是（　　）。

A. 背书人在票据上记载"不得转让"字样，其后手再背书转让的，原背书人对后手的被背书人不承担保证责任

B. 背书附有条件的，所附条件不具有票据上的效力

C. 背书人背书转让票据后，即承担保证其后手所得票据承兑和付款的责任

D. 背书未记载日期的，属于无效背书

习题 21 （判断题） 下图为某银行转账支票背书签章的示意图。该转账支票背书连续，背书有效。（　　）

习题 22 （单项选择题） 根据支付结算法律制度规定，下列关于背书行为的表述，正确的是（　　）。

A. 可背书转让票据金额的 50%

B. 未记载背书日期的，视为在票据到期日前背书

C. 背书附加的"货到背书有效"条件具有票据上的效力

D. 可于票据被拒绝付款后背书转让

（三）承兑

项　目	具　体　规　定
概念	汇票付款人签订承兑协议并**承诺**在到期日**支付**汇票金额并签章的行为
适应范围	承兑仅适用于（远期）商业汇票
提示承兑	**付款人在承兑前为付款人，在承兑后为承兑人**；未按规定期限提示承兑的，丧失对前手的追索权，但不丧失对出票人的权利
受理承兑	付款人应当自收到提示承兑的汇票之日起**3日内**承兑或拒绝承兑；3日内不作承兑表示的，视为拒绝承兑
承兑记载事项	必须记载事项	"**承兑**"字样（写在汇票**正面**）和**承兑人**签章
	相对记载事项	承兑日期（未记载承兑日期的，以3日承兑期的最后一日为承兑日期）
附条件承兑	**付款人承兑汇票，不得附有条件**；承兑附有条件的，视为拒绝承兑
承兑效力	承兑人必须向汇票上一切权利人**无条件地支付**汇票上的金额，承担到期付款的责任，这是一种绝对责任，这种责任不因权利人未在法定期限提示付款而解除

习题23 〔单项选择题〕 根据支付结算法律制度的规定，持票人取得的下列票据中，须向付款人提示承兑的是（　　）。

A. 丙公司取得的由P银行签发的一张银行本票

B. 戊公司向Q银行申请签发的一张银行汇票

C. 乙公司收到的由甲公司签发的一张支票

D. 丁公司收到的一张见票后定期付款的商业汇票

习题24 〔判断题〕 付款人对银行承兑汇票可以附条件承兑。（　　）

（四）保证

1. 保证人

项目	具　体　内　容
必备条件	保证人是票据债务人以外的人
绝对禁止	**国家机关**、**以公益为目的的事业单位**、**社会团体**等作为票据保证人的，票据保证无效
相对禁止	经**国务院批准**为使用外国政府或国际经济组织贷款的，**国家机关**提供的保证**有效**
	企业法人的**分支机构**在书面授权范围内提供的票据保证**有效**

2. 保证的记载事项

事项类型	具体内容	
必须记载事项	"保证"字样、保证人签章	
相对记载事项	保证人的住所	未记载保证人住所的,以保证人的<u>营业场所</u>、<u>住所地</u>、<u>经常居住地</u>为保证人住所
	被保证人的名称	未记载被保证人名称的,已承兑的汇票以<u>承兑人</u>为被保证人;未承兑的汇票以<u>出票人</u>为被保证人
	保证日期	未记载保证日期的,以<u>出票日期</u>为保证日期

相关日期总结如下。

出票日期	绝对事项
付款日期	相对事项(未记载的,视为<u>见票即付</u>)
背书日期	相对事项(未记载的,视为汇票到<u>期日前背书</u>)
承兑日期	相对事项(未记载的,以承兑人收到汇票之日起的<u>第3日</u>为承兑日期)
保证日期	相对事项(未记载的,以<u>出票日期</u>为保证日期)

3. 附条件保证

附条件情况	具体规定
保证不得附有条件	保证附有条件的,不影响对票据的保证责任,所附条件无效,保证有效
背书不得附有条件	背书附有条件的,所附条件不具有票据上的效力,背书依然有效
承兑不得附有条件	承兑附有条件的,视为拒绝承兑

4. 保证责任和效力

<u>保证人</u>应当与<u>被保证人</u>对持票人承担<u>连带责任</u>。保证人为两人以上的,<u>保证人之间承担连带责任</u>。

保证人清偿票据债务后,可以行使持票人对被保证人及其前手的追索权。

习题25 **多项选择题** 根据规定,票据或粘单未记载下列事项,保证人仍需承担保证责任的有( )。

A. 保证人签章　　B. 保证日期　　C. 被保证人名称　　D. "保证"字样

习题26 **多项选择题** 根据支付结算法律制度的规定,下列关于票据保证责任的表述中,正确的有( )。

A. 保证人与被保证人对持票人承担连带责任

B. 保证附有条件的,影响对票据的保证责任

C. 票据到期后得不到付款的,持票人向保证人请求付款,保证人应当足额付款

D. 保证人为两人以上的,保证人之间承担连带责任

习题27 (单项选择题) 根据支付结算法律制度的规定，下列表述中，正确的是（　　）。

A. 背书未记载背书日期，背书无效

B. 承兑未记载承兑日期，承兑无效

C. 保证未记载保证日期，保证无效

D. 出票人未记载出票日期，票据无效

习题28 (多项选择题) 关于票据保证的下列表述中，正确的有（　　）。

A. 票据上未记载保证日期的，被保证人的背书日期为保证日期

B. 保证人未在票据或粘单上记载被保证人名称的已承兑票据，承兑人为被保证人

C. 保证人为两人以上的，保证人之间承担连带责任

D. 保证人清偿票据债务后，可以对被保证人及其前手行使追索权

五、票据丧失的补救措施

票据丧失是指票据因灭失（如不慎被烧毁）、遗失（如不慎丢失）、被盗等原因而使票据权利人脱离对票据的占有。票据丧失的补救措施包括挂失止付、公示催告和普通诉讼三种形式。

（一）挂失止付

项　目	具　体　规　定
概念	票据的<u>付款人或代理付款人</u>审查情况后<u>暂停</u>对该票据的支付
性质	挂失止付<u>不是</u>丧失票据后采取的<u>必经措施</u>，而是一种暂时的预防措施
可以挂失止付的票据种类	只有确定付款人或代理付款人的票据丧失时才能挂失止付 （1）<u>已承兑的商业汇票</u> （2）<u>支票</u> （3）<u>填明"现金"字样</u>的银行汇票 （4）<u>填明"现金"字样</u>的银行本票
止付期限	付款人或代理付款人自收到挂失止付通知书之日起<u>12日内</u>没有收到人民法院的止付通知书的，自<u>第13日起</u>，<u>不再承担止付责任</u>，可依法向持票人付款

（二）公示催告

公示催告是指丢失票据的权利人向<u>法院</u>申请，由法院以公告方式通知<u>不确定的利害关系人</u>在规定的期限内向法院申报票据权利，逾期无申报者，由法院通过<u>除权判决</u>宣告所丧失的票据无效的一种程序。公示催告的具体流程及相关规定如下。

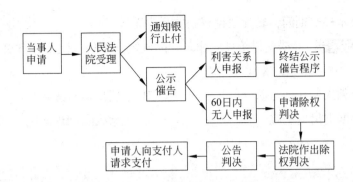

项　目	具　体　规　定
申请人	申请公示催告的主体**必须**是可以背书转让的票据的**最后持票人**
程序	失票人应当在通知挂失止付后的 **3 日内**，也可以在**票据丧失后**，直接向**票据支付地**人民法院申请公示催告。挂失止付不是公示催告的必经程序
公告	（1）公告应当同日在**全国性的报刊媒体**、**人民法院公告栏**、证券交易所（如果有）公布 （2）公告期间不得少于 **60 日**，且公示催告期间届满日**不得早于票据付款日后 15 日** （3）在公告期间，转让票据权利的行为无效
判决	利害关系人因正当理由不能在判决前向人民法院申报的，自判决公告之日起 **1 年内**可向作出判决的人民法院起诉

（三）普通诉讼

普通诉讼是以丧失票据的人为原告，以**承兑人或出票人为被告**，请求人民法院判决向失票人付款的诉讼活动。

如果票据上的利害关系人是明确的，无须公示催告，可按一般的票据纠纷向法院提起诉讼。简单来说，普通诉讼的利害关系人是明确的，公示催告的利害关系人是不明确的。

习题 29 〔多项选择题〕下列选项所述票据丢失后，可以挂失止付的有（　　）。
A. 未承兑的商业汇票　　　　　　B. 转账支票
C. 现金支票　　　　　　　　　　D. 填明"现金"字样的银行本票

习题 30 〔判断题〕挂失止付是票据丧失后采取的必经措施。（　　）

习题 31 〔多项选择题〕下列关于票据权利丧失补救的表述中，正确的有（　　）。
A. 办理挂失止付应有确定的付款人，因此未填明代理付款人的银行汇票不得挂失止付
B. 银行网点营业时间终止后，因为紧急情况可以到该银行网点负责人的家中提示付款
C. 公示催告可以在当地影响力较大的晚报上刊发

D. 公示催告期间，转让票据权利的行为无效

习题32 (单项选择题) 根据支付结算法律制度的规定，下列法院中，有权受理票据失票人公示催告申请的是（　　）。

A. 收款人所在地法院　　　　　　B. 票据出票地法院
C. 票据支付地法院　　　　　　　D. 失票人所在地法院

六、支票

（一）概念

支票是出票人签发的、<u>委托</u>办理支票存款业务的<u>银行</u>在<u>见票时</u>无条件支付确定的金额给收款人或者持票人的票据。

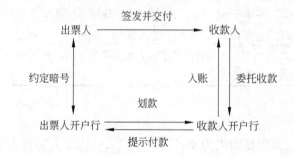

（二）分类

种　类		特　点	用　途	能否背书转让、委托收款
现金支票		印有"现金"字样	只能用于支取现金	√
转账支票		印有"转账"字样	只能用于转账	×
普通支票	一般情况	未印有"现金""转账"字样	可支取现金，也可用于转账	×
	划线支票	左上角划两条平行线	只能用于转账，<u>不能支取现金</u>	×

（三）相关规定

（1）<u>单位和个人</u>在同一票据交换区域内的各种款项结算，均可以使用支票。

（2）全国支票影像系统支持支票在<u>全国</u>使用。

（3）支票没有金额限制，但签发支票的金额不得超过<u>付款时</u>在付款人处实有的金额，如果超过则为空头支票。禁止签发空头支票，出票人签发空头支票的，开户银行应予以<u>退票</u>。屡次签发空头支票的，银行有权<u>停止</u>为其办理支票或全部支付结算业务。

（4）出票人可以在支票上<u>记载自己为收款人</u>。

（5）出票人签发**空头支票**、**签章与预留银行签章不符的支票**、**支付密码错误的支票**，由**中国人民银行**按票面金额处以 **5%** 但不低于 **1 000** 元的罚款；**持票人**有权要求出票人赔偿支票金额 **2%** 的赔偿金。

（6）提示付款。

种 类	是否可以委托开户银行收款	是否可以直接向付款人提示付款	是否需要填制进账单	是否需要提供营业执照
转账支票	√	√	√	×
现金支票	×	√	×	×

【注意】支票的提示**付款期限**为自**出票日起 10 日**。

习题 33 多项选择题 根据支付结算法律制度的规定，支票可以分为（　　）。

　　A. 现金支票　　B. 转账支票　　C. 普通支票　　D. 划线支票

习题 34 多项选择题 根据支付结算法律制度的规定，下列各项中，可用于转账的有（　　）。

　　A. 现金支票　　B. 转账支票　　C. 普通支票　　D. 划线支票

习题 35 单项选择题 甲公司委托开户银行收款时，发现其持有的由乙公司签发金额为 10 万元的转账支票为空头支票。根据《支付结算办法》的规定，甲公司有权要求乙公司支付赔偿金的数额是（　　）元。

　　A. 5 000　　B. 3 000　　C. 2 000　　D. 1 000

习题 36 多项选择题 根据支付结算法律制度的规定，下列关于支票的表述中，正确的有（　　）。

　　A. 出票人签发的支票金额不得超过其付款时在付款人处实有的存款金额

　　B. 出票人不得签发与其预留银行签章不符的支票

　　C. 支票上未记载付款行名称的，支票无效

　　D. 出票人不得在支票上记载自己为收款人

习题 37 多项选择题 根据支付结算法律制度的规定，下列各项关于支票提示付款的说法中，正确的是（　　）。

　　A. 转账支票提示付款日期为出票日起 1 个月

　　B. 出票人记载自己为收款人，提示付款不予受理

　　C. 支票未记载收款人名称，可以提示付款

　　D. 现金支票仅限于收款人向付款人提示付款

习题 38 判断题 单位或个人签发空头支票的，由其开户银行处以罚款。（　　）

习题 39 单项选择题 2022 年 12 月 10 日，张某持甲公司签发的一张金额为 10 万元的

现金支票到 P 银行提示付款。甲公司当日在 P 银行存款余额为 8 万元，后于 12 月 14 日存入 3 万元。下列做法中，P 银行应采用的是（　　）。

A. 12 月 10 日向张某付款 10 万元

B. 12 月 10 日向张某付款 8 万元，12 月 14 日付款 2 万元

C. 12 月 10 日受理支票，12 月 14 日向张某付款 10 万元

D. 12 月 10 日向张某出具退票理由书并退回支票

习题 40（多项选择题）郭某持一张现金支票到付款银行提示付款，应当办理的手续有（　　）。

A. 填制进账单

B. 向银行交验本人身份证件

C. 在支票背面注明身份证件名称、号码及发证机关

D. 在支票背面"收款人签章"处签章

七、商业汇票

（一）概念

商业汇票是指出票人签发的，<u>**委托**</u>付款人在<u>**指定日期**</u>无条件支付确定金额给收款人或者持票人的票据。

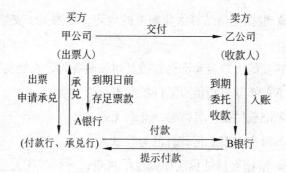

（二）分类

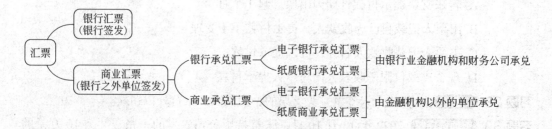

拓展阅读   **重点票据的区分**

1. 银行汇票和银行承兑汇票的区别

（1）出票人不同。银行汇票的出票人是银行，见面即付款。银行承兑汇票的出票人是商业主体，需要承兑才付款。

（2）支付方式不同。银行汇票是付款人先把钱存入银行，付款人存入多少银行就支付多少。银行承兑汇票是即使付款人存入的钱不足以支付票面金额，银行也会先对收款人足额支付，再向付款人追偿。对企业来说，收到银行承兑汇票，就如同收到了现金。

2. 银行汇票和银行本票的区别

银行汇票和银行本票虽然都是银行签发的，但是他们有本质上的区别。

（1）适用地域不同。银行汇票主要用于异地结算，同城也可以用。银行本票只用于同城结算。

（2）付款行不同。银行汇票的付款行通常是本系统或他系统的异地他行。银行本票是谁开谁付。

（3）开票原因不同。银行汇票是汇款人先将钱存入银行，银行只是帮助其汇款，属于中间业务。银行本票是银行对收款人或持票人的负债。

3. 商业承兑汇票

商业承兑汇票是由银行以外的付款人承兑的汇票，商业承兑汇票按交易双方约定，由销货企业或购货企业签发，但由购货企业（付款人）承兑。也就是说，商业承兑汇票可以由付款人签发并承兑，也可以由收款人签发交由付款人承兑。在商品交易中，销货人向购货人索取货款的汇票时，存款人必须在汇票的正面签"承兑"字样，加盖银行预留印鉴。在汇票到期前，付款人应向开户银行交足票款。汇票到期，若付款人账户不足支付，开户银行将汇票退收款人，由收、付双方自行解决。由于市场经济所需的信用体系在我国尚未完全建立，商业承兑汇票的使用范围并不广泛，经济生活中大量使用的是银行承兑汇票。

习题41 **单项选择题** 根据票据法律制度的规定，以下票据的付款人不是银行的是（　　）。

A. 支票   B. 商业承兑汇票
C. 本票   D. 银行汇票

习题42 **判断题** 银行承兑汇票由承兑银行签发。（　　）

习题43 **多项选择题** 根据支付结算法律制度的规定，下列票据中，出票人是银行的有（　　）。

A. 商业汇票　　　　B. 银行汇票　　　　C. 本票　　　　D. 支票

习题 44 （单项选择题）2022 年 12 月 13 日，乙公司持一张汇票向承兑银行 P 银行提示付款，该汇票出票人为甲公司，金额为 100 万元，到期日为 2022 年 12 月 12 日。经核实，甲公司当日在 P 银行的存款账户余额为 10 万元。关于 P 银行对该汇票处理措施的下列表述中，符合法律规定的是（　　）。

A. P 银行待甲公司票款足额到账后向乙公司付款 100 万元

B. P 银行当日向乙公司付款 100 万元

C. P 银行向乙公司出具拒绝付款证明，不予付款

D. P 银行当日向乙公司付款 10 万元

（三）出票

票 据 类 型	开 票 条 件
纸质商业汇票	（1）在（承兑）银行开立存款账户 （2）与付款人（承兑银行）具有真实的委托付款关系 （3）有支付汇票金额的可靠资金来源
电子商业汇票	（1）具备签约开办对公业务的企业网银等电子服务渠道 （2）与银行签订《电子商业汇票业务服务协议》

【注意】（1）个人不能使用商业汇票，必须是单位使用商业汇票

（2）支票、本票、银行汇票，单位和个人均可使用

（四）电子商业汇票的使用

（1）相对强制。单张出票金额在 100 万元以上的原则上全部通过电子商业汇票办理。

（2）绝对强制。单张出票金额在 300 万元以上的必须全部通过电子商业汇票办理。

（3）在线审核。资信良好的企业、电子商务企业申请电子商业汇票承兑的，金融机构可在线审核相关信息。

（4）信息同步。电子商业汇票签发、承兑、质押、保证、贴现等信息应当通过电子商业汇票系统同步传送至票据市场基础设施。

（五）银行承兑汇票特别规定

（1）承兑银行应按市场调节价向出票人收取承兑手续费，银行有权决定免收。

（2）出票人应于汇票到期日前将票款足额交存其开户银行。未能足额交存票款的，承兑银行仍应向持票人无条件付款，但对出票人尚未支付的汇票金额按照每天万分之五（0.5‰）计收利息。

（3）提示付款指令于中午 **12：00 前**发出，承兑人应在**当日**付款或拒绝付款；提示付款指令于中午 **12：00 后**发出，承兑人应在**当日、至迟次日**付款或拒绝付款。

习题 45 （多项选择题）出票人办理电子商业汇票业务，应同时具备（　　）等条件。

　　A. 签约开办对公业务的企业网银等电子服务渠道

　　B. 与银行签订《电子商业汇票业务服务协议》

　　C. 与付款人具有真实的委托付款关系

　　D. 有支付汇票金额的资金

习题 46 （判断题）某人开出一张 500 万元的纸质商业汇票，该做法符合法律规定。（　　）

习题 47 （单项选择题）2022 年 12 月 25 日，P 银行支付一张由其承兑的到期汇票款项 100 万元，当日出票人乙公司在 P 银行存款为 40 万元。P 银行为乙公司垫付资金当日应计收的利息是（　　）元。

　　A. 300　　　　　B. 500　　　　　C. 0　　　　　D. 200

习题 48 （判断题）甲公司为支付货款向乙公司签发一张 500 万元的纸质商业汇票，该做法符合法律规定。（　　）

习题 49 （判断题）商业承兑汇票可以由付款人签发并承兑，也可以由收款人签发交由付款人承兑。（　　）

（六）商业汇票的信息披露

（1）首次披露时间：承兑人应当于承兑完成日次 **1 个工作日内**，在中国人民银行认可的票据信息披露平台披露每张票据的承兑相关信息。

（2）持续披露时间：承兑人应当于**每月前 10 日内**披露承兑信用信息。

（七）商业汇票的贴现

1. 概念

商业汇票的贴现是指持票人（贴现申请人）在票据**到期日**前，将票据权利**背书转让给金融机构**，由其**扣除一定利息后**，将约定金额支付给持票人的票据行为。

> **注意**
> （1）银行汇票、支票、本票等见票即付的票据无须且不能办理贴现。
> （2）贴现到期，贴现银行不能从付款人处收取票款的，贴现银行可向其前手追索票款，也可从申请人的存款账户直接收取票款。

2. 贴现条件

商业汇票的贴现需要满足以下条件。

（1）票据未到期。

（2）票据未记载"不得转让"事项。

（3）申请贴现人是在银行开立存款账户的企业法人以及其他组织。

（4）申请贴现人与出票人或者直接前手之间具有真实的商品交易关系。

> **注意** 无须提供发票、合同、发运单据复印件等材料。

3. 贴现必须记载事项

贴现必须记载贴出人名称、贴入人名称、贴现日期、贴现类型、贴现利率、实付金额、贴出人签章。

4. 贴现的计算

实付贴现金额＝票面金额 － 贴现利息

贴现利息＝票面金额 × 日贴现率 × 贴现期限

日贴现率＝年贴现率÷360

式中，贴现期限＝贴现之日起至汇票到期日前1日的天数。

> **注意** 纸质商业汇票的承兑人在异地的，贴现期限另加3天。电子商业汇票贴现期限不存在异地另加3天的问题。

习题50 (单项选择题) 根据支付法律制度的规定，下列票据中，可以办理贴现的是（　　）。

A. 银行承兑汇票　　B. 银行汇票　　C. 转账支票　　D. 银行本票

习题51 (多项选择题) 关于商业汇票贴现的下列表述中，正确的有（　　）。

A. 贴现是一种非票据转让行为

B. 贴现申请人与出票人或直接前手之间具有真实的商品交易关系

C. 贴现申请人是在银行开立存款账户的企业法人以及其他组织

D. 贴现到期不付款的，贴现银行可从贴现申请人的存款账户直接收取票款

习题52 (单项选择题) 乙公司为支付甲公司货款，向其签发一张到期日为10月31日的商业承兑汇票，由异城的丙公司承兑。10月10日，甲公司持该汇票到A银行办理贴现，下列有关贴现利息的计算中，正确的是（　　）。

A. 票面金额 × 年利率 × 汇票到期前1日至贴现日天数＝贴现利息

B. 票面金额 × 日利率 × 汇票到期前1日至贴现日天数＝贴现利息

C. 票面金额 × 日利率 ×（汇票到期前1日至贴现日天数＋3）＝贴现利息

D. 票面金额 × 年利率 ×（汇票到期前1日至贴现日天数＋3）＝贴现利息

第五章 支付结算法律制度

习题 53 （单项选择题）甲公司向乙企业购买一批原材料，开出票面金额为 30 万元的银行承兑汇票。出票日期为 2 月 10 日，到期日为 5 月 10 日。4 月 6 日，乙企业持此汇票及有关发票、单据向银行办理了贴现。已知同期银行年贴现率为 3.6%，一年按 360 天计算，贴现银行与承兑银行在同一城市。根据票据法有关规定，银行实付乙企业贴现金额为（　　）元。

A. 301 680　　　　B. 298 980　　　　C. 298 950　　　　D. 298 320

八、银行汇票

（一）概念

银行汇票是付款方申请出票银行签发，由其在见票时由出票银行按照**实际结算金额**（不是票面金额）无条件支付给收款人或持票人的票据。银行汇票的使用流程如下。

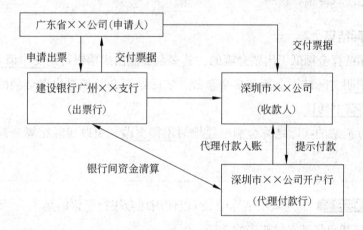

（二）具体使用规定

（1）银行汇票可用于转账，填明"**现金**"字样的银行汇票也可以支取现金。签发"现金"字样的银行汇票，<u>申请人和收款人必须均为个人</u>。

（2）<u>单位和个人</u>的各种款项结算，均可使用银行汇票。

（3）未在银行开立存款账户的个人银行汇票持票人可向<u>任何</u>一家银行机构提示付款。

（4）申请人填写"银行汇票申请书"，出票银行<u>收妥款项后</u>签发银行汇票，并将<u>银行汇票和解讫通知</u>一并交给申请人，申请人应将<u>银行汇票和解讫通知</u>一并交付给汇票上的收款人。持票人向银行提示付款时，须<u>同时提交银行汇票和解讫通知</u>，缺少任何一联，银行不予受理。

（5）申请人要求退款时，<u>应将银行汇票和解讫通知</u>同时提交到出票银行，缺少解讫通知要求退款的，出票银行应于银行汇票提示付款期满 <u>1 个月</u> 后办理。<u>转账</u>银行汇票的退款资金<u>只能转入原申请人账户</u>；<u>现金</u>银行汇票的退款资金可以退付<u>现金</u>。

拓展阅读　　　　　　　　　　解 讫 通 知

"解"，在银行里是"调拨""划转"的意思；"讫"是"完结"的意思。解讫通知是银行通知某项票据结算完成的单据。例如，某银行汇票办理时为 100 万元，实际结算时只有 90 万元，余下的 10 万元在外地某单位，在规定的时间内外地银行将余款打回企业开户银行，银行则会给企业一个收款的结算票据，银行在"解讫通知"进账单上加盖了"业务讫"章，说明汇票金额已经转到该企业账户。企业将上次办理的银行汇票在账务上处理完成，便是解讫，银行提供的结算单据就是解讫通知。

解讫通知不是票据，没有价值，不能转让，单独持有解讫通知并不代表持有人享有票据权利，不具有财产权性质。汇票可以背书转让，但是解讫通知不能背书转让，即使受让也无法取得票据权利。

（三）实际结算金额

（1）实际结算金额<u>低于</u>出票金额的，其多余金额由出票银行<u>退交申请人</u>。

（2）<u>未填明</u>实际结算金额和多余金额、实际结算金额<u>超过</u>出票金额的，银行<u>不予受理</u>，也<u>不得背书转让</u>。

（3）银行汇票的实际结算金额一经填写<u>不得更改</u>，更改实际结算金额的银行汇票无效。

习题 54 **单项选择题** 下列款项结算中，可以使用现金银行汇票的是（　　）。

　　A. 赵某向张某支付购房款 20 万元

　　B. 丙公司向刘某支付劳务费 15 万元

　　C. 孙某向戊公司支付装修款 15 万元

　　D. 甲公司向乙公司支付材料款 20 万元

习题 55 **单项选择题** 关于银行汇票，下列表述不正确的是（　　）。

　　A. 签发现金银行汇票，申请人和收款人都必须是个人

　　B. 出票银行收妥款项后签发银行汇票，只需将银行汇票联交给申请人

　　C. 银行汇票应在出票金额内按实际计算金额办理结算

　　D. 银行汇票的实际结算金额不得更改，更改实际结算金额的银行汇票无效

习题 56 **判断题** 未填写实际结算金额的银行汇票不得背书转让。（　　）

习题 57 **判断题** 申请人缺少解讫通知要求退款的，出票银行应于银行汇票提示付款期

满 1 个月后办理。（　　）

习题 58 〖判断题〗 5 月 15 日，甲公司向 A 厂购买一批原材料，财务部向丙银行提出申请并由丙银行为其签发了一张价值 80 万元、收款人为 A 厂的银行汇票。由于物价上涨等因素，该批材料实际计算金额为 88 万元，A 厂按实填写了结算金额并在汇票上签章。A 厂在 6 月 10 日向丙银行提示付款，被拒绝受理，丙银行拒绝受理 A 厂的提示付款请求是正确的。（　　）

习题 59 〖多项选择题〗 侯某向 P 银行申请签发一张收款人为甲公司、金额为 50 万元的银行汇票。下列做法中符合法律规定的有（　　）。

A. 侯某填写"银行汇票申请书"

B. P 银行将银行汇票和解讫通知一并交付侯某

C. P 银行先收妥侯某 50 万元款项，再签发银行汇票

D. 侯某申请签发现金银行汇票

九、银行本票

（1）银行本票是<u>银行签发</u>的，<u>承诺自己</u>在见票时无条件支付确定的金额给收款人或者持票人的票据。银行本票的基本当事人只有出票人和收款人。

（2）银行本票可用于转账，填明"现金"字样的银行本票也可以支取现金。签发"现金"字样的银本汇票，<u>申请人和收款人必须均为个人</u>。

（3）<u>单位和个人</u>在<u>同一票据交换区内（只能同城，不能异地使用）</u>的各种款项结算，均可使用银行本票。

（4）出票银行受理"银行本票申请书"，收妥款项，签发银行本票交给申请人；申请人应将银行本票交付给本票上记明的收款人。

（5）发生退款的，对在本行<u>开立存款账户</u>的申请人，只能将款项转入<u>原申请人账户</u>；对<u>现金</u>银行本票和<u>未在本行开立存款账户</u>的申请人，才能<u>退付现金</u>。

习题 60 〖判断题〗 甲公司向开户银行 P 银行申请签发的本票超过提示付款期限后，甲公司申请退款，P 银行只能将款项转入甲公司的账户，不能退付现金。（　　）

习题 61 〖单项选择题〗 关于银行本票使用的下列表述中，不正确的是（　　）。

A. 银行本票的出票人在持票人提示见票时，必须承担付款的责任

B. 注明"现金"字样的银行本票可以用于支取现金

C. 银行本票只限于单位使用，个人不得使用

D. 收款人可以将转账银行本票背书转让给被背书人

十、票据时间规定

（一）关于承兑期限、提示付款期、权利时效的时间规定

票据种类		提示承兑期限	提示付款期限	票据权利时效
商业汇票	见票即付	无须提示承兑	出票日起1个月	出票日起2年
	定日付款	到期日前提示承兑	到期日起10日	到期日起2年
	出票后定期付款			
	见票后定期付款	出票日起1个月		
银行汇票（见票即付）		无须提示承兑	出票日起1个月	出票日起2年
银行本票（见票即付）		无须提示承兑	出票日起2个月	出票日起2年
支票（见票即付）		无须提示承兑	出票日起10日	出票日起6个月

（二）关于付款期限、追索权的时间规定

具体情形		相关时间规定
商业汇票的付款期限	纸质商业汇票	出票日起不超过6个月
	电子商业汇票	出票日起不超过1年
前手追索权		被拒绝承兑或者被拒绝付款之日6个月
前手再追索权		自清偿或者被提起诉讼之日3个月

（三）未遵守相关时间的法律后果

持票人未按规定期限提示承兑、未按规定期限提示付款、未取得追索权拒绝证明的，付款人（开户银行）可对其不予受理、不予付款，持票人丧失对前手的追索权，但是出票人和承兑人仍应当对持票人承担付款责任。

习题62 **单项选择题** 郑某持有一张出票日期为2022年12月14日的现金支票。下列日期中，郑某提示付款时银行有权拒绝付款的是（   ）。

A. 2022年12月23日　　　　　　　B. 2022年12月18日
C. 2022年12月14日　　　　　　　D. 2023年1月14日

习题63 **单项选择题** 根据支付结算法律制度的规定，电子承兑汇票的付款期限自出票日至到期日不能超过一定期限，该期限为（   ）。

A. 1年　　　B. 3个月　　　C. 2年　　　D. 6个月

第五章 支付结算法律制度

习题 64 【单项选择题】持票人取得的下列票据中,须向付款人提示承兑的是( )。

A. 戊公司向 Q 银行申请签发的一张银行汇票

B. 丙公司取得的由 P 银行签发的一张银行本票

C. 丁公司收到的一张见票后定期付款的商业汇票

D. 乙公司收到的由甲公司签发的一张支票

习题 65 【多项选择题】下列关于商业汇票提示承兑期限的表述中,符合规定的有( )。

A. 商业汇票的提示承兑期限为自汇票到期日起 10 日内

B. 定日付款的商业汇票,持票人应该在汇票到期日前提示承兑

C. 出票后定期付款的商业汇票,提示承兑期限为自出票日起 1 个月

D. 见票后定期付款的商业汇票,持票人应该自出票日起 1 个月内提示承兑

习题 66 【多项选择题】根据支付结算法律制度的规定,下列关于票据权利时效的表述中,正确的有( )。

A. 持票人对前手的追索权时效为自被拒绝承兑或者拒绝付款之日起 6 个月

B. 持票人对银行汇票出票人的权利时效为自出票日起 1 年

C. 持票人对商业汇票承兑人的权利时效为自票据到期日起 1 年

D. 持票人对支票出票人的权利时效为自出票日起 6 个月

习题 67 【单项选择题】甲公司将一张商业承兑汇票背书转让给乙公司,乙公司于汇票到期日 2022 年 5 月 10 日向付款人请求付款时遭到拒绝,乙公司向甲公司行使追索权的最后日期为( )。

A. 2022 年 8 月 10 日　　　　　B. 2022 年 11 月 10 日

C. 2022 年 10 月 10 日　　　　　D. 2022 年 6 月 10 日

习题 68 【多项选择题】2022 年 2 月 18 日,甲公司签发一张转账支票交付乙公司,乙公司于 2 月 20 日将该支票背书转让给丙公司,丙公司于 3 月 3 日向甲公司开户银行 P 银行提示付款,P 银行拒绝付款,关于丙公司行使票据权利的下列表述中,正确的有( )。

A. 丙公司有权向乙公司行使追索权

B. 丙公司有权向 P 银行行使追索权

C. P 银行有权拒绝付款

D. 丙公司有权向甲公司行使追索权

习题 69 【单项选择题】甲公司为支付货款,于 6 月 7 日向开户银行 A 银行申请签发了一张银行本票,并交付给乙公司,8 月 9 日,乙公司持该本票委托自己的开户银行 B 银行收款,被拒绝,则下列说法中正确的是( )。

A. 乙公司可以向甲公司追索

B. 乙公司可以向B银行追索

C. 乙公司可以向A银行追索

D. 乙公司未在规定期限内提示付款,票据权利消灭

习题70 多项选择题 2022年12月15日,甲公司收到乙公司向其提示承兑的一张见票后定期付款的纸质商业承兑汇票。甲公司的下列做法中,符合法律规定的有( )。

A. 在汇票正面记载"承兑"字样并签章

B. 在汇票上记载付款日期为2024年12月15日

C. 在汇票上记载承兑日期为2022年12月16日

D. 向乙公司签发收到汇票的回单

习题71 单项选择题 2022年6月5日,A公司向B公司开具一张金额为5万元的支票,B公司将支票背书转让给C公司。6月12日,C公司请求付款银行付款时,银行以A公司账户内只有5 000元为由拒绝付款。C公司遂要求B公司付款,B公司于6月15日向C公司付清了全部款项。根据票据法律制度的规定,B公司向A公司行使再追索权的期限为( )。

A. 2022年6月25日之前　　　　B. 2022年8月15日之前

C. 2022年9月15日之前　　　　D. 2022年12月5日之前

知识点五　其他非票据结算方式

一、汇兑

项　目	具体规定
概念	汇兑是汇款人委托银行将其款项支付给收款人的结算方式
分类	信汇(邮寄方式)和电汇(电报方式)
范围	单位和个人各种款项的结算,均可使用汇兑结算方式
单据	<u>汇款回单</u>:只能作为<u>汇出银行受理汇款的依据</u> <u>收账通知</u>:<u>款项已经转入收款人账户</u>的证明
撤销	汇出银行尚未汇出款项
退汇	汇出银行<u>已经汇出款项</u>、收款人<u>拒绝接受汇款</u>、收款人**2个月内不接受汇款**
起限	汇兑没有金额起点的限制

习题1 单项选择题 5月20日,甲报社以汇兑方式向李某支付稿费2 000元。下列

情形中，甲报社可以申请撤销汇款的是（　　）。

A. 银行已经汇出但李某尚未领取　　B. 银行尚未汇出

C. 银行已向李某发出收账通知　　　D. 拒绝领取

习题 2　**单项选择题**　根据支付结算法律制度的规定，下列关于汇兑业务办理的表述中，正确的是（　　）。

A. 汇兑凭证记载的汇款人、收款人在银行开立存款账户的，必须记载其账号

B. 汇入银行发出的收账通知不能作为银行将款项转入收款人账户的凭证

C. 汇出银行签发的汇款回单，不能作为汇出银行受理汇款的依据

D. 汇出银行签发的汇款回单，可以作为该笔汇款已转入收款人账户的证明

二、委托收款

项目		具 体 规 定
概念		委托收款是指收款人委托银行向付款人收取款项的结算方式
范围		委托收款在<u>同城</u>、<u>异地</u>均可以使用；<u>单位和个人</u>凭已承兑的商业汇票、债券、存单等<u>债务证明</u>，均可使用委托收款结算方式
付款人	<u>非银行单位</u>	（1）必须记载付款人开户行名称 （2）付款人应于接到通知<u>当日</u>书面<u>通知</u>银行付款；付款人未在收到通知日的<u>次日起 3 日内</u>通知银行付款的，视为同意付款 （3）付款人账户不能足额支付的，应向收款人发出"未付款项通知书"
	<u>银行</u>	银行应在<u>当日</u>将款项主动<u>支付</u>给收款人
收款人		<u>有</u>银行账户的单位、个人，必须记载收款人开户银行名称
		<u>没有</u>银行账户的个人，必须记载被委托银行名称

习题 3　**多项选择题**　下列债务证明中，办理款项结算可以使用委托收款结算方式的有（　　）。

A. 已承兑的商业汇票　　　　　　B. 转账支票

C. 到期的债券　　　　　　　　　D. 到期的存单

习题 4　**多项选择题**　根据支付结算法律制度的规定，关于委托收款结算方式的下列表述，正确的有（　　）。

A. 以银行以外的单位为付款人的，委托收款凭证必须记载付款人开户银行名称

B. 银行在为单位办理划款时，付款人存款账户不足支付的，应通知付款人交足存款

C. 单位凭已承兑的商业汇票办理款项结算，可以使用委托收款结算方式

D. 委托收款仅限于异地使用

习题5 【判断题】委托收款以单位为付款人的，银行收到委托收款凭证及债务证明，审查无误后应于当日将款项主动支付给收款人。（　　）

习题6 【判断题】未在银行开立存款账户的个人，不能办理委托收款业务。（　　）

三、预付卡

（一）概念

预付卡是指发卡机构以盈利为目的，通过特定载体和形式发行的，可在特定商户购买商品或服务的预付凭证。

预付卡以人民币计价，先付费再消费，不具有透支功能，不得用于提现，卡内资金不得向银行账户转移。

举例 手机卡、超市购物卡、餐饮储值卡等。

（二）分类

具体项目	记名预付卡	不记名预付卡
区分标准	记载持卡人身份信息	不记载持卡人身份信息
单张限额	**5 000元**	**1 000元**
挂失	可挂失	不可挂失
赎回	购卡后3个月可赎回	不可赎回
有效期	无	<u>不得低于3年</u>，超期可延期、激活、换卡
提供身份证	需要	一次性购买<u>1万元以上</u>需要
使用信用卡购买及充值	不允许	不允许

（三）现金使用限制

具体用途	主体性质	金额限制	具体规定
一次性购买	单位	5 000元以上（≥5 000元）	禁止使用现金，必须使用转账等非现金方式
	个人	5万元以上（≥5万元）	
一次性充值	单位	5 000元以上（≥5 000元）	
	个人		

（四）发卡机构

（1）发卡机构必须经中国人民银行核准，并取得支付业务许可证。

（2）开立备付金专用存款账户存放预付资金，对客户备付金需 **100%** 集中交存中国人民银行。

习题 7 〔多项选择题〕根据支付结算法律制度的规定，预付卡的下列表述中，正确的有（　　）。

　　A. 单张记名预付卡资金限额不得超过 5 000 元

　　B. 个人购买记名预付卡可不使用实名

　　C. 预付卡以人民币计价，不具有透支功能

　　D. 单张不记名预付卡资金限额不得超过 1 000 元

习题 8 〔单项选择题〕关于预付卡使用的下列表述中，正确的是（　　）。

　　A. 可在发卡机构签约的特约商户中使用

　　B. 可向银行账户转移卡内资金

　　C. 可用于提取现金

　　D. 可用于购买非本发卡机构发行的预付卡

习题 9 〔多项选择题〕王某一次性购买 6 万元的预付卡，王某不得使用的有（　　）。

　　A. 转账支票　　　B. 现金　　　C. 信用卡　　　D. 借记卡

习题 10 〔多项选择题〕郑某个人一次性购买不记名预付卡 2 000 元，一次性充值记名预付卡 3 000 元，下列表述中，符合法律规定的有（　　）。

　　A. 郑某可以使用信用卡购买预付卡

　　B. 郑某可以使用现金 3 000 元为预付卡充值

　　C. 郑某购买预付卡时应提供有效身份证件

　　D. 郑某可以使用现金 2 000 元购买不记名预付卡

习题 11 〔单项选择题〕张某购买的一张不记名预付卡已超过有效期，但尚有资金余额。下列表述中正确的是（　　）。

　　A. 张某可申请将卡内资金余额划转银行卡

　　B. 可通过延期、激活、换卡方式继续使用

　　C. 充值后方可继续使用

　　D. 张某可申请将卡内资金余额提取现金

本 章 练 习

一、单项选择题

1. 根据支付结算法律制度的规定,对于应撤销而未办理销户手续的单位银行结算账户,银行通知该账户的存款人在法定期限内办理销户手续,逾期视同自愿销户,该期限是(　　)。

   A. 自银行发出通知之日起 30 日内

   B. 自银行发出通知之日起 10 日内

   C. 自银行发出通知之日起 2 日内

   D. 自银行发出通知之日起 5 日内

2. 根据支付结算法律制度的规定,下列首次申请开立单位银行结算账户的存款人中,不应开立基本存款账户的是(　　)。

   A. 丙学校　　　　　　　　　　B. 甲电影公司临时摄制组

   C. 丁居民委员会　　　　　　　D. 乙公司

3. 根据支付结算法律制度的规定,下列各项业务中,不得通过预算单位零余额账户办理的是(　　)。

   A. 划拨本单位工会经费　　　　B. 向所属下级单位账户划拨资金

   C. 转账　　　　　　　　　　　D. 提取现金

4. 根据支付结算法律制度的规定,临时存款账户的有效期最长不得超过一定期限,该期限为(　　)年。

   A. 1　　　　B. 10　　　　C. 5　　　　D. 2

5. 张某在 P 银行申领一张信用卡,并被授权办理预借现金业务。下列关于张某信用卡预借现金业务的表述中,正确的是(　　)。

   A. 张某通过 P 银行柜面提取信用卡预借现金的限额由双方协议约定

   B. P 银行可将张某信用卡预借现金额度内资金划转至张某其他信用卡

   C. P 银行可将张某信用卡预借现金额度内资金划转至他人的支付账户

   D. 张某使用信用卡预借现金不得通过 ATM 机提取

6. 根据支付结算法律制度的规定,下列不属于网络支付的是(　　)。

   A. 货币汇兑　　　　　　　　　B. 移动电话支付

   C. 固定电话支付　　　　　　　D. 条码支付

7. 根据支付结算法律制度的规定,关于票据追索权的下列表述中,不正确的是(　　)。

   A. 持票人不得在票据到期前行使追索权

B. 追索权是第二顺序票据权利

C. 持票人可以不按照票据债务人的先后顺序行使追索权

D. 持票人可以向全体债务人行使追索权

8. 取得票据的下列情形中,享有票据权利的是( )。

A. 甲公司收取货款接受乙公司签发的支票

B. 丙公司以欺诈手段骗取丁公司签发的汇票

C. 张某偷盗一张支票

D. 刘某明知李某诈骗得来的汇票仍接受其背书转让

9. 根据支付结算法律制度的规定,下列事项中,属于汇票任意记载事项的是( )。

A. 保证人在汇票上记载"保证"字样

B. 背书人在汇票上记载被背书人名称

C. 出票人在汇票上记载"不得转让"字样

D. 承兑人在汇票上签章

10. 根据支付结算法律制度的规定,票据凭证不能满足背书人记载事项的需要,可以加附粘单。粘单上的第一记载人,应当在票据和粘单的粘接处签章,该记载人是( )。

A. 粘单上第一手背书的被背书人

B. 粘单上最后一手背书的背书人

C. 粘单上第一手背书的背书人

D. 票据持票人

11. 2021年12月15日,乙公司持一张由甲公司签发、P银行承兑,金额为10万元的到期纸质汇票到银行提示付款。当日甲公司在P银行存款余额为8万元。甲公司于12月18日存入资金2万元。P银行符合法律规定的做法是( )。

A. 12月18日向乙公司付款10万元

B. 12月15日向乙公司付款10万元

C. 12月15日向乙公司付款8万元,12月18日付款2万元

D. 12月15日向乙公司出具拒绝付款证明并退票

12. 根据支付结算法律制度的规定,下列票据行为日期中,必须记载的是( )。

A. 承兑日期   B. 保证日期

C. 出票日期   D. 背书日期

13. 根据支付结算法律制度的规定,下列关于票据保证行为的表述中,正确的是( )。

A. 保证附有条件的,影响对票据的保证责任

B. 保证人在已承兑的票据上未记载被保证人名称的，承兑人为被保证人

C. 社会团体提供票据保证的，票据保证有效

D. 两个人共同在一张票据上提供保证的，票据保证无效

14. 根据支付结算法律制度的规定，失票后持有人可以办理挂失止付的是（　　）。

　　A. 未承兑的商业汇票　　　　　　　B. 支票

　　C. 未填写代理付款行的银行汇票　　D. 转账银行本票

15. 根据支付结算法律制度的规定，下列关于票据权利的表述中，正确的是（　　）。

　　A. 持票人对支票出票人和汇票出票人的票据权利时效相同

　　B. 票据权利包括付款请求权和追索权

　　C. 持票人行使票据权利无地点和时间限制

　　D. 持票人因超过票据权利时效而丧失票据权利的，同时丧失民事权利

16. 甲公司向乙公司签发金额为 200 000 元的支票，用于支付货款，乙公司按期提示付款时被告知甲公司在付款人处实有的存款金额仅为 100 000 元，乙公司有权要求甲公司支付的赔偿金是（　　）。

　　A. 100 000×5% = 5 000（元）

　　B. 100 000×2% = 2 000（元）

　　C. 200 000×5% = 10 000（元）

　　D. 200 000×2% = 4 000（元）

17. 根据支付结算法律制度的规定，下列各项中，可以作为电子银行承兑汇票的承兑人的是（　　）。

　　A. 房地产开发公司　　B. 航空公司　　C. 财务公司　　D. 路桥公司

18. 根据支付结算法律制度的规定，下列关于银行汇票使用的表述中，正确的是（　　）。

　　A. 银行汇票不能用于个人款项结算

　　B. 银行汇票不能支取现金

　　C. 银行汇票的提示付款期限为自出票日起 1 个月

　　D. 银行汇票必须按出票金额付款

19. 银行、支付机构发现特约商户发生疑似套现、洗钱、恐怖融资、欺诈、留存或泄露账户信息等风险事件的，对特约商户采取的措施不包括（　　）。

　　A. 延迟资金结算　　B. 冻结账户　　C. 暂停交易　　D. 强化交易监测

20. 2022 年 10 月 12 日，申请人甲公司发现一张出票日期为 2022 年 10 月 9 日的银行汇票的解讫通知丢失，立即向签发银行出具单位证明请求退回汇票款项。甲公司提出的下列请求符合法律规定的是（　　）。

A. 请求退款至法定代表人个人账户

B. 请求银行在 3 日内办结退款事宜

C. 请求退款至甲公司银行结算账户

D. 请求退回现金

21. 根据支付结算法律制度的规定，下列关于记名预付卡的表述中，正确的是（   ）。

  A. 不得设置有效期   B. 不可赎回

  C. 卡内资金无限额   D. 不可挂失

22. 王某使用甲支付机构发行的记名预付卡，可以办理的业务是（   ）。

  A. 在甲支付机构签约的特约商户消费

  B. 提取现金

  C. 将卡内资金转入信用卡还款

  D. 购买其他商业预付卡

23. 根据支付结算法律制度的规定，存款人开立的下列银行结算账户中，需经中国人民银行当地分支机构核准的是（   ）。

  A. 丙财政局开立的预算单位专用存款账户

  B. 乙公司开立的专用存款账户

  C. 甲公司开立的一般存款账户

  D. 刘某开立的个人结算账户

24. 根据支付结算法律制度的规定，单位申请开立银行结算账户的下列情形中，需要中国人民银行核准的是（   ）。

  A. 乙学校因借款需要申请开立一般存款账户

  B. 甲公司因日常核算申请开立基本存款账户

  C. 丁公司因设立临时机构申请开立临时存款账户

  D. 合格境外投资机构丙在境内从事证券投资申请开立人民币结算资金账户

25. 根据支付结算法律制度的规定，下列关于票据权利时效的表述中，正确的是（   ）。

  A. 持票人对银行汇票出票人的权利，自出票日起 2 年

  B. 持票人对前手的追索权，自被拒绝承兑或拒绝付款之日起 2 年

  C. 持票人对商业汇票承兑人的权利，自到期日起 1 年

  D. 持票人对支票出票人的权利，自出票日起 1 年

26. 根据支付结算法律制度的规定，下列关于银行承兑汇票通过票据市场基础设施提示付款的表述中，不正确的是（   ）。

A. 承兑人于到期前进行付款确认的，应于提示付款日划付资金给持票人

B. 持票人在提示付款期限内提示付款的，承兑人应在提示付款日应答

C. 承兑人存在合法抗辩事由拒绝付款的，须在提示付款日出具拒绝付款证明

D. 承兑人在持票人提示付款后未在规定时间内应答的，视为同意付款

27. 根据支付结算法律制度的规定，下列关于银行本票的表述中，正确的是（　　）。

　　A. 银行本票见票即付

　　B. 持银行本票超过提示付款期限，持票人向出票银行提示付款的，出票银行不受理

　　C. 银行本票一律不得用于支取现金

　　D. 现金银行本票可以背书转让

28. 根据支付结算法律制度的规定，下列关于票据背书行为的表述中，正确的是（　　）。

　　A. 甲公司委托P银行收取支票款项，被背书人可继续背书转让该支票

　　B. 乙公司可将一张商业汇票金额的50%背书转让给丙公司

　　C. 王某在银行汇票上背书时未记载背书日期，背书无效

　　D. 张某在本票上背书时未记载被背书人李某的姓名，李某可自行记载

29. 根据支付结算法律制度的规定，下列关于票据背书效力的表述中，正确的是（　　）。

　　A. 背书人可以将票据金额部分背书转让给被背书人

　　B. 出票人记载"不得转让"字样的，票据不得背书转让

　　C. 背书人可以将票据金额转让给两个被背书人

　　D. 背书附有条件的，所附条件具有票据上的效力

30. 根据支付结算法律制度的规定，下列关于票据的记载日期中，必须记载的是（　　）。

　　A. 背书日期　　B. 承兑日期　　C. 保证日期　　D. 出票日期

二、多项选择题

1. 王某持有一张P银行发行的借记卡。下列各项中，属于该卡具备的功能有（　　）。

　　A. 消费　　B. 网上支付　　C. 透支　　D. 存取款

2. 下列各项中，属于银行卡收单业务风险事件的有（　　）。

　　A. 洗钱　　　　　　　　　　B. 套现

　　C. 移机　　　　　　　　　　D. 留存持卡人账户信息

3. 根据支付结算法律制度的规定，下列各项中，票据持票人行使追索权时，可以请求被追索人支付的金额和费用有（　　）。

　　A. 因汇票资金到位不及时，给持票人造成的税收滞纳金损失

　　B. 取得有关拒绝证明和发出通知书的费用

　　C. 票据金额自到期日或提示付款日起至清偿日止，按规定的利率计算的利息

　　D. 被拒绝付款的票据金额

4. 下列主体中，应当向持票人承担票据责任的有（　　）。

　　A. 空头支票出票人的开户行 Q 银行

　　B. 不获承兑的汇票出票人乙公司

　　C. 签发银行本票的 P 银行

　　D. 对汇票予以承兑的甲公司

5. 根据支付结算法律制度的规定，下列各项中，属于票据行为的有（　　）。

　　A. 出票　　　B. 背书　　　C. 承兑　　　D. 付款

6. 甲公司将一张银行承兑汇票转让给乙公司，乙公司以质押背书方式向 W 银行取得贷款。贷款到期，乙公司偿还贷款，收回汇票并转让给丙公司。票据到期后，丙公司作成委托收款背书，委托开户银行提示付款。根据票据法律制度的规定，下列背书中，属于非转让背书的有（　　）。

　　A. 甲公司背书给乙公司　　　　B. 乙公司质押背书给 W 银行

　　C. 乙公司背书给丙公司　　　　D. 丙公司委托收款背书

7. 下列关于保证人在票据或者粘单上未记载被保证人名称的说法中，正确的有（　　）。

　　A. 已承兑的票据，承兑人为被保证人

　　B. 已承兑的票据，出票人为被保证人

　　C. 未承兑的票据，出票人为被保证人

　　D. 未承兑的票据，该保证无效

8. 甲公司为支付货款向乙公司签发一张 1 个月后到期的商业承兑汇票，该票据经丙公司承兑，票据到期后乙公司在提示付款期限内委托开户银行 P 向丙公司的开户银行 Q 银行提示付款，银行以丙公司存款账户不足为由拒绝付款，则下列说法中正确的有（　　）。

　　A. 乙公司可以向甲公司追索　　　　B. 乙公司可以向 P 银行追索

　　C. 乙公司可以向丙公司追索　　　　D. 乙公司可以向 Q 银行追索

9. 根据票据法律制度的规定，下列各项属于票据丧失后可以采取的补救措施有（　　）。

A. 挂失止付　　　　　　　　B. 公示催告

C. 普通诉讼　　　　　　　　D. 仲裁

10. 2022 年 10 月 9 日，甲公司签发一张现金支票。关于签发该支票的下列表述中，正确的有（　　）。

A. 出票日期须使用阿拉伯数字记载

B. 支票金额须以中文大写与阿拉伯数字同时记载且保持一致

C. 应避免签发空头支票

D. 支票上不得记载甲公司为收款人

11. 2022 年 5 月 13 日，甲公司持一张出票日期为 2022 年 3 月 11 日、到期日为 2022 年 9 月 11 日、金额为 500 万元的银行承兑汇票向 P 银行申请贴现。双方约定的贴现利率为 3%。关于该汇票贴现的下列表述中，正确的有（　　）。

A. 汇票上应未记载"不得转让"事项

B. 必须记载贴现利率 3%

C. 贴现的期限自 2022 年 3 月 11 日起至 2022 年 9 月 10 日止

D. P 银行应向甲公司实付贴现资金 500 万元

12. 甲公司一次性购买 8 000 元预付卡，可使用的支付方式有（　　）。

A. 通过网上银行转账 8 000 元

B. 使用单位人民币卡支付 8 000 元

C. 使用现金支付 8 000 元

D. 使用信用卡透支 8 000 元

13. 根据支付结算法律制度的规定，属于支付结算服务组织的有（　　）。

A. 中央银行　　　　　　　　B. 中国建设银行

C. 特许清算机构　　　　　　D. 非金融支付机构

14. 根据支付结算法律制度的规定，属于支付结算工具的有（　　）。

A. 支票　　　B. 银行卡　　　C. 条码支付　　　D. 现金

15. 根据支付结算法律制度的规定，关于开立企业银行结算账户办理事项的下列表述中，正确的有（　　）。

A. 企业申请开立基本存款账户的，银行须当面向企业法定代表人或单位负责人核实企业开户意愿，并留存相关工作记录

B. 一般存款账户是存款人的主办账户，一个单位只能开立一个一般存款账户

C. 企业预留银行的签章可以为其财务专用章加其法定代表人的签名

D. 存款人因临时需要并在规定期限内使用可以开立临时存款账户

16. 根据支付结算法律制度的规定，下列存款人中，可以申请开立基本存款账户的

有（　　）。

  A. 甲公司
  B. 丙会计师事务所
  C. 乙大学
  D. 丁个体工商户

17. 根据支付结算法律制度的规定，下列各项中，关于票据提示付款期限说法正确的有（　　）。

  A. 银行本票的提示付款期限为自出票日起最长 10 日
  B. 银行汇票的提示付款期限为自出票日起 10 日
  C. 商业汇票的提示付款期限为自到期日起 10 日
  D. 支票的提示付款期限为自出票日起 10 日

18. 根据支付结算法律制度的规定，下列关于票据填写的表述中，正确的有（　　）。

  A. 金额以中文大写和阿拉伯数字同时记载，二者必须一致
  B. 收款人名称不得记载规范化简称
  C. 收款人名称填写错误时由原记载人更改，并在更改处签章证明
  D. 出票日期必须使用中文大写

19. 根据支付结算法律制度的规定，下列各项中，属于变造票据的行为有（　　）。

  A. 涂改出票金额
  B. 假冒他人在票据上签章
  C. 原记载人更改付款人名称并在更改处签章证明
  D. 剪接票据非法改变票据记载事项

20. 根据支付结算法律制度的规定，下列关于银行卡的说法中不正确的有（　　）。

  A. 应业务需要，可临时将单位的款项转入个人卡账户
  B. 信用卡持卡人通过 ATM 机等自助机具办理现金提取，每卡每日累计不得超过人民币 2 万元
  C. 贷记卡持卡人预借现金可享受免息还款期和最低还款额待遇
  D. 发卡机构对向持卡人收取的违约金不得计收利息

21. 根据支付结算法律制度的规定，关于银行卡收单业务的下列表述中，正确的有（　　）。

  A. 特约商户为个体工商户或自然人的，可使用其同名个人银行结算账户作为收单银行结算账户
  B. 收单机构向特约商户收取的收单服务费由收单机构与特约商户协商确定具体费率
  C. 收单机构应当对实体特约商户收单业务进行本地化经营和管理，不得跨省（自治区、直辖市）域开展收单业务

D. 特约商户使用单位银行结算账户作为收单银行结算账户的,收单机构应当审核其合法拥有该账户的证明文件

22. 根据支付结算法律制度的规定,下列网上银行功能中,属于企业网上银行的有( )。

　　A. B2C 网上支付　　　　　　　B. 人民币转账业务
　　C. 账户信息查询　　　　　　　D. 支付指令

23. 根据支付结算法律制度的规定,下列关于条码支付交易验证及限额的说法中,正确的有( )。

　　A. 条码支付交易可采用静态密码验证,此种验证方式属于仅客户本人知悉的要素
　　B. 条码支付交易可采用电子签名验证,此种验证方式属于仅客户本人持有或特有,不可复制或重复利用的要素
　　C. 对于风险防范能力达到 B 级的客户,银行、支付机构可与客户通过协议自主约定条码支付单日累计限额
　　D. 对于风险防范能力达到 D 级的客户,同一客户单个银行账户或所有支付账户单日累计交易金额应不超过 5 000 元

24. 根据支付结算法律制度的规定,下列关于支付机构及支付账户的说法正确的有( )。

　　A. 网络支付分为金融型支付企业和互联网支付企业
　　B. 单位开立支付账户时,支付机构以非面对面方式核实证明文件时,应当通过至少 5 个合法安全的外部渠道对单位基本信息进行多重交叉验证
　　C. 支付机构在为单位和个人开立支付账户时,应当与单位和个人签订协议,约定支付账户与支付账户、支付账户与银行账户之间的日累计转账限额和笔数
　　D. 以面对面方式核实身份的个人客户或以非面对面方式通过至少五个合法安全的外部渠道进行身份基本信息多重交叉验证的个人客户,可以开立Ⅲ类支付账户

25. 根据支付结算法律制度的规定,关于支票的下列表述中,正确的有( )。

　　A. 支票基本当事人包括出票人、付款人、收款人
　　B. 支票金额和收款人名称可以由出票人授权补记
　　C. 出票人不得在支票上记载自己为收款人
　　D. 支票的付款人是出票人的开户银行

26. 根据支付结算法律制度的规定,下列主体中,应当向持票人承担票据责任的有( )。

A. 支票出票人的开户行 Q 银行

B. 超过提示付款期不获付款的转账支票出票人甲公司

C. 签发银行本票的 P 银行

D. 对汇票予以承兑的 S 银行

27. 根据支付结算法律制度的规定，下列各项中，属于商业汇票持票人向银行办理贴现必须具备的条件有（   ）。

A. 票据未到期

B. 持票人与出票人或者直接前手之间具有真实的商品交易关系

C. 持票人是在银行开立存款账户的企业法人或者其他组织

D. 票据未记载"不得转让"事项

28. 根据支付结算法律制度的规定，下列各项属于签发银行本票必须记载事项的有（   ）。

A. 出票人签章   B. 出票日期   C. 收款人名称   D. 确定的金额

29. 根据支付结算法律制度的规定，单位支付 8 000 元购买预付卡可采用（   ）支付方式。

A. 转账支票   B. 银行转账   C. 现金   D. 信用卡透支

30. 根据支付结算法律制度的规定，下列关于背书行为的表述中，不正确的有（   ）。

A. 背书不得附有条件

B. 背书人记载"不得转让"字样，票据不得背书转让

C. 背书人签章是背书行为必须记载事项

D. 部分背书属于有效背书

三、判断题

1. 无民事行为能力或限制民事行为能力人，不得申请开立个人银行结算账户。（   ）

2. 代为清偿票据债务的保证人和背书人不是行使票据追索权的当事人。（   ）

3. 付款人拒绝承兑商业汇票的，无须出具拒绝承兑的证明。（   ）

4. 商业汇票贴现的期限从其贴现之日起至汇票到期日止。（   ）

5. 个人与个人之间的资金结算，可以使用商业汇票。（   ）

6. 银行结算账户分为活期存款账户和定期存款账户两类。（   ）

7. 持票人应当按照票据债务人的先后顺序依次行使追索权。（   ）

8. 特约商户是指与收单机构签订银行卡受理协议、按约定受理银行卡并委托收单机构为其完成交易资金结算的企事业单位、个体工商户或其他组织，以及按照国家市

场监督管理机构有关规定,开展网络商品交易等经营活动的企业法人。 ( )

9. 填写票据出票日期时,"10月20日"应写成"壹拾月零贰拾日"。 ( )

10. 结算凭证金额以中文大写和阿拉伯数字同时记载,二者必须一致,二者不一致的,银行不予受理。 ( )

11. 一个单位可以根据实际需要在银行开立两个以上基本存款账户。 ( )

12. 个人可以通过开立的Ⅰ类银行账户存取现金。 ( )

13. 银行结算账户的存款人收到银行对账单或对账信息后,应及时核对账务并在规定期限内向银行发出对账回单或确认信息。 ( )

14. 撤销银行结算账户时,应先撤销基本存款账户,再撤销一般存款账户、专用存款账户和临时存款账户。 ( )

15. 普通支票既可以转账,又可以取现。 ( )

16. 屡次签发空头支票的,银行有权停止其全部支付结算业务。 ( )

17. 银行本票由银行出票,向出票银行提示付款。 ( )

18. 银行承兑汇票的出票人于汇票到期日未能足额交存票款的,承兑银行可以向持票人拒绝付款。 ( )

19. 商业承兑汇票的承兑人应当于承兑完成后3个工作日内,在中国人民银行认可的票据信息披露平台披露每张票据的承兑相关信息。 ( )

20. 手机银行与网上银行一样,都是通过互联网实现银行柜面业务的延伸,功能基本一致。 ( )

四、不定项选择题

1. 2021年12月12日,甲公司为支付劳务费向李某签发并交付一张金额为5万元的现金支票。在提示付款期内,李某向P银行提示付款时,甲公司存款余额为1万元。

已知:甲公司开户银行为P银行,预留P银行签章为财务专用章和法定代表人张某个人名章。

要求:根据上述资料,不考虑其他因素,分析回答下列小题。

(1) 甲公司签发支票必须记载的事项是( )。
   A. 出票日期   B. 出票金额
   C. 加盖财务专用章和张某的个人名章   D. 付款人P银行名称

(2) 下列日期中,属于该支票提示付款期限内的是( )。
   A. 2022年1月12日   B. 2022年2月12日
   C. 2021年12月29日   D. 2021年12月13日

(3) 李某提示付款应当办理的手续是( )。
   A. 在支票上签章

B. 向 P 银行交验本人身份证件

C. 在支票背面注明李某的身份证件名称、号码和发证机关

D. 填制进账单交 P 银行

（4）关于提示付款时甲公司存款余额为 1 万元的下列表述中，正确的是（　　）。

A. 该支票为空头支票

B. P 银行应向李某支付款项 1 万元

C. 李某有权要求甲公司给予赔偿

D. P 银行应拒绝付款并出具拒绝付款证明

2. 2022 年 6 月，甲公司在 P 银行开立基本存款账户，2022 年 6 月 12 日，财务人员王某代理甲公司向银行申请签发一张金额为 100 万元的银行汇票，交与业务员张某到异地乙公司采购货物。张某采购货物金额为 99 万元，与票面金额相差 1 万元。乙公司发货后，张某将汇票交付乙公司财务人员李某，李某审查后填写结算金额。7 月 10 日，李某持票到本公司开户银行 Q 银行提示付款。

要求：根据上述资料，不考虑其他因素，分析回答下列小题。

（1）下列关于王某代理甲公司办理银行汇票申请业务的表述中，正确的是（　　）。

A. 在"银行汇票申请书"上填明收款人为乙公司

B. 在"银行汇票申请书"上填明申请人为甲公司

C. 在"银行汇票申请书"上的出票金额栏填写"现金"字样

D. 在"银行汇票申请书"上加盖甲公司预留 P 银行签章

（2）下列各项中，属于李某接受银行汇票后应当审查的事项是（　　）。

A. 出票日期是否更改过

B. 汇票的大小写金额是否一致

C. 银行汇票与解讫通知的汇票号码和记载事项是否一致

D. 汇票上填写的收款人是否为乙公司

（3）下列对该汇票实际结算金额的填写表述中，李某应当采用的是（　　）。

A. 在汇票上不填写实际结算金额，填写多余金额 1 万元

B. 在汇票上填写实际结算金额为 100 万元

C. 在汇票上填写实际结算金额为 99 万元，不填写多余金额

D. 在汇票上填写实际结算金额为 99 万元，多余金额为 1 万元

（4）下列关于李某办理汇票提示付款的表述中，正确的是（　　）。

A. 应填写进账单

B. 应将汇票和解讫通知提交 Q 银行

C. 应出具乙公司营业执照

D. 应在汇票背面加盖乙公司预留 Q 银行签章

3. 甲公司于 2019 年 1 月 7 日成立，王某为法定代表人。2019 年 1 月 10 日，甲公司因办理日常结算需要，在 P 银行开立了基本存款账户。2021 年 2 月 10 日，甲公司因资金需求，在 Q 银行借款 300 万元，开立了一般存款账户。2022 年 5 月 19 日，甲公司因被吊销营业执照而撤销其基本存款账户。

已知：甲公司只有上述两个银行结算账户。

要求：根据上述资料，不考虑其他因素，分析回答下列小题。

（1）甲公司在 P 银行申请开立基本存款账户应出具的证明文件是（　　）。

  A. 企业法人营业执照　　　　　　B. 财政部门同意其开户的证明

  C. 甲公司章程　　　　　　　　　D. 政府主管部门的批文

（2）甲公司在 P 银行预留的签章可以是（　　）。

  A. 甲公司发票专用章加王某的签名

  B. 甲公司财务专用章加王某的个人名章

  C. 甲公司合同专用章加王某的个人名章

  D. 甲公司单位公章加王某的签名

（3）甲公司在 Q 银行开立的一般存款账户可以办理的业务是（　　）。

  A. 缴存现金 5 万元　　　　　　　B. 归还借款 100 万元

  C. 转存借款 300 万元　　　　　　D. 支取现金 10 万元

（4）关于甲公司撤销其基本存款账户的下列表述中，符合法律规定的是（　　）。

  A. 应清偿在 Q 银行的债务，并将在 Q 银行的账户资金转入基本存款账户

  B. 应与 P 银行核对该基本存款账户存款余额

  C. 应先撤销在 Q 银行开立的一般存款账户

  D. 应将各种重要空白票据、结算凭证和开户许可证交回银行

4. 甲公司于 2022 年 7 月 10 日向乙公司签发了两张支票，其中一张为划线支票、一张为转账支票，P 银行为付款人。甲公司在转账支票记载了"该支票用于支付货款采购"字样，但未记载收款人名称及出票地。甲公司将该转账支票与划线支票一同交由业务员小付转交给乙公司，授权乙公司补记收款人名称。乙公司补记自己为收款人后，将转账支票背书转让给丙公司。

要求：根据上述资料，不考虑其他因素，分析回答以下小题。

（1）支票出票的必须记载事项包括（　　）。

  A. 无条件支付的承诺　　　　　　B. 付款人名称

  C. 出票日期　　　　　　　　　　D. 确定的金额

（2）关于乙公司获得的两张支票，下列说法中正确的是（　　）。

A. 乙公司可持划线支票前往 P 银行取现

B. 乙公司补记自己为收款人前，不得将转账支票进行背书转让

C. 乙公司补记自己为收款人前，支票无效

D. 支票未记载出票地，出票人的营业场所、住所或者经常居住地为出票地

（3）甲公司在票据上记载"该支票用于支付货款采购"字样属于（　　）。

　　A. 必须记载事项　　　　　　B. 相对记载事项

　　C. 任意记载事项　　　　　　D. 记载不产生《票据法》上效力的事项

（4）丙公司于 2022 年 8 月 29 日委托其开户行向 P 银行提示付款，下列说法正确的是（　　）。

A. 未超过支票提示付款期限，P 银行应足额付款

B. 已超过支票提示付款期限，P 银行可以拒绝付款

C. 丙公司丧失票据权利

D. 甲公司仍应对丙公司承担票据责任

模拟测试（一）

在开始答题前，请考生关注下列事项。

（1）本科目合格分数线为60分，考试时长75分钟。

（2）涉及计算的，如有小数，保留两位小数，两位小数后四舍五入。

一、单项选择题（**本类题共 23 小题，每小题 2 分，共 46 分**。每小题备选答案中，只有一个符合题意的正确答案。错选、不选均不得分。）

1. 张某工作已满20年，2022年10月1日调到乙公司工作，提出补休年休假的申请，则张某可以享受的年休假为（　　）天。

 A. 3　　　　B. 4　　　　C. 5　　　　D. 15

2. 根据劳动争议调解仲裁法律制度的规定，自劳动争议调解组织收到调解申请之日起一定期限内未达成调解协议的，当事人可依法申请仲裁，该期限为（　　）日。

 A. 7　　　　B. 10　　　　C. 5　　　　D. 15

3. 根据劳动争议仲裁法律制度的规定，除另有规定外，劳动争议仲裁机构对下列劳动争议所做裁定具有终局效力的是（　　）。

 A. 解除劳动关系争议

 B. 确定劳动关系争议

 C. 追索劳动报酬不超过当地最低工资标准12个月金额的争议

 D. 终止劳动合同争议

4. 下列关于无效劳动合同的说法中，不正确的是（　　）。

 A. 甲公司以胁迫手段使张某在违背真实意思的情况下订立劳动合同，该劳动合同无效

 B. 乙公司与王某签订的劳动合同被确认无效，王某已付出劳动的，乙公司无须向王某支付劳动报酬

 C. 丙公司与李某签订的劳动合同被确认无效，给李某造成损害的，有过错的丙公司应当承担赔偿责任

 D. 丁公司与赵某签订的合同属于无效劳动合同，该合同从订立时起就没有法律约束力

5. 根据劳动合同法律制度的规定，下列各项中，劳动者与用人单位视为订立无固定期限劳动合同的是（　　）。

 A. 用人单位自用工之日起满1年不与劳动者订立书面劳动合同

B. 劳动者在该用人单位连续工作满 10 年的

C. 用人单位初次实行劳动合同制度，劳动者在该用人单位连续工作满 10 年且距法定退休年龄不足 10 年的

D. 国有企业改制重新订立劳动合同时，劳动者在该用人单位连续工作满 10 年且距法定退休年龄不足 10 年的

6. 根据支付结算法律制度的规定，下列各项中，属于存款人对其特定用途资金进行专项管理和使用而成立的银行结算账户的是（　　）。

A. 一般存款账户　　　　　　B. 专用存款账户

C. 基本存款账户　　　　　　D. 临时存款账户

7. 根据支付结算法律制度的规定，下列存款人中，不得开立基本存款账户的是（　　）。

A. 临时机构　　　　　　　　B. 非法人企业

C. 境外机构　　　　　　　　D. 单位设立的独立核算的附属机构

8. 根据支付结算法律制度的规定，下列各项中，属于存款人在开立一般存款账户之前必须开立的账户是（　　）。

A. 基本存款账户　　　　　　B. 预算单位零余额账户

C. 专用存款账户　　　　　　D. 临时存款账户

9. 根据支付结算法律制度的规定，存款人单位的法定代表人或主要负责人、住址以及其他开户资料发生变更时，应于一定期限书面通知开户银行并提供有关证明，该期限是（　　）。

A. 5 个工作日内　　B. 3 个工作日内　　C. 3 日内　　　　D. 5 日内

10. 根据支付结算法律制度的规定，下列各项中，不属于信用卡预借现金业务的是（　　）。

A. 现金转账　　　B. 现金提取　　　C. 现金支付　　　D. 现金充值

11. 根据支付结算法律制度的规定，关于银行汇票出票金额和实际结算金额，下列表述正确的是（　　）。

A. 如果出票金额低于实际结算金额，银行应按出票金额办理结算

B. 如果出票金额高于实际结算金额，银行应按出票金额办理结算

C. 如果出票金额低于实际结算金额，银行应按实际结算金额办理结算

D. 如果出票金额高于实际结算金额，银行应按实际结算金额办理结算

12. 根据支付结算法律制度的规定，下列关于票据提示付款期限的表述中，正确的是（　　）。

A. 支票的提示付款期限是自出票日起 1 个月

B. 银行汇票的提示付款期限是自出票日起1个月

C. 商业汇票的提示付款期限是自到期日起1个月

D. 银行本票的提示付款期限是自出票日起1个月

13. 根据支付结算法律制度的规定，下列以汇兑方式结算的款项中，汇款人可以申请撤销的是（　　）。

　　A. 汇出银行已经汇出的款项

　　B. 汇入银行已发出收账通知的款项

　　C. 收款人拒绝接受的款项

　　D. 汇出银行尚未汇出的款项

14. 根据支付结算法律制度的规定，下列关于预付卡的表述中，正确的是（　　）。

　　A. 记名预付卡的有效期最长为3年

　　B. 单张记名预付卡的资金限额不得超过1 000元

　　C. 购卡人可以使用信用卡购买预付卡

　　D. 预付卡以人民币计价，不具有透支功能

15. 预付卡发卡机构必须在商业银行开立备付金账户存放预付资金，并与银行签订存管协议，接受银行对备付金使用情况的监督。根据支付结算法律制度规定，该备付金账户是（　　）。

　　A. 基本存款账户　　　　　　　　B. 一般存款账户

　　C. 专用存款账户　　　　　　　　D. 临时存款账户

16. 根据支付结算法律制度的规定，下列关于公示催告的表述中，不正确的是（　　）。

　　A. 人民法院决定受理公示催告申请后发布的公告应当在全国性的报纸上刊登

　　B. 申请公示催告的主体必须是可以背书转让的票据的最后持票人

　　C. 付款人或者代理付款人收到人民法院发出的止付通知，应当立即停止支付12天

　　D. 在公示催告期间，转让票据权利的行为无效

17. 根据支付结算法律制度的规定，公示催告的公告期间应不少于（　　）日。

　　A. 30　　　　B. 60　　　　C. 90　　　　D. 120

18. 根据支付结算法律制度的规定，银行的电子支付方式不包括（　　）。

　　A. 手机银行　　B. 条码支付　　C. 网络支付　　D. 网上银行

19. 甲公司成立后在某银行申请开立了一个用于办理日常转账结算和现金收付的账户，该账户的性质属于（　　）。

　　A. 基本存款账户　　　　　　　　B. 一般存款账户

  C. 专用存款账户   D. 临时存款账户

20. 根据支付结算法律制度的规定，单张出票金额在（　　）万元以上的商业汇票原则上应全部通过电子商业汇票办理；单张出票金额在（　　）万元以上的商业汇票应全部通过电子商业汇票办理。

  A. 10；50   B. 100；300

  C. 100；500   D. 300；500

21. 下列各项中，属于单方行为的是（　　）。

  A. 订立遗嘱   B. 缔结婚姻   C. 签订合同   D. 销售商品

22. 下列关于法人的表述中，不正确的是（　　）。

  A. 营利法人是指以取得利润并分配给股东等出资人为目的成立的法人

  B. 依法设立的营利法人，营业执照签发日期为营利法人的成立日期

  C. 营利法人应当设权力机构和执行机构

  D. 非营利法人是指为公益目的或者其他非营利目的成立，向出资人、设立人或者会员分配所取得利润的法人

23. 下列关于会计机构和会计人员的说法中，正确的是（　　）。

  A. 各单位必须设置会计机构

  B. 各单位应当根据会计业务需要设置会计工作岗位

  C. 国有企业单位负责人的直系亲属可在本单位担任会计机构负责人

  D. 会计人员办理交接手续，由单位负责人负责监交

二、多项选择题（本类题共 10 小题，每小题 2 分，共 20 分。每小题备选答案中，有两个或两个以上符合题意的正确答案。请至少选择两个答案，全部选对得满分，少选得相应分值，多选、错选、不选均不得分。）

1. 根据劳动合同法律制度的规定，下列关于劳务派遣的表述中，正确的有（　　）。

  A. 被派遣劳动者不与用工单位签订劳动合同

  B. 被派遣劳动者数量不得超过其用工总量的 10%

  C. 用人单位可以设立劳务派遣单位向本单位或者所属单位派遣劳动者

  D. 被派遣劳动者享有与用工单位的劳动者同工同酬的权利

2. 根据劳动仲裁法律制度的规定，下列争议中，属于劳动争议的有（　　）。

  A. 因确认劳动关系发生的争议

  B. 因履行劳动合同发生的争议

  C. 因社会保险发生的争议

  D. 因劳动报酬发生的争议

3. 根据劳动争议仲裁法律制度的规定，下列关于劳动仲裁裁决的表述中，正确

的有（　　）。

　　A. 裁决应当按照多数仲裁员的意见作出

　　B. 申请人收到书面开庭通知，无正当理由拒不到庭或者未经仲裁庭同意中途退庭的，可以按撤回仲裁申请处理

　　C. 所有仲裁员都必须在裁决书上签名

　　D. 当事人对终局裁决情形之外的其他劳动争议案件的仲裁裁决不服的，可以自收到仲裁裁决书之日起15日内提起诉讼

4. 根据会计法律制度的规定，下列人员中，不属于会计人员的是（　　）。

　　A. 档案管理部门中负责管理会计档案的人员

　　B. 财务会计报告的编制人员

　　C. 超市收银员

　　D. 单位内部审计人员

5. 下列各项中，不属于非营利法人的是（　　）。

　　A. 农村集体经济组织法人　　　　B. 个人独资企业

　　C. 山东省人民政府　　　　　　　D. 基金会

6. 票据到期日前，持票人可以行使追索权的有（　　）。

　　A. 汇票被拒绝承兑的

　　B. 付款人因违法被责令终止业务活动的

　　C. 承兑人或者付款人死亡、逃匿的

　　D. 承兑人被依法宣告破产的

7. 根据票据法律制度的规定，下列关于票据权利时效的表述中，不正确的有（　　）。

　　A. 持票人对支票出票人的权利，自出票日起6个月

　　B. 持票人对远期商业汇票出票人的权利，自出票日起2年

　　C. 持票人对远期商业汇票承兑人的权利，自票据到期日起2年

　　D. 持票人对银行汇票出票人的权利，自出票日起1年

8. 根据支付结算法律制度的规定，下列银行卡计息与收费的说法中，正确的是（　　）。

　　A. 对信用卡溢缴款是否计付利息及其利率标准，由发卡机构和持卡人协商确定

　　B. 发卡机构调整信用卡利率，应至少提前45个自然日按照约定方式通知持卡人

　　C. 发卡机构向持卡人提供超过授信额度用卡的，不得收取超限费

　　D. 发卡机构对向持卡人收取的违约金和年费、取现手续费、货币兑换费等服务费用不得计收利息

9. 根据支付结算法律制度的规定，下列关于银行卡收单的说法中，正确的是（　　）。

A.收单机构应当对实体特约商户收单业务进行本地化经营和管理

B.收单机构应当建立对实体特约商户、网络特约商户分别进行风险评级制度

C.收单机构向商户收取的收单服务费由收单机构自主约定具体费率

D.发卡机构收取的发卡行服务费不区分商户类别,实行政府指导价、上限管理

10.根据支付结算法律制度的规定,属于个人网上银行主要业务功能的有(　　)。

A.B2B 网上支付　　　　　　　　B.银证转账业务

C.外汇买卖业务　　　　　　　　D.账户管理业务

三、判断题(本类题共 10 小题,每小题 1 分,共 10 分。请判断每小题的表述是否正确。每小题答题正确的得 1 分,错答、不答均不得分,也不扣分。)

1.甲公司收到乙公司签发的一张支票,该支票记载了"不得转让"字样。该记载事项不影响甲公司将该支票背书转让。(　　)

2.票据被拒绝付款的,持票人可对全体前手行使追索权。(　　)

3.出票金额、出票日期、收款人名称不得更改,更改的票据无效。(　　)

4.单位和个人在同一票据交换区域的各种款项结算,均可以使用支票。(　　)

5.贴现是指票据持票人在票据到期后为获得资金融通向银行贴付一定利息而发生的非票据转让行为。(　　)

6.不具有法人资格,但能够依法以自己的名义从事民事活动的组织属于非法人组织。(　　)

7.章程规定的存续期间届满将会导致非法人组织解散。(　　)

8.其他单位因特殊原因需要使用原始凭证的,经本单位会计机构负责人、会计主管人员批准,可以外借。(　　)

9.职工因工作遭受事故伤害或者患职业病需要暂停工作接受工伤医疗的,在停工留薪期内,原工资福利待遇不变,由工伤保险基金按月支付。(　　)

10.《会计法》规定,除财政部门外,审计、税务、人民银行、证券监管、保险监管等部门依照有关法律、行政法规规定的职责,可以对有关单位的会计资料实施监督检查。(　　)

四、不定项选择题(本类题共 12 小题,每小题 2 分,共 24 分。每小题备选答案中,有一个或一个以上符合题意的正确答案。每小题全部选对得满分,少选得相应分数,多选、错选、不选均不得分。)

(一)

2022 年 5 月 10 日,甲公司向乙公司签发一张金额为 50 万元,出票后 1 个月付款的银行承兑汇票,经其开户银行 P 银行承兑后交付乙公司。5 月 15 日,乙公司将该票

据背书转让给丙公司。5月20日，丙公司将该票据背书转让给丁公司，并在票据上记载"不得转让"字样；5月25日，丁公司在票据上记载"只有戊公司交货后，该背书转让方发生效力"的字样，将该票据背书转让给戊公司。6月12日，戊公司向P银行提示付款时，P银行以甲公司存款不足为由拒绝付款。

要求：根据上述资料，不考虑其他因素，分析回答下列小题。

1. 关于该票据当事人的下列表述中，正确的是（　　）。

    A. 甲公司为出票人

    B. 乙公司为收款人

    C. 戊公司为最后一手背书的被背书人

    D. P银行为承兑人

2. 下列票据当事人中，丙公司应对其承担保证付款责任的是（　　）。

    A. 丁公司　　　B. 甲公司　　　C. P银行　　　D. 戊公司

3. 关于丁公司附条件背书在票据上效力的下列表述中，正确的是（　　）。

    A. 所附条件无效，该票据无效　　　B. 所附条件有效，该背书有效

    C. 所附条件无效，该背书有效　　　D. 所附条件有效，该票据有效

4. 关于该汇票付款的下列表述中，正确的是（　　）。

    A. P银行应于6月12日足额支付

    B. P银行对甲公司尚未支付的汇票金额按照日万分之五计收利息

    C. P银行有权以甲公司存款不足为由拒绝付款

    D. 甲公司应于6月10日前将票据款足额交付P银行

（二）

2021年4月19日，甲公司向乙公司签发了一张出票后2个月付款、金额为20万元的商业汇票，该汇票载明丙公司为付款人，丁公司在汇票上签章作保证，但未记载被保证人名称。乙公司取得汇票后背书转让给戊公司，但未记载背书日期，戊公司于2021年5月15日向丙公司提示承兑时，丙公司以其所欠甲公司债务只有15万元为由拒绝承兑。戊公司拟行使追索权实现自己的票据权利。

要求：根据上述资料，不考虑其他因素，分析回答下列小题。

1. 该汇票未记载被保证人名称，被保证人是（　　）。

    A. 甲公司　　　B. 乙公司　　　C. 丙公司　　　D. 戊公司

2. 乙公司背书转让时未记载背书日期的，应视为（　　）。

    A. 背书不成立　　　　　　　B. 背书无效

    C. 出票日背书　　　　　　　D. 到期日前背书

3. 戊公司有权向（　　）追索。

　　A. 甲公司　　　B. 乙公司　　　C. 丙公司　　　D. 丁公司

4. 戊公司向乙公司行使追索权的截止时间为（　　）。

　　A. 2021 年 6 月 19 日　　　　　B. 2021 年 10 月 19 日

　　C. 2021 年 8 月 15 日　　　　　D. 2021 年 11 月 15 日

（三）

2022 年 3 月 5 日，黄某与甲公司签订了为期 1 年的劳动合同。双方在劳动合同中约定：黄某 3 月 20 日上班；试用期为 2 个月；公司每月 28 日支付劳动报酬；试用期满后公司为黄某缴纳社会保险费；黄某如提前辞职，需向公司支付违约金 1 万元。劳动合同签订后，黄某按公司要求于 2022 年 3 月 15 日提前到公司上班，3 月 28 日黄某收到首月工资。因公司没有为其缴纳社会保险费，黄某于 2022 年 7 月 15 日辞职，要求公司支付经济补偿。甲公司以劳动合同尚未期满为由拒绝，并要求黄某支付违约金。双方由此发生劳动争议。

已知：黄某在甲公司实行标准工时制，其月平均工资为 5 000 元，当地职工上年度月平均工资为 5 500 元。

要求：根据上述资料，不考虑其他因素，分析回答下列小题。

1. 甲公司与黄某建立劳动关系的时间为（　　）。

　　A. 2022 年 3 月 5 日　　　　　B. 2022 年 3 月 28 日

　　C. 2022 年 3 月 20 日　　　　　D. 2022 年 3 月 15 日

2. 甲公司与黄某的下列约定中，符合法律规定的是（　　）。

　　A. 试用期满后为黄某缴纳社会保险费

　　B. 试用期 2 个月

　　C. 每月 28 日支付劳动报酬

　　D. 黄某提前辞职，需支付违约金 1 万元

3. 黄某辞职，甲公司应向其支付经济补偿的数额是（　　）元。

　　A. 5 500　　　B. 0　　　C. 2 500　　　D. 5 000

4. 根据劳动合同法律制度规定，下列关于该劳动争议的表述中，正确的是（　　）。

　　A. 甲公司有权要求黄某支付违约金

　　B. 甲公司可向劳动争议仲裁机构申请仲裁

　　C. 黄某有权要求公司补缴社会保险费

　　D. 黄某可直接向法院提起诉讼

模拟测试（二）

在开始答题前，请考生关注下列事项。

（1）本科目合格分数线为 60 分，考试时长 75 分钟。

（2）涉及计算的，如有小数，保留两位小数，两位小数后四舍五入。

一、单项选择题（本类题共 23 小题，每小题 2 分，共 46 分。每小题备选答案中，只有一个符合题意的正确答案。错选、不选均不得分。）

1. 2022 年 7 月 1 日，李某到甲公司工作，按月领取工资 3 000 元。同年 9 月 1 日，甲公司与李某签订书面劳动合同。已知，当地月最低工资标准为 1 800 元，当地上年度职工月平均工资为 3 500 元。因未及时与李某签订书面劳动合同，甲公司应向其补偿的工资数额为（　　）元。

　　A. 6 000　　　　B. 1 800　　　　C. 3 000　　　　D. 3 500

2. 张某是甲企业的一名普通员工，日标准工资 240 元，甲企业实行标准工时制。2022 年 5 月，因公司特殊安排，故在 5 月 2 日（法定休息日）加班 8 小时，5 月 18 日（星期六）加班 6 小时，5 月 22 日（工作日）加班 2 小时，均未安排倒休。根据劳动合同法律制度的规定，甲企业于 5 月应支付张某加班工资（　　）元。

　　A. 1 260　　　　B. 1 170　　　　C. 1 020　　　　D. 960

3. 甲公司为其职工张某提供了专项培训费用，进行专业技术培训。根据劳动合同法律制度的规定，下列选项中，不正确的是（　　）。

　　A. 甲公司可以与张某订立协议，约定服务期

　　B. 在服务期期间，张某不能涨工资

　　C. 张某若违反服务期协议，应当按照约定向甲公司支付违约金

　　D. 违约金的数额不得超过甲公司提供的培训费用

4. 根据劳动合同法律制度的规定，下列关于劳务派遣用工形式表述中，不正确的是（　　）。

　　A. 被派遣劳动者在无工作期间，劳务派遣单位应当按照所在地人民政府规定的最低工资标准，向其按月支付报酬

　　B. 劳务派遣单位可与被派遣劳动者订立 1 年期劳动合同

　　C. 用人单位不得设立劳务派遣单位向本单位或者所属单位派遣劳动者

　　D. 被派遣劳动者享有与用工单位的劳动者同工同酬的权利

5. 根据劳动仲裁法律制度的规定，下列关于劳动仲裁的说法中，不正确的是（　　）。

A. 仲裁庭在作出裁决前，应当先行调解

B. 调解书自作出之日起发生法律效力

C. 简单劳动争议案件可以由 1 名仲裁员独任审判

D. 仲裁庭不能形成多数意见时，裁决应当按照首席仲裁员的意见作出

6. 根据支付结算法律制度的规定，下列关于支票的表述中，不正确的是（   ）。

A. 出票人可以在支票上记载自己为收款人

B. 出票人在付款人处的存款足以支付支票金额时，付款人应当在见票当日足额付款

C. 申请人开立支票存款账户必须使用本名

D. 现金支票可以采用委托收款方式提示付款

7. 根据支付结算法律制度的规定，持票人对支票出票人的权利时效，自（   ）。

A. 出票日起 6 个月　　　　　　B. 票据到期日起 3 个月

C. 被拒绝付款之日起 6 个月　　D. 提示付款之日起 3 个月

8. 乙商场为建设银行某支行银行卡收单业务特约商户，根据支付结算法律制度的规定，下列关于乙商场银行卡收单业务服务费率的表述中，不正确的是（   ）。

A. 若为借记卡交易，发卡行服务费不超过交易金额的 0.35%，单笔收费金额不超过 13 元

B. 若为贷记卡交易，发卡行服务费不超过交易金额的 0.45%，单笔收费金额不超过 13 元

C. 网络服务费分别向收单、发卡机构计收

D. 收单服务费实行市场调节价，由收单机构与商户协商确定具体费率

9. 根据支付结算法律制度的规定，下列在支付机构一次性购买预付卡的情形中，符合法律规定的是（   ）。

A. 李某未出示有效身份证件购买不记名预付卡 5 000 元

B. 孙某使用现金购买记名预付卡 60 000 元

C. 陈某使用 POS 机刷信用卡购买记名预付卡 30 000 元

D. 赵某借用王某的身份证购买不记名预付卡 20 000 元

10. 某票据的出票日期为"2020 年 7 月 15 日"，根据支付结算法律制度的规定，其规范写法是（   ）。

A. 贰零贰零年零柒月壹拾伍日　　B. 贰零贰零年柒月壹拾伍日

C. 贰零贰零年零柒月拾伍日　　　D. 贰零贰零年柒月拾伍日

11. 根据支付结算法律制度的规定，下列关于票据背书表述中，不正确的有（   ）。

A. 背书连续的，最后持票人是最后背书的被背书人

B. 以背书转让的票据，持票人以背书的衔接证明其票据连续

C. 背书连续的，中间的背书人为前手背书的被背书人

D. 背书连续的，第一个背书人是票据的出票人

12. 根据支付结算法律制度的规定，关于票据追索权行使的下列表述中，不正确的有（　　）。

A. 持票人收到拒绝证明后，应当将被拒绝事由书面通知其前手

B. 汇票被拒绝承兑的，持票人可以行使追索权

C. 持票人可以对出票人、背书人、承兑人和保证人中的任何一人、数人或全体行使追索权

D. 持票人不能出示拒绝证明或退票理由书的，丧失对全部票据债务人的追索权

13. 根据支付结算法律制度的规定，关于票据权利时效的下列表述中，正确的有（　　）。

A. 持票人在票据权利时效期间内不行使票据权利的，该权利丧失

B. 持票人对前手的追索权，自被拒绝承兑或被拒绝付款之日起3个月内不行使的，该权利丧失

C. 持票人对支票出票人的权利自出票日起3个月内不行使的，该权利丧失

D. 持票人对票据承兑人的权利自票据到期日起6个月内不行使的，该权利丧失

14. 下列银行结算账户中，不能支取现金的是（　　）。

A. 党、团、工会经费专用存款账户

B. 个人银行结算账户（Ⅰ类户）

C. 预算单位零余额账户

D. 一般存款账户

15. P公司使用银行汇票向Q公司支付货款20万元。下列选项中，不正确的有（　　）。

A. 申请该汇票时，P公司应向出票银行填写"银行汇票申请书"

B. Q公司向银行提示付款时，须同时提交银行汇票和解讫通知

C. 如果出票金额高于实际结算金额，银行应按实际结算金额办理结算

D. 该银行汇票的提示付款期限为自出票日起2个月

16. 根据支付结算法律制度的规定，下列关于支票的说法中，不正确的是（　　）。

A. 普通支票不能支取现金

B. 划线支票不能支取现金

C. 单位和个人在同一票据交换区域的各种款项结算，均可以使用支票

D. 出票人不得签发与其预留银行签章不符的支票

17. 根据支付结算法律制度的规定，下列关于商业汇票的说法中，不正确的有（　　）。

　　A. 单位和个人各种款项结算，均可使用商业汇票

　　B. 单张出票金额在100万元以上的商业汇票原则上应全部通过电子商业汇票办理

　　C. 单张出票金额在300万元以上的商业汇票应全部通过电子商业汇票办理

　　D. 商业承兑汇票可以由付款人签发并承兑，也可以由收款人签发并交由付款人承兑

18. 下列关于票据出票的说法中，不正确的是（　　）。

　　A. 出票人不得签发无对价的票据用以骗取银行或者其他票据当事人的资金

　　B. 出票人在票据不得承兑时，无须向持票人清偿票款和费用

　　C. 背书人在票据上记载"不得转让"字样，其后手再背书转让的，原背书人对后手的被背书人不承担保证责任

　　D. 票据上可以记载一些非法定事项，但这些事项不具有票据效力，银行不负审查责任

19. 2022年10月19日，P银行收到甲公司向其提示承兑的一张由甲公司为出票人的纸质商业汇票。P银行承兑该汇票的下列做法中，不符合法律规定的有（　　）。

　　A. 于2022年10月30日承兑

　　B. 审查甲公司的资格、资信和购销合同

　　C. 审查汇票记载的内容

　　D. 与甲公司签订承兑协议

20. 根据支付结算法律制度的规定，下列关于商业汇票付款期限记载形式的表述中，不正确的有（　　）。

　　A. 见票后定期付款　　　　　　　　B. 定日付款

　　C. 出票后定期付款　　　　　　　　D. 见票即付

21. 下列法律事件中，属于相对事件的是（　　）。

　　A. 生老病死　　B. 爆发战争　　C. 台风　　D. 签订合同

22. 下列关于国有企业的表述中，没有违背会计人员回避制度的是（　　）。

　　A. 法定代表人的妻子担任本单位财务部门经理

　　B. 财务科科长的同学担任本部门出纳员

　　C. 厂长的女婿担任财务部门的经理

　　D. 会计负责人的女儿担任本部门出纳

23. 下列法律责任形式中，属于行政处分的是（　　）。

A. 行政拘留　　　　　　　B. 通报批评
C. 记过　　　　　　　　　D. 拘役

二、多项选择题（本类题共 10 小题，每小题 2 分，共 20 分。每小题备选答案中，有两个或两个以上符合题意的正确答案。请至少选择两个答案，全部选对得满分，少选得相应分值，多选、错选、不选均不得分。）

1. 根据劳动争议调解仲裁法律制度的规定，下列关于仲裁的表述中，不正确的是（　　）。

    A. 当事人签订了仲裁协议才能提起劳动仲裁

    B. 仲裁员是本案代理人的近亲属的，不用回避

    C. 劳动者对终局裁决不服的，应当自收到仲裁裁决书之日起 10 日内向人民法院提起诉讼

    D. 劳动争议由劳动合同履行地或者用人单位所在地的劳动争议仲裁委员会管辖

2. 关于劳动仲裁的下列表述中，正确的有（　　）。

    A. 仲裁庭仲裁案件均适用回避制度

    B. 当事人须在事先或事后达成仲裁协议，仲裁委员会方可受理

    C. 仲裁委员会均不按行政区划层层设立

    D. 当事人对仲裁裁决不服，除另有规定外，可以向人民法院起诉

3. 根据社会保险法律制度的规定，下列关于社会保险费缴纳的表述中，正确的有（　　）。

    A. 用人单位未按时足额缴纳的，由社会保险费征收机构责令其限期缴纳或者补足

    B. 职工应当缴纳的社会保险费由用人单位代扣代缴

    C. 发生不可抗力等法定事由，用人单位可以申请缓缴或者减免缴纳

    D. 用人单位应当自行申报、按时足额缴纳

4. 下列关于会计人员的说法，正确的是（　　）。

    A. 担任单位会计机构负责人、总会计师的人员，属于会计人员

    B. 担任单位会计机构负责人的人员，应当具备会计师以上专业技术职务资格或者从事会计工作 2 年以上经历

    C. 会计专业技术资格不包括注册会计师

    D. 国有的和国有资产占控股地位或者主导地位的大、中型企业必须设置总会计师

5. 下列关于法定代表人的表述中，正确的有（　　）。

A. 代表法人从事民事活动的负责人，为法人的法定代表人

B. 法定代表人因执行职务造成他人损害的，由法人承担民事责任

C. 法定代表人因执行职务造成他人损害的，由自己承担民事责任

D. 法人承担民事责任后，依照法律或者法人章程的规定，可以向有过错的法定代表人追偿

6. 甲公司为支付货款向自然人乙签发一张票据，根据规定，甲公司不能签发的票据有（　　）。

　　A. 现金银行汇票　　　　　　　　B. 现金银行本票

　　C. 转账支票　　　　　　　　　　D. 商业汇票

7. 下列关于商业汇票的表述中，正确的是（　　）。

　　A. 电子银行承兑汇票由金融机构以外的法人或其他组织承兑

　　B. 电子商业汇票付款期限自出票日至到期日不得超过1年

　　C. 见票后定期付款的银行承兑汇票，持票人向付款人提示承兑的期限为自出票日起1个月内

　　D. 承兑、贴现仅适用于远期商业汇票，不适用于见票即付的支票、本票、银行汇票

8. 下列选项中，属于条码支付业务交易验证的要素有（　　）。

　　A. 手机短信发送的动态密码　　　B. 静态密码

　　C. 指纹　　　　　　　　　　　　D. 电子签名

9. 根据网络支付业务与风险管理的要求，下列选项中，支付机构可以代替银行进行交易验证的支付业务类型有（　　）。

　　A. 张三在报摊买杂志，通过支付账户支付30元

　　B. 李四通过支付账户缴纳2021年供暖费2 000元

　　C. 王五通过支付账户偿还信用卡欠款1万元

　　D. 赵六通过支付账户支付汽车保养费用5 000元

10. 根据银行卡计息的相关规定，下列持卡人所欠项目中，银行不得计收利息的有（　　）。

　　A. 违约金　　　　　　　　　　　B. 超过信用额度用卡的消费金额

　　C. 年费　　　　　　　　　　　　D. 取现手续费

三、判断题（本类题共10小题，每小题1分，共10分。请判断每小题的表述是否正确。每小题答题正确的得1分，错答、不答均不得分，也不扣分。）

1. 以背书转让的票据，背书应当连续，持票人以背书的连续，证明其票据权利。

（　　）

2. 承兑仅限于商业汇票，支票、银行本票、银行汇票均无须承兑。（   ）

3. 保证不得附有条件，附有条件的，保证人不承担保证责任。（   ）

4. 保证人在票据或者粘单上未记载"被保证人名称"的，出票人为被保证人。（   ）

5. 在公示催告期间，转让票据权利的行为无效。（   ）

6. 法律的效力和地位仅次于宪法。（   ）

7. 用人单位与劳动者约定服务期的，不影响按正常的工资调整机制提高劳动者在服务期期间的劳动报酬。（   ）

8. 劳动者被依法追究民事责任的，用人单位可以随时通知解除劳动合同，无须支付经济补偿金。（   ）

9. 实际工作年限10年以上的，在本单位工作年限5年以上10年以下的，医疗期为6个月。（   ）

10. 我国会计专业职务包括助理会计师、会计师、高级会计师和正高级会计师。（   ）

四、不定项选择题（本类题共12小题，每小题2分，共24分。每小题备选答案中，有一个或一个以上符合题意的正确答案。每小题全部选对得满分，少选得相应分数，多选、错选、不选均不得分。）

（一）

2021年8月，应届大学毕业生王某入职甲公司，按照公司财务人员的要求，王某在P银行申请开立Ⅰ类个人银行结算账户，用于工资发放。9月，王某收到第一份工资和公司在P银行代办的社保卡。12月，根据生活需要，王某通过P银行手机银行申请开立了一个Ⅱ类个人银行结算账户；在P银行申请到一笔汽车消费贷款。

已知：王某在银行未开立其他个人银行结算账户。

要求：根据上述资料，不考虑其他因素，分析回答下列小题。

1. 王某申请开立Ⅰ类账户可以采用的开户方式是（   ）。

   A. 通过电子邮件申请开户

   B. 登录P银行网站申请开户

   C. P银行柜面开户

   D. 自助机具开户，经P银行工作人员现场核验身份信息

2. 下列资料中，甲公司为王某代办社保卡应当向P银行提供的是（   ）。

   A. 王某的工资卡

   B. 王某有效身份证件的复印件或影印件

   C. 社保缴费证明

D.甲公司证明材料

3. 关于王某通过手机银行申请开立Ⅱ类账户的下列表述中,正确的是（　　）。

   A.P银行需审核王某的有效身份证件

   B.P银行应当验证Ⅱ类账户与绑定账户为同一人开立

   C.绑定王某本人Ⅰ类账户进行身份验证

   D.王某登记验证的手机号码与绑定账户使用的手机号码应保持一致

4. 下列业务中,王某使用Ⅱ类账户可以办理的是（　　）。

   A.缴存现金　　B.支取现金　　C.归还贷款　　D.购买理财产品

（二）

甲公司成立于2021年1月,在P银行申请开立了基本存款账户,资信状况良好。2021年3月16日,甲公司签发并由P银行承兑一张电子商业汇票用于支付乙公司防疫物资货款,该汇票金额500万元,到期日为2022年3月16日。2021年6月26日,乙公司为缓解资金压力,将该汇票在Q银行办理了贴现。

已知:贴现年利率为2.34%,一年按360日计算。

要求:根据上述资料,不考虑其他因素,分析回答下列小题。

1. 下列关于甲公司基本存款账户的表述中,正确的是（　　）。

   A.甲公司日常经营活动的资金收付应通过该账户办理

   B.甲公司可根据需要在他行另行开立基本存款账户

   C.该账户是甲公司的主办账户

   D.该账户不得支取现金

2. 下列各项中,属于甲公司应具备的该汇票出票人资格条件的是（　　）。

   A.未对外提供担保

   B.与P银行签订《电子商业汇票业务服务协议》

   C.具备签约开办对公业务的电子服务渠道

   D.资信状况良好

3. P银行承兑该汇票办理的下列事项中,符合法律规定的是（　　）。

   A.免收甲公司承兑手续费

   B.与甲公司签订承兑协议

   C.在线审核该汇票真实交易关系

   D.将承兑信息传送至票据市场基础设施

4. Q银行应向乙公司支付的票据贴现金额是（　　）。

   A.500×[1+2.34%÷360×（263+3）]＝491.355（万元）

   B.500万元

C. 500×（1+2.34%÷360×263）= 491.452 5（万元）

D. 500×（1+2.34%）= 488.3（万元）

（三）

刘某经人介绍于 2021 年 6 月 1 日到甲公司上班。双方口头约定了工资待遇及 2 个月试用期等事项。2021 年 11 月 1 日双方签订了书面劳动合同，约定了 2 年期限劳动合同及刘某提前解除劳动合同应承担的违约金等内容。2022 年 8 月因甲公司未及时足额支付劳动报酬。刘某解除劳动合同，要求甲公司支付拖欠的劳动报酬及解除劳动合同的经济补偿金。甲公司则以劳动合同未到期以及提前解除劳动合同给公司造成经济损失为由，要求刘某支付违约金并赔偿经济损失。双方因此发生劳动争议。

已知：刘某在甲公司实行标准工时制。

要求：根据上述资料，不考虑其他因素，分析回答下列小题。

1. 甲公司与刘某之间劳动关系建立的时间为（　　）。

　　A. 2022 年 8 月 1 日　　　　　　B. 2021 年 7 月 1 日

　　C. 2021 年 6 月 1 日　　　　　　D. 2021 年 11 月 1 日

2. 未订立书面劳动合同期间，甲公司支付刘某劳动报酬的下列表述中，正确的是（　　）。

　　A. 除支付约定工资外，甲公司应额外支付 2021 年 6 月 1 日—10 月 31 日期间一倍工资作为补偿

　　B. 甲公司可依约按月支付刘某劳动报酬而无须支付工资补偿

　　C. 除支付约定工资外，甲公司应额外支付 2021 年 7 月 1 日—10 月 31 日期间一倍工资作为补偿

　　D. 除支付约定工资外，甲公司应额外支付 2021 年 6 月 1 日—10 月 31 日期间两倍工资作为补偿

3. 因公司未及时足额支付劳动报酬，刘某解除劳动合同采取的正确方式是（　　）。

　　A. 可随时通知甲公司而解除

　　B. 无须通知甲公司即可解除

　　C. 应提前 30 日书面通知甲公司而解除

　　D. 应提前 3 日通知甲公司而解除

4. 公司与刘某劳动争议的下列表述中，正确的是（　　）。

　　A. 刘某有权要求甲公司支付拖欠的劳动报酬

　　B. 刘某有权要求甲公司支付经济补偿

　　C. 甲公司有权要求刘某赔偿经济损失

　　D. 甲公司有权要求刘某支付提前解除劳动合同的违约金

参 考 文 献

[1] 财政部会计资格评价中心. 经济法基础 [M]. 北京：经济科学出版社，2021.

[2] 东奥会计在线. 经济法基础 [M]. 北京：北京大学出版社，2021.

[3] 中华会计网校. 经济法基础 [M]. 北京：中国商业出版社，2021.

[4] 中国注册会计师协会. 经济法基础 [M]. 北京：中国财政经济出版社，2021.

[5] 陈强，郑军剑，陈美丽. 经济法基础与实务 [M]. 2版. 大连：东北财经大学出版社，2020.